教育学术文丛

# 制度变革与大学发展

Zhidu Biange yu Daxue Fazhan

胡钦晓　著

北京师范大学出版集团
BEIJING NORMAL UNIVERSITY PUBLISHING GROUP
北京师范大学出版社

图书在版编目（CIP）数据

制度变革与大学发展 / 胡钦晓著 . — 北京：北京师范
大学出版社，2017.3（2018.8 重印）
ISBN 978-7-303-22009-0

Ⅰ . ①制… Ⅱ . ①胡… Ⅲ . ①高等教育—教育制度—
研究—中国 Ⅳ . ① G649.22

中国版本图书馆 CIP 数据核字（2017）第 012745 号

营 销 中 心 电 话　　0537-4459916　　010-58808015
北师大出版集团华东分社　http://bnuphd.qfnu.edu.cn
电 子 信 箱　　hdfs999@163.com

出版发行：北京师范大学出版社 www.bnup.com
　　　　　北京市海淀区新街口外大街 19 号
邮政编码：100875
印　　刷：济南荷森印务有限公司
经　　销：全国新华书店
开　　本：710 mm × 1000 mm　　1/16
印　　张：18.5
字　　数：300 千字
版　　次：2017 年 3 月第 1 版
印　　次：2018 年 8 月第 2 次印刷
定　　价：35.00 元

策划编辑：赵玉山　李　飞　　　　责任编辑：方志华　赵玉山　王秀环
装帧设计：耿中虎　　　　　　　　责任印制：李　飞

# 序

　　在世界大学发展史上，制度变革是许多国家大学历史发展的重要内容之一。19 世纪初期法国帝国大学制度的成立和德国以柏林大学建立为开端的大学近代化、19 世纪下半叶美国现代大学制度的确立、19 世纪末 20 世纪初英国的新大学运动、20 世纪中期我国的"院系调整"和日本新制大学的成立等，这些制度变革都对各相关国家乃至世界大学的发展产生了深刻的影响。

　　20 世纪 80 年代以来，在世界高等教育的改革浪潮中，大学制度变革又成为许多国家政府与大学关注的焦点之一。例如，英国 1988 年的《教育改革法》和 1992 年的《继续教育与高等教育法》指导英国高等教育体系完成了由"二元制"到"一元制"的转变，实施了一场"静悄悄的革命"。又如，日本 90 年代初开始的战后第三次大学改革凸显出制度变革与创新的深度。导入大学评价制度、实行大学教师任期制、实施"国立大学法人化"，这些改革都是日本近代大学发展史上前所未有的，特别是"国立大学法人化""使日本国立大学迎来了其 130 余年历史中最大的变革期"，对日本大学制度的发展产生了深远的影响。1985 年《中共中央关于教育体制改革的决定》公布之后，我国的高等教育发展进入了一个新的改革时期。这次的改革，无论在持续的时间、涉及的范围，还是在改革的广度、影响的深度上，都胜于 20 世纪 50 年代初期的那一次。持续 30 余年的改革使高等教育从宏观到微观，从高等教育体制到大学教育、教学制度的各个领域都发生了自 20 世纪 50 年代初期的"院系调整"以来前所未有的带有某种根本性质的变化。

由于 20 世纪 80 年代中期以来的高等教育改革是处在我国经济体制转轨、社会全面变革这样一种错综复杂的大背景之下，同时又面临着知识经济在全球的发展以及高等教育国际化、大众化的挑战，因此改革的进程充满了矛盾，改革的发展不断产生出许多亟待解决的理论与实际问题。改革发展到今天，人们愈来愈清楚地认识到在大学改革这样一个系统工程中，制度改革、制度创新是关键与核心，制度改革的成败、制度创新成效的大小将直接关系到大学在我国现代化建设中如何发挥更加积极的作用。由此，立足于理论与实践的结合之上开展大学制度改革的理论研究就成为当前我国高等教育学研究发展的重要方向之一。开展大学制度改革的理论研究，需要从历史与比较的视角出发，分析不同时代、不同国家大学制度改革的过程、内容、影响因素等，探讨大学制度改革中带有普遍性的特点与规律，形成关于大学制度改革的历史与比较的理论观点；同时还需要立足当下大学制度改革的实际，研究大学制度改革的过程、内容与问题，分析影响大学制度改革的社会政治与经济背景、文化与科技因素、政策与法律作用以及大学理念与大学发展的内在逻辑。

摆在我们面前、由胡钦晓教授所著的《制度变革与大学发展》正是一部有关大学制度改革的理论研究之力作。这部著作分组织制度与大学发展、资本转化与大学发展、学位制度与研究生教育三大部分，从理论上就大学的正式制度与非正式制度的变革、发展作了深入的分析探讨，其研究范围涉及古今中外，反映出作者近年来在高等教育研究中的学术积淀与成就。

在大学的内部结构中，基层学术组织的地位与作用是不容忽视的。"讲座"与"系"是欧洲与美国两种大学内部组织结构中的代表性特征机构。胡钦晓教授在这部著作中深入探讨了讲座制的来龙去脉。讲座制滥觞于中世纪大学，19世纪初期德国大学改革后得以确立。而且，"讲座制进一步的发展完善，为

19世纪德国大学的辉煌创造了坚实根基，同时也使讲座制产生了世界性影响"。进入20世纪之后，在高等教育规模扩张、全球化的背景下，讲座制面临着在学科发展、组织管理、学术梯队等方面的诸多挑战，实施讲座制的德国、日本等大学进行了一系列的调整与改革。胡钦晓教授在对讲座制的形成与变革分析之基础上，得出结论："纷纷攘攘的大学内部组织变革，绝非简单的人员再调整、利益再整合、权力再分配，期间充满着诸多无形的精神力量。大学作为一个组织，或许民主、高效是其不可逆转的变革趋势，但是大学之所以为大学，尊重学术权威、强调学术能力仍然是其必须坚守的道德底线。从这个意义上来说，讲座制与系科制的有机融合，或许将成为未来高等教育内部组织变革的基本路向。"

在大学的历史发展过程中，资本如何发挥作用是这些年来高等教育研究的话题之一。胡钦晓教授10年前以"大学社会资本论"为题完成了他的博士学位论文。社会资本成为他研究大学资本的开端，在这部著作中，我们不仅可以看到有关大学社会资本的研究，同时也看到了大学文化资本、大学学术资本的分析。这样，社会资本、文化资本、学术资本三者就构成了大学资本研究的"三部曲"。胡钦晓教授以法国巴黎高等师范学院为例，探讨了个体性文化资本、产品性文化资本、制度性文化资本对巴黎高师办学取得辉煌成就的意义。得出的启示有："个体性文化资本的积累，使我们明确了大师与大楼的取舍问题""产品性文化资本的积累，要求我们正确处理软件与硬件的关系""制度性文化资本的获得，使我们理解重点大学与非重点的真谛"。关于大学的学术资本，胡钦晓教授主要研究了学术资本的特征、功用与积累问题，认为学术对于大学而言，是最原始、最重要的资本形式。"没有学术资本，大学不可能积累并发展其物质资本；没有学术资本，大学也不可能营造和积淀其文化资本；同样，没有学术资本，大学社会资本、政治资本等也只能是纸上谈兵。大学若要独立自主生存发展，就必须不断丰厚自身的学术资本。"

　　总之，读胡钦晓教授的《制度变革与大学发展》，使我们从不同的侧面对大学的正式制度与非正式制度的发展、变革有了更加深入的理解。期待胡钦晓教授在高等教育研究中不断取得新的进展。

　　是为序。

胡建华

# 前言

　　制度之于大学发展，其重要性是毋庸置疑的。一定意义上，可以说"制度决定了一切"。当然，此处的制度既包括法律法规、政策规章、条例契约等成文的正式制度，也包括习俗惯例、价值文化、思想意识等不成文的非正式制度。从历史的、比较的视角，系统梳理古今中外大学制度的发展变革，不但可以使我们认清大学演变的基本规律，而且还可以为当下中国大学之发展提供有益借鉴。经过对2000年以来发表的近40篇高等教育研究论文的分析梳理，呈现的这24篇论文已经分别发表在《教育研究》《高等教育研究》《华东师范大学学报》（教育科学版）等学术期刊上，其研究范围大致可以分为三类：组织制度与大学发展、资本转化与大学发展、学位制度与研究生教育。

## 一、组织制度与大学发展

　　这10篇论文既有宏观层面的组织制度研究，譬如《现代大学制度发展的若干特点分析》《学科统摄视野下的大学发展研究》等；也有中观层面的组织制度研究，譬如《解读金陵女大：文化冲突的视角》《解析印度国立开放大学：模式移植的视角》等；还有微观层面的组织制度研究，譬如《大学讲座制的历史演变及借鉴》《论中世纪巴黎大学社会角色及其冲突》等。所选论文既有正式制度的研究，譬如《美国私人基金会支持大学科研的发展特点分析》《英国"新大学"的演变及其特征分析》等；也有非正式制度的研究，譬如《美国大学学术自由演绎的文化视角》《从传统到现代：纽曼、怀特海、阿什比大学理念比较研究》。论文既有对中世纪大学的历史反思，也有对当下大学制度发展的现实关照；既有对美国、英国、印度等大学的域外分析，也有对中国近代大学的本土研究。

## 二、资本转化与大学发展

对大学资本研究的关注，始于 2005 年攻读博士期间所发表的论文《高校社会资本论》。众所皆知，资本是有多样性的，譬如经济资本、社会资本、文化资本、政治资本等等。在大学产生之初，有限的经济资本并不影响其产生甚至强大，《社会资本视角下中世纪大学之源起》和《解读西南联大：社会资本的视角》正是从这个意义上进行论述的。大学在发展过程中，需要协调内外部关系以及粘合内外部关系的非正式制度，社会资本的丰厚与否，直接关乎大学的兴衰存亡，《社会资本视角下 19 世纪柏林大学之崛起》和《从文艺复兴到启蒙运动：欧洲传统大学的社会资本》正是从这个意义上展开论述的。总体来说，大学是一个文化机构，文化资本的多寡是影响大学发展的一个重要资本形式，《解读巴黎高师：文化资本的视角》是对大学文化资本分析的一个初步尝试。大学不是工厂企业，不能以经济资本为主；大学不是国家政府，不能以政治资本为主；大学不是中介机构，不能以社会资本为主；质言之，大学是一个从事高深知识的组织部门，学术资本应当是大学最为基础的资本形式。《高校学术资本：特征、功用及其积累》可以说是对大学学术资本一个论纲性的研究成果。

## 三、学位制度与研究生教育

对学位制度与研究生教育的关注，主要缘于近 10 年的研究生管理实践经验。《浅谈研究生教育收费制度》《对师范院校举办研究生课程进修班的认识与思考》和《对师范院校非全日制研究生教育发展的认识与思考》三篇文章，基本上是实践层面的反思与总结，应当说与以后对学位制度和研究生教育的研究有着截然不同的理路。2004 年攻读南京师范大学高等教育学博士以后，所发表的几篇论文均是着重从学理层面，对学位与研究生教育发展进行历史的、比较的分析，涉及美国、英国、日本和中国等几个国别，譬如《文化视野中的美国学位制度变迁》《英国新制博士学位的特色与启示》和《20世纪90年代以来中日研究生教育改革与发展的若干比较》等。

要特别感谢导师胡建华教授，正是在先生的指引下，才清楚高等教育学研究和高等教育研究的关系，才明白理论研究和现实关照之间的关系，才知道作为一个学术研究者的使命与担当！先生对论文《高校社会资本论》的一句点评，开拓了学术的广阔空间，从2005年以来，已走过10余年的研究历程，并且仍将继续。可以说，读博期间发表的所有论文以及最后出版的专著《大学社会资本论》无不凝聚着先生的教诲！还要感谢我指导的几位研究生，他们是李永全、刘晓雪、张曼、徐婷婷等，所选的论文中有5篇是我们共同合作的结果。此外，还要感谢论文撰写过程中提出意见的各位专家，论文发表过程中字斟句酌的各位编辑。本书能够顺利出版，得益于北京师范大学出版社华东分社的辛勤劳动，在此一并致谢！

**胡钦晓**

2016年冬

# 目录

# 第一编

## 组织制度与大学发展

# 现代大学制度发展的若干特点分析

随着大学由社会的边缘逐渐步入社会的"轴心",如何发展大学,越来越引起社会、政府以及大学自身的普遍关注。构建适合大学发展的大学制度无疑是影响大学发展的关键。随着世界高等教育进入大众化乃至普及化之后,大学与社会、国家之间的关系更加密切、复杂、多样,为促进大学基本职能运行,维护大学组织健康发展,各国纷纷构建适合自身地域特色的大学制度体系。综观现代社会各国大学制度发展历程,从宏观层面来看,存在着若干共同特点。

## 一、学术自由的恢复和保障

在西方社会,学术自由思想可以上溯到古希腊的哲学家。将学术自由真正作为一种理念付诸大学实践的,是在1810年创办柏林大学的威廉·冯·洪堡。这里主要以德国大学学术自由的发展为例,论述学术自由在大学发展中的演变过程。

1914年,民族沙文主义膨胀的德意志帝国首先挑起了第一次世界大战,战争使大学遭到重创,学术自由首次遭到全面践踏。第一次世界大战后,尽管教学自由的原则在魏玛宪法的第142条得到重新确认,但是随着纳粹分子上台,在法西斯铁蹄下,德国的大学完全处于政治集权控制的高压之下,数百名教授被迫沦落他乡,一些具有民主倾向、反对纳粹主义或渴望学术自由的大学教师被校方解雇,甚至被当局关押,昔日学术自由的风气荡然无存。[①]第二次世界大战以后,联邦德国开始了大学重建。为恢复"洪堡传统",强调教学和科研

---

① 贺国庆. 德国和美国大学发达史 [M]. 北京:人民教育出版社,1998:183.

自由，联邦共和国宪法的第 5 条第 3 款，特别规定"要保障科学和艺术以及研究和教学的自由"①，因此，有人说："联邦德国的大学基本上是魏玛时代大学的复制品"。②随着联邦德国的经济不断发展，被称为"象牙之塔"的德国大学面临着适应社会经济发展需要的局面。1976 年 1 月，联邦德国政府制定并正式通过了《高等教育总法》，对高等学校的任务、课程设置等进行了统一规定。由于执行过程中的一些问题，《总法》先后经过了 1985 年、1987 年、1993 年等数次修改。1985 年 11 月修订的《高等教育总法》，删去了关于作为统一组织模式规定下来的综合高等学校的条款，承认"高等学校在安排教学工作上享有更大的自由"。③1990 年，德国统一以后，"洪堡传统"中学术自由的思想继续得到发扬。

"大概没有任何打击比压制学术自由更直接指向高等教育的要害了。我们必须不惜一切代价防止这种威胁。学术自由是学术界的要塞，永远不能放弃。"④基于这种认识，各国在大学制度发展中都采取了不同的措施来维护大学的学术自由，主要有：（1）制定相关法律制度保障学术自由。在日本，宪法（1946 年）列出了关于学术自由的专项条款；《教育基本法》（1947 年）也重申"要尊重学问自由"；《教育公务员特例法》（1949 年）以尊重教师的教育、研究自由为基本原则，为教师充分履行职责提供了一个区别于一般公务员的法律保障。在法国，1968 年《高等教育方向指导法》规定：教师和科研人员在行使其教学职责和进行研究活动时，享有完全的独立性和充分的言论自由。在英国，《人权总宣言》（1948 年）承认学术自由是一种人权；《1988 年教育改革法》规定：学术人员在法律允许的范围内，有对普遍接受的知识提出疑问并进行检查以及提出新观点和发表争论性的或不是流行的意见的自由。⑤（2）成立专业组织维护学术自由。美国为了切实保障学术自由，于 1915 年成立了"美国大学教授协会"(AAUP)，发表了旨在保护学术自由的"原则宣言"。该"宣

① 克里斯托弗·福尔.1945 年以来的德国教育：概览与问题 [M].北京：人民教育出版社，2002：231.
② 汉斯格特·派泽特.联邦德国的高等教育——机构与发展 [M].北京：北京大学出版社，1993：7.
③ 贺国庆，等.外国高等教育史 [M].北京：人民教育出版社，2003：647.
④ 约翰·S·布鲁贝克.高等教育哲学 [M].杭州：浙江教育出版社，1987：59-60.
⑤ 陈列，俞天红.西方学术自由评析 [J].高等教育研究，1994(2)：101.

言"得到了美国学院协会、美国大学协会、美国教师同盟等组织的认同。此后，AAUP 分别在 1925 年、1940 年对"原则声明"进行了补充解释。然而，在第二次世界大战和战后的冷战期间，由于政治意识形态等问题，学术自由并未得到充分保障。直到 60 年代，随着高等教育的迅速发展、知识产业地位的提升和教师队伍的扩大，以及兴起于 50 年代后期的民主权利运动的支持，高等学校教师大大增强了维护学术自由和法定的公民自由权利的力量。1970 年，美国大学教授协会对 1940 年的原则声明再次作了补充解释。"截止到 1977 年，全美已有 177 个各类高等教育联合组织正式签署赞同 1940 年声明的原则，从而在很大程度上使得学术自由原则在美国的高等学校中形成制度化。"①

## 二、政府宏观调控下的大学自治

大学自治与中世纪大学相伴而生。所谓大学自治，就是大学"自己管理自己的事情"②。中世纪大学自治分为两种类型：一是以法国巴黎大学为代表的教师型大学，一是以意大利博洛尼亚大学为代表的学生型大学。后来，学生型大学渐渐为教师型大学所代替。这里主要以法国大学的发展为例，论述大学和政府之间关系的演变历程。

1791 年，巴黎大学因其政治上反对国家，学术上保守，组织上封闭，而被国民工会和督政府关闭。1799 年，拿破仑建立起法兰西第一帝国。帝国大学制的建立，确立了法国中央集权的教育管理制度。在拿破仑以后的半个多世纪里，法国的高等教育发展基本停滞。直到 19 世纪末，由于赋予了大学更多的自治权，法国的高等教育才出现转机。但是由于国内政权更替频繁，经济危机接连爆发，加之两次世界大战的破坏，所以一直到 20 世纪上半期，法国的大学发展严重受到阻碍。第二次世界大战后，长期僵化的高等教育管理体制终于导致了 1968 年"五月风暴"的爆发。"五月风暴"过后政府改组。富尔(Edgar Faure) 出任国民教育部长，提出并颁布了《高等教育方向指导法》（又称"富尔法"）。法案明确提出了大学的三大办学原则：自治、参与和多科性。

---

① 陈学飞，刘新芝. 西方学术自由思想历史演变述略 [J]. 教育研究，1993(5).
② 约翰·S·布鲁贝克. 高等教育哲学 [M]. 杭州：浙江教育出版社，1987：31.

所谓"自治"，就是大学能够确定自己的培养目标、组织机构以及运行机制。它主要包括教学自治、管理自治和财政自治三个层面。所谓"参与"，主要是指集体管理，即在教育部长和大学区总长的领导下，大学的所有成员乃至社会人士，均可通过各种委员会的代表参加对学校本身的管理。只允许少数知名教授有发表意见特权的现象将被代替。所谓"多科性"，是指每所学校在继续保持自己专业特长的同时，努力打破以往学科互不相连的传统，发展各学科之间的联系，重新组合各种相邻的学科，创立新型课程，向着多学科、多专业的综合性方向发展。[①]1984年法国总统密特朗签署了国会通过的新的《高等教育法》（又称作"萨瓦里法"）。法令确认了1968年《高等教育方向指导法》的"自治""参与""多科性"三项原则，并在力度和深度上推进了高等学校的自治。虽然法国大学的自治化程度还远不能与英、美等其他国家相比，但是拿破仑时代的国家对大学完全专制的制度已经不复存在，一定程度上的大学自治得以逐步回归。

美国学者约翰·S·布鲁贝克认为："就像战争意义太重大，不能完全交给将军们决定一样，高等教育也相当重要，不能完全留给教授们决定。"[②]事实上，由于经费等方面的因素，大学完全自治是不可能的。但是大学毕竟不是社会的"风向标"，大学要发展就必须保持一定程度上的自治。基于以上考虑，各国在大学制度发展中多采取"政府宏观调控下的大学自治"，主要措施有：（1）立法。法制是现代社会的本质特点之一，政府通过制定法律明确大学自治的权限和范围，一方面可以维护大学自治，另一方面可以进行宏观调控。日本《教育公务员特例法》规定国立大学的校长、学部长的任用与教师的录用由学校评议会与学部教授会按照规定的程序决定。这样大学便拥有了自主的管理、教育、研究的权限，从而构成了大学与政府之间的张力，使之成为一种相对独立的机构。（2）经费。美国是通过"绩效拨款制度"影响大学发展的典型国家。此外英国、法国等国家也都分别设立大学的绩效指标 (performance indicator)，根据大学的绩效进行经费划拨，从而对大学进行宏观调控。（3）大学人士参与政策制定。

---

① 贺国庆，等. 外国高等教育史 [M]. 北京：人民教育出版社，2003：572—575.
② 约翰·S·布鲁贝克. 高等教育哲学 [M]. 杭州：浙江教育出版社，1987：32.

日本大学界的协会组织对于日本政府教育政策的制定产生了重要影响，从而一定程度上起到了维护大学自治的作用。日本大学界的协会主要有国立大学协会、公立大学协会、私立大学联盟、私立大学协会等。这些协会均为民间团体，由会员大学的校长组成。近几年来国立大学协会就国立大学的改革与发展向政府及有关部门提出了相当数量的要求、意见书，如 2000 年 12 份、2001 年 11 份、2002 年 18 份。这些要求、意见书涉及国立大学改革的各个方面，反映了大学界对政府的基本态度，对政府制定政策产生了重要的影响。[①]（4）建立大学与政府之间的中介组织。这种组织一般可以划分为两种类型：①隶属于国家的中介组织。如英国的"高等教育基金委员会"(HEFCE)、法国的"国家评估委员会"（CNE）等；②民间的中介组织。如英国的高等教育质量委员会 (HEQC)、美国的美国大学协会 (AAU) 等。这些中介组织在大学拨款、大学评估等方面发挥着政府与大学之间的桥梁和纽带作用。

## 三、市场调节机制作用下的大学办学多样性

回顾大学发展历程，可以看出大学经过了世俗化、民族化、大众化、民主化等发展阶段。20 世纪中叶以前，宗教和各种政治力量曾对大学产生着重要影响。第二次世界大战之后，世界范围的高等教育规模急剧扩大，高等教育步入了大众化甚至普及化阶段，量的扩张引发了许多质的变化，这些质的变化从根本上打破了象牙塔的藩篱，为市场介入大学打开了大门。以市场为主的经济力量在大学的发展中起到了越来越重要的作用。起初，市场的影响可能仅仅体现为大学间的排行榜、经费竞争、生源竞争等，而后，市场的影响则逐步深入到大学内部，影响到大学的管理和运营。借鉴市场机制，促使大学良性竞争和大学资源的有效利用，为大学发展注入活力，是大学制度发展的一个重要趋向。

美国大学市场化行为是现代大学发展引进市场机制的一个典型范例。限于篇幅，文章不将其展开论述。在英国，高等教育的准市场机制是伴随着 20 世

---

① 胡建华 . 必要的张力：构建现代大学与政府关系的基本原则 [J]. 高等教育研究，2004 (1)：104.

纪70年代国家对大学拨款经费下降的情况下产生的。政府拨款经费下降，迫使大学通过其他途径，比如建立教学公司、科学园等多渠道来获取新的经费；迫使多科技术学院为了从地方当局获取更多的补贴经费而展开激烈的生源竞争。从1981年起，政府发表了一系列报告，要求高等教育机构必须满足国家的需要。为达到这种目的，英国政府改变了拨款制度。政府决定，有计划地将资源分配给一些能与其合作的机构，并采取减少或终止分配资源的方式，来惩罚那些拒绝与政府合作者。[①]1988年《教育改革法》和1992年《高等教育与继续教育法》确认了多科技术学院获得大学的地位，英国的高等教育制度由"二元制"转变为"一元制"，促使大学与多科技术学院在一个统一的市场里，根据各自的能力公平竞争。1997年7月，英国高等教育调查委员会发表了题为《学习社会中的高等教育》的报告（又称《迪尔英报告》）。报告建议：政府应加强工业与高等教育在研究和资源开发中的伙伴关系，应立即成立一项工业合作发展基金，吸引工业部门的资金；根据教育成本分担的原则，高等教育应向学生收取学费；通过立法、评估等手段提高经费的使用效益。该报告被看作是继《罗宾斯报告》后英国高等教育领域最重要的报告。至此，英国的高等教育运行准市场机制逐步完善。此外，日本、瑞典、新西兰、澳大利亚等国家在重建其高等教育管理体系中，都不同程度或不同方式地引入了市场机制。如日本新近的"国立大学行政法人化"改革，瑞典"按照教学成果决定拨款数额"的改革等。正如伯顿·克拉克在对一些发达国家的高等教育系统作了比较分析之后，认为"不管这些高等教育系统规模大小如何，是集权化的还是分权式的，随着成员数目的增加和任务的增多，市场调节的作用也在扩大"[②]。

将大学发展引入市场机制，可以促使大学贴近社会，充分发挥大学服务社会的职能。中世纪大学是培养医生、牧师、法官的闲暇机构，一直被人们视为崇尚真理、追求学问、脱离社会的"圣域"。在现代市场经济社会里，大学崇尚真理、追求学问的基本精神虽然没有改变，但是其发展已经与社会紧密联系在一起，大学必须在充满竞争的市场经济中学会生存与发展。将大学发展引入

---

① 詹鑫. 八九十年代英国高等教育的市场化与大众化改革 [J]. 外国教育研究，2000(4)：60.

② 伯顿·克拉克. 高等教育新论 [M]. 杭州：浙江教育出版社，1988：130.

市场机制，还可以促使大学之间良性竞争，激活大学内部活力，充分发挥大学的办学主动性，引导大学办学向多样性发展。在传统高等教育体系中，由于国家对高等教育发展的过分干预，造成了大学发展形式上相对单一，大学内部缺乏活力，大学办学主动性不强的后果。随着世界高等教育进入大众化发展阶段，人们发现国家在高等教育发展中的作用并非是无限的。必须建立健全由国家、市场共同参与，能够满足不同学生需求，办学形式多样化，资金来源多样化的高等教育体系。在各国多样化的现代高等教育体系中，两种类型的大学发展尤显重要：（1）私立大学。私立大学存在于现代大学中，最大的体制优势在于与国立大学或公立大学的竞争性。在美国，首先成为研究型大学的是私立大学，而且私立研究型大学是美国高等教育体系中的一个庞大部分。在日本，私立大学承担了由高等教育"精英化"向"大众化"过渡的主要任务，早稻田大学、庆应义塾大学等私立大学则与国立大学展开竞争。在我国，民办高等教育的发展也愈来愈引起国家以及社会的广泛关注。（2）世界一流大学。世界一流大学是高等教育多样化发展的产物，是伴随着大学之间竞争和协作以及社会市场需求和供给而产生的。长期以来，日本的国立大学一直是直接隶属于政府的国家机构，大学没有办学自主权，同时也不受市场的冲击。为激活大学活力，1999年起，日本进行了"国立大学行政法人化"改革，加强了国立大学与外界的联系，使国立大学参与同其他公立、私立大学的竞争。文部科学省在2001年6月发表的《大学结构改革计划》中提出：在10年内建成30所世界一流水平的大学。具体措施是：（1）推进国立大学重组、合并。（2）在国立大学引进民营管理机制。大学管理人员可以聘请校外专家担任，引进重视能力和业绩的新型人事管理制度，以此来推动国立大学法人化。（3）把竞争机制引进大学。将原文部省所属的"学位授予机构"改为"大学评估及学位授予机构"，并建立第三者评估制度，将评估结果向全社会公布；根据评估结果，对排名前30位的国、公、私立大学给予重点经费资助；有重点地建设具有先进水平的研究设施，增加竞争性研究经费。[①]我们认为，日本建设世界一流大学之引进竞争机制的措施，是值得中国当前建设"985工程"和"211工程"

① 陈敏，沈红. 日本研究型大学面临的机遇与挑战 [J]. 高等工程教育研究，2003 (2)：71.

借鉴的。

## 四、大学制度模式移植过程中的借鉴与传承

"模式移植是世界大学发展史上的一种带有普遍意义的现象。"[①] 世界各国在建立大学制度之初，常常伴随着模式移植现象。在模式移植过程中，当新的模式移植发生时，往往会出现外来模式与已有传统模式之间的矛盾与冲突。不顾本国传统和实际、全盘照搬式的模式移植，必然会引起改革的失误。从大学制度发展历程来看，实现由模式移植向模式借鉴的转变，并注重本国大学传统制度的传承，是大学制度走向成熟的关键。

我国20世纪50年代初的大学改革被看作是大学模式移植的一个典型事例。1949年10月新中国成立后，政府开始了对旧大学制度的改造和新大学制度的建立。大学制度改革大致可以分为两个阶段：第一阶段（1949年底至1952年）大学改革的内容主要是恢复学校秩序，接收教会学校，改造私立大学，在少数大学开展学习苏联大学模式的试点工作；第二阶段（1952年下半年至1955年左右）大学改革以全面学习苏联经验为主要特征。首先按照苏联的大学体制进行了院系调整，接着在教学制度方面也全面按照苏联大学的方式进行了改革。为了使学习苏联经验的改革得以顺利进行，使苏联大学模式能够准确地植入中国大学，当时还采取了聘请苏联专家、向苏联大量派遣留学生，广泛开设俄语课程等有力的措施。[②] 可以说，20世纪50年代初我国的大学改革是建立在完全模仿、照搬苏联模式的基础上进行的。虽然说在短时期内建立起了一种全新的制度，并使大学改革得以顺利进行，其积极意义是不容否定的，但是这种完全照搬苏联模式的大学制度改革所造成的负面效应也是不容忽视的。其负面效应至少表现在以下几个方面：（1）大学自治传统的缺失。蔡元培在建立北京大学之初，便倡导教授治校、大学自治。50年代初我国的大学改革是按照政府的计划，自上而下进行的。"无论是院系调整、专业设置，还是教学计划的

---

① 胡建华. 关于大学"模式移植"的若干思考 [J]. 现代大学教育，2002 (2)：11.
② 胡建华. 关于大学"模式移植"的若干思考 [J]. 现代大学教育，2002 (2)：12.

统一化、教学研究组的设立，都体现了政府计划的主导性。"① 大学毫无自治可言。（2）大学教学与科学研究的分离。中国仿效苏联，在院校调整的同时，在全国建立起了一支庞大的科学院系统。大学体制改革的基本方针和原则是为了培养大量专门人才及师资，科学研究被剥离出去。这种情况直到50年代中后期才稍有改观。（3）人为割裂了学科间的联系。综合大学系科的消减、单科大学的设立以及过窄的专业口径，均不利于学科间的交叉和综合，不符合20世纪中叶以后开始的学科综合化这一发展趋势。（4）俄语作为第一外国语，影响了中国大学国际化的进程。20世纪中叶，英语已是国际性的语言。法语很严格，外交上主张用法语签订条约。而俄语在国际上的使用范围还不如西班牙语，甚至不如阿拉伯语。② 但是，50年代初院系调整后，大学内除俄语系或专业外，俄语还作为其他系科大学生的第一外国语，为必修课程。据统计，当时学习俄语的学生数大约有91 000人，占大学生总数的88%。③ 可以说，将俄语作为大学中的第一外国语，严重阻碍了高等教育的对外学术交流，一定程度上影响了中国大学国际化的进程。不难看出，我国50年代初的大学制度改革是建立在"推倒重来"基础上的"完全模式移植"。说其"推倒重来"，是因为新的大学制度完全抛弃了中国近代传统大学制度；说其"完全模式移植"，是因为新的大学制度是在全面学习苏联大学制度模式下建立的。

环顾世界各国，大学制度的发展无不是在传统与变革之间进行的。大学作为连接着人类的过去、现在和将来的文化共同体，其魅力就在于它悠久的历史传统以及在此基础上形成的深厚的文化底蕴。19世纪以降，英国大学制度曾经经历了三次大规模的改革：19世纪后半叶至20世纪初的大学扩张，20世纪60年代的新大学运动，20世纪80年代末、90年代初的"一元化"改革。三次大的变革，涉及大学制度的方方面面，但是牛津、剑桥之"校园建筑风格""个别指导制"以及"寄宿制"等大学之传统始终未曾改变。"试想假如牛津与剑

① 胡建华.现代大学制度的原点：50年代初期的大学改革[M].南京：南京师范大学出版社，2001：280-281.
② 朱九思.从思想路线看高等教育[J].高等教育研究.1980(1)，转引自《＜高等教育研究＞百期精粹》.高等教育研究杂志社，2001(增)：2.
③ 胡建华.现代大学制度的原点：50年代初期的大学改革[M].南京：南京师范大学出版社，2001：78-79.

桥大学将其中世纪式的校园建筑改建为玻璃贴墙的高楼大厦（60年代的新大学就是以此类建筑为特征的）、以世界上许多国家的大学所常见的上百人的大班授课取代个别辅导的话，那么牛津与剑桥恐怕就不会具有它们现在所拥有的地位以及对英国乃至世界大学制度的意义。"[1]日本也曾经历过第二次世界大战后大学模式的移植（被动地移植美国大学模式），但是自1893年所引入并确立的"讲座制"仍然是新制大学内部组织的基础。美国大学曾借鉴德国的大学模式，但是在英属殖民地学院时期便建立的"校外董事会管理制度"仍延续至今。50年代中后期，我国即发现"完全模式移植"所带来的弊端，并逐步加以调整。1992年原国家教委召开了第四次高等教育会议，中国开始了新一轮的大学制度改革。令人欣慰的是，许多迹象表明，新一轮的大学制度改革已经开始注意到了对中国近代大学制度的传承和对欧美等发达国家大学制度的借鉴。

（原载于《现代大学教育》2005年第3期，第53—55页）

---

[1] 胡建华. 19世纪以来英国大学制度改革的基本特征及其分析 [J]. 现代大学教育，2004 (2)：62.

# 学科统摄视野下的大学发展研究

回顾世界高等教育史，可以看出，由于不同时期各个国家、民族、地域的差异性以及文化的多向度性和不确定性，大学或多或少地都由一个或一组主流学科来统摄其发展。高等教育曾先后经历了欧洲中世纪大学的遗传与变异，德国古典主义大学的激荡与挑战，以及美国现代大学的洗礼与冲击，其间学术流派纷呈，各家著书立说，争论激烈。在政治、经济、文化等诸多因素的影响下，学术也不断分化组合。当大学发展到一定时期或者新兴大学出现时，往往有一个或一组新的主流学科引领大学发展，促使学术走向统合，以期在大学衰落，新文化、新价值观念的冲击后寻求新的出路，挽救大学并促使大学走向复兴。

在学科嬗变中，主流学科代表着大学的发展方向，也顺应了社会需求。各门学科的价值发挥、评判标准都以主流学科为导向。虽然不同学科之间具有明显的差异性，但是主流学科在整个学术圈中占有中心地位，对其他学科起着统摄作用，引导并规范其他学科发展，对其他学科进行价值观念渗透，以期各学科相互碰撞、融合、调整，对国家、社会、大学的发展有益。占统摄地位的学科发展到一定阶段孕育出新观念、新思想、新精神，促使学科不断传承、丰富、转型，形成新时期占大学统摄地位的新学科。而后一主流学科的形成也正是原有学科基础上内在精神的外化与发展。因此不同时期占统摄地位的学科在其特有的学术精英、学术成果和学术精神引领下，形成了不同的大学理念、管理模式、教学模式和人才培养目标等。

## 一、神学统摄下的中世纪大学发展

中世纪大学的产生和发展与当时的教会势力和世俗王朝有着密切关系。在长期冲突与斗争中，教会势力急剧扩张，"在中世纪四分五裂的封建社会里，统一的、集权的天主教会不论是在经济方面还是政治方面都集中了巨大力量。教会提出了授予它绝对统治世界的要求"①。在经济上，神圣罗马教廷从十字军东征开始就获得了巨大的财富收益，大量农民的土地和骑士的产业交由教会保管；政治上，托马斯·阿奎那（S.Thomas Aquinas）认为，政权管理及颁布法律的权力属于全体民众，而这种民主必须要征得教会的批准。教会竭力在物质和权势上保持垄断地位的同时，企图在意识形态乃至整个精神文化层面实施控制。教会组织对中世纪文化的塑造和知识的积累，西欧经济的发展、城市生活的活跃以及社会的需求促成了教师和学生行会的产生。于是，大学这一社会组织诞生了。教皇在 1291 年赋予波隆那学生行会的大学身份。次年，巴黎教师行会也获得同样地位。两所"母大学"以及众多"子大学"引领了当时社会的思想文化潮流，促进了城市的发展繁荣。教会提倡和鼓励大学进行神学研究，从而把社会思潮发展的这个方面掌握在自己手中。②因此，中世纪大学具有浓厚的宗教色彩，并渐次演变为教会的婢女和附庸。

中世纪大学的最初形成是中世纪经院哲学研究活动的结果。11 世纪以降，西方基督教神学——经院哲学产生，成为基督教运用理智探寻真理的学问。作为中世纪文化最高峰的经院哲学内部发生的唯名论和唯实论之争，促成了欧洲大学的兴起。围绕着这一争论，道明派（Dominican Friars）和芳济派(Franciscan Friars)的教父任教于各大学，主宰着学术发展命脉。最后，经院哲学使神学居于万学之上。宗教利用神学学科的统摄作用，在学校管理、教师聘用、学生学习等方面对大学产生着深刻影响。

从管理层面来看，中世纪大学的校长也称为教长（Chancellor），是教会派驻的大学代理人，只有教会神职人员才有资格成为大学校长候选人。教长的主要职责是为自己所属教会及其教堂所辖地区教师候选人授予执教权。但是，当教长和教授会（faculties）发生冲突时，教皇往往站在教授会一边，教

---

① 约·阿·克雷维列夫.宗教史（下卷）[M].乐峰，等，译.北京：中国社会科学出版社，1984：210.
② 约·阿·克雷维列夫.宗教史（下卷）[M].乐峰，等，译.北京：中国社会科学出版社，1984：214.

长的权力大大受限。可见教宗在赋予大学校长一定权力的同时也给予限制，最终还是宗教代言人。为把宗教思想融入大学，具有普遍约束力的宣誓遂成为组织管理的重要手段。巴黎大学制定的学院章程和宣誓细则在 1208—1209 年得到教皇英诺森三世的认可，在 1215 年又得到了教皇使节库尔松·德·罗伯特（Robert de Courson）的认可，并在 1231 年教皇圣谕《知识之父》（Parens Scientarium）中得到正式确认和具体说明。[1] 同样，在英国，牛津大学的新生必须宣誓信守"英国国教会信仰 39 条"，否则没有入学资格，在剑桥大学如果不宣誓信守"英国国教会信仰 39 条"，入学也不会取得学位。

从教师层面来看，中世纪大学的教授会是教师为维护共同利益组成的专业行会，而执教权则受到宗教的强烈影响。中世纪早期，教师的任教资格虽没有严格限制，但在巴黎也须经过大教堂学校的首领——圣母院的司法官批准才能任教。新兴的教师法团在与传统的教会力量争夺执教权的过程中，虽然取得些许胜利，但是教师们在寻求帮助时所依托的力量，本质上还是至高无上的宗教力量——罗马教廷。[2] 许多神学教师在教会中担任主教和红衣主教的职位，成为神学统摄大学理所当然的代理人。

从学生层面来看，由于整个中世纪大学处于教会的庇护和控制之下，其学生几乎都具有教士身份。学生大部分来自平民家庭，进入一所知名大学成为他们跻身上流社会的主要途径。在课程设置上，《圣经》被视为一切神学知识的源泉，巴黎的世俗人士像遵循一定的规则一般，把涉猎一些简单的《圣经》讲座作为继续攻读高阶系科的前提。[3] 在学生日常生活方面，全体学生每日必须聆听礼拜堂进行的弥散和大学的布道，每天傍晚酒宴过后，集体颂唱"圣母玛利亚轮诵曲（antiphon of the Blessed Virgin）"或"天后颂（Salve Regina）"作为白天结束的象征。[4] 同时，大学作为行会组织，成员之间要互助互爱，并

---

① Hilde De Ridder-Symoens. *A History of the University in Europe*，Volume I. *Universities in the Middle Ages* [M]. Cambridge: Cambridge University Press，1992：24.

② 爱弥儿·涂尔干. 教育思想的演进 [M]. 李康，译. 上海：上海人民出版社，2006：95.

③ Rashdall, H. *The Univeisities of Europe in the Middle Ages*. Volume II, *English Universities-Student Lief* [M]. Oxford: The Clarendon Press，1936:465-467.

④ Rashdall, H. *The Univeisities of Europe in the Middle Ages*. Volume II, *English Universities-Student Lief* [M]. Oxford: The Clarendon Press，1936:625-626.

对保护者进行崇拜礼仪等，这一系列带有宗教仪式化的学习、娱乐和祈祷等，构成了中世纪学生独特的生活方式。

宗教在对中世纪大学进行控制并给予一定特权的同时，培养神职人员和传播宗教知识以扩大其影响，成为大学的主要职责。基于宗教以及社会流动等方面的需求，早期大学自然而然成为了具有职业性的机构。正如科班（Alan B.Cobban）所言，与其说中世纪大学是神秘的象牙塔，不如说它是以满足社会职业需求而获取谋生手段的教育组织。[1] 其潜在功能是培养实际事务的专门人才。大学为满足教会的管理、统治以及当时社会各方面所需人才的培养，文、法、神、医四个古典学科便应运而生。培养大批训练有素的牧师、文职人员、律师、医生成为大学的主要功能。每一门学科都或多或少注入了宗教特征[2]：如果一门学科看起来是"非宗教的"（profane）、"有利的"（lucrative），或者是"机械操作性的"（mechanical），那么该学科就会被视为低等学科，甚至会被强制取缔。根据学科地位的先后顺序、权力声望形成了鲜明的学科等级，神学院被置于首要地位，其次是法学院和医学院。文学院被排在最后，仅仅被视为"高级"（superior）学院的"预备学院"（preparatory faculty）。

中世纪后期，随着教会权力扩张以及内部分裂，其统治愈加腐败黑暗；城市兴起，中产阶级开始活跃于社会舞台，人们对美好生活充满了向往，对长久以来的"神本"思想开始产生不满。同时作为独立社会阶层的大学，对教会统治产生了巨大挑战，以经院哲学和神学为支柱的教会统治地位随之动摇。伴随世俗化增强，宗教统一性瓦解，神学弊端日益暴露。为了摆脱中世纪神学束缚，文艺复兴、宗教改革、启蒙运动等次第在欧洲大陆兴起。大学在激荡的变革中开始摆脱神学走向世俗，脱离一体走向多样。法、英、德三国面对社会环境变革的岔口，分别尝试了各具特色的变革，引导它们通向了不同的大学发展道路。

---

[1] Alan B.Cobban. *Universities in the Middle Ages* [M]. Livepool: Livepool University Press, 1990：32.

[2] Hilde De Ridder-Symoens. *A History of the University in Europe*, Volume I. *Universities in the Middle Ages* [M]. Cambridge: Cambridge University Press，1992：42.

## 二、技术统摄下的法国大学发展

18 世纪后期，由于巴黎大学、奥尔良大学以及里昂大学为代表的 22 所传统大学学术保守、思想僵化、抱守残缺，不适应国家发展需求，甚至与国家对立，于 1789 年被政府强行关闭。坚守神学统摄的传统大学最终走向历史终结。与此同时，伴随工业革命的到来，知识分化的进程不断加快，激发了人类对技术知识教育的强大需求。随着技术统治论和实用主义盛行，统治者一方面强调技术教育的重要性，另一方面强调教育为国家服务。[①]技术在法国大学逐步站稳脚跟，随之成为主导大学发展的重要力量。为了争夺海外殖民地，法国多次对外宣战，急需大批军事人才，各种炮兵学校、军事工程学校、造船学校和骑兵学校等大学校（Grande écoles）应运而生。

大学校是法国大革命时代建立的一个颇具特色的高等教育系统，是培养政府官员、管理人才和高科技人才的主要基地，位于法国高等教育系统的顶端。其中综合理工学校、国家行政学院、巴黎高等商校和巴黎高等师范学院名声显赫，享有较高社会地位。大学校独特之处在于：第一，在招生方面，传统大学的招生要求是只要学生参加高中毕业会考成绩合格，即可申请进入，而大学校是法国精英型高等教育的代表，学生在完成两年预科的学习后还要通过极其严格的考试方能进入。[②]这样就为专门技术性人才的培养提供了较好的生源基础。第二，在师资方面，大学校除拥有知名学者、教授外，还聘用了大量具有实践经验的兼职教师。众多企业高层人员在学校授课，能够直接传授给学生最先进的知识和技能，这是大学校与社会行业密切联系的重要途径之一，为大学校精英人才的培养提供了专业性、高水平的师资。第三，在课程设置方面，在技术统摄下，学科逐渐专业化，各种矿物学、经济学、统计学等实践性学科相继开设。无论是军事、机械院校，还是农业、医学院校，注重实用技术教育，关注近代新兴学科，是它们的共同特点。即使是属于人文和社会科学类的文学、音乐等专门学校，也摆脱了宗教和传统束缚，倾向技术实用性。

---

① Joseph N.Moody. *French Education Since Napoleon* [M]. New York: Syracuse University Press，1978：1-2.
② 李永全，胡钦晓 . 解读巴黎高师：文化资本的视角 [J]. 现代大学教育，2011（4）：43.

在技术统摄下，大学校在法国高等教育系统中的主导地位日益巩固，其在人才培养上具有精英性和国家功利性的特点。社会各界对大学校的推崇，使具有职业实用性的技术教育发挥着突出作用。由于大学校的毕业生具有更多的实习机会和更为广阔的就业前景，其在日后职场的成就令人瞩目。大学校不仅担负起培养政府、企业、科技部门高级官员和高级技术人员的任务，即具有挑选精英的功能，而且具有维护精英集团特权的功能。在拿破仑时期，大学校被中央政府控制，大学校的行程按照国家建设和发展需要，由中央政府各个部门领导，在一定程度上体现出中央集权对高等教育的垄断。与此同时，大学校造就了大批各部门各领域具有卓越功勋的杰出人物，例如巴黎综合理工学院培养出了物理学家毕奥（Biot）、政治家卡诺（Carnot）、巴黎地铁之父边佛尼（Bienvenüe）等一批具有技术和学者双重身份的高级人才。

随着时间变迁，大学校在取得卓越成就的同时，法国高等教育体制在这一时期也出现了一系列棘手问题，主要表现在：高等教育系统主要为政府创办，国家对大学具有控制、管理、监督等权力，具有封闭性、垄断性等特点，这种以技术统摄为主导、以国家中央集权为特征的发展模式，使大学逐步丧失了生机和活力。直到19世纪上半叶，在教学方面大学校依然深深地印有拿破仑中央集权主义和国家垄断主义的痕迹。技术教育的确会满足国家的实际需要，但是作为一种真正的知识启蒙，必须孕育于一种自由的精神之中。在这样的教育中，几何和诗歌是和旋转的车床一样重要。① 法国培养了大批管理者雇主，但是因为缺乏人文学科的滋养，使大学教育失去了应有的灵魂。他们不再学习拉丁文或希腊文，而是研究经济学和电视媒体，他们的归宿最终是银行。②

## 三、文学统摄下的英国大学发展

19世纪中期以前，英国大学在独特的文化理念影响下，用神奇的智慧把中世纪大学优良的精神、人文气质保存继承下来，并随着时代和社会变迁，创

---

① Alfred North Whitehead. *The Aims of Education, and other essays* [M]. New York: Free Press，1967：79-80.

② 弗朗索瓦·杜费，皮埃尔-贝特朗·杜福尔.巴黎高师史 [M].程小牧，孙建平，译.北京：中国人民大学出版社，2008：9.

造了牛桥大学（Oxbridge Universities）长盛不衰的辉煌。当时，牛津和剑桥是整个英国高等教育系统的主干力量，实行学院为主、大学为辅的管理制度，几乎所有院长都是保守派代表。经历过文艺复兴、宗教改革之后，尽管变革思潮留下了深深的痕迹，绅士教育（Gentleman Education）的古典学科却仍然在课程中占据着支配地位。同时，新兴学科如希腊文学、历史、修辞学、诗歌等作为选修性质的学科也逐渐得到认可。就高等教育来看，人文主义新学科冲破了经院主义神学独霸大学的局面，虽然影响主要局限于大学文学院，但正是大学文学院，引导了欧洲大学的近代化运动，带动了整个大学的变革。[①] 随着世俗化加强，世俗性职业受到求学者追捧，他们把人文学科的学习作为实现其社会理想、职业抱负和获得绅士地位的通行证。直到 1851 年，大学仍然与宗教、文学而非商业紧密相连。传统大学中的法学、医学分别设在大学之外的伦敦律师学院和伦敦医院等专门机构进行。维多利亚工程师和他们的先辈在古老的师徒制沿袭下接受训练。大学仅仅关注闲暇生活的人文教育。[②] 英国传统大学教育出现去职业化倾向，法学、医学的剥离促使文学在传统大学中受到普遍欢迎。在英国出现了大批人文主义学者，如科利特（John Colet）、莫尔（Thomas More）、费希尔（John Fisher）等。

在牛津和剑桥，大学存在和发展的理念总是与文学紧密相连。文学的不确定性正是其丰富性所在，自然科学是在客观世界以科学的方法探索发现自然现象、规律，但对知识统一性的阐释最终通过文学的表述才能得以实现。人文学科的发展促进了绅士教育思想的确立，在大学中出现重文轻理倾向，文学在各学科中占据统摄地位。绅士教育使英国大学的保守性与传统性得以保持和延续的同时，校园生活的贵族化特征日益彰显。相比较中世纪而言，学生的平民化现象丧失殆尽，跑马、射箭、钓鱼、狩猎、逛咖啡馆成为师生主要的娱乐活动。

17 世纪起，绅士教育成为英国上层社会普遍关注的问题，其目的是培养具有良好智力与美德的政治领袖、精英学者和合格的社会公民。牛津大学通过人文教育的方法来发展人的智识和道德。接受过这种教育的人不一定马上成为

---

① 贺国庆，王保星，朱文富. 外国高等教育史 [M]. 北京：人民教育出版社，2006：63.
② A.H.Halsey, M.A.Trow. *The British Academcis* [M]. Cambridge: Harvard University Press，1971：47.

某一学科的学者，但他所具备的素质和智力水平完全能够胜任任何职业，这也是作为绅士应该具备的人文素养。在坚持人文教育的同时，作为牛津大学皇冠上璀璨明珠的导师制也成为主要教学模式。正如阿什比（Eric Ashby）所言，牛津和剑桥坚信，大学的存在是为宗教和政府培养公仆，培养他们如何成为有教养的人而非知识人。大学毕业后具有教养远比拥有学识更重要。他们要成为实干家而非思想家，要成为主教而非神学家，要成为政治家而非哲学家，要成为教师而非学者。大学的职责在于人文教育而非职业教育。[①]导师指定书目要求学生阅读并提交论文，鼓励学生对古典文学名著进行研读，以培养学生高雅的气质和对文学之美的感受力、鉴赏力，提高人的修养。

英国大学彰显人性、尊重个性，倡导学术自由的优良品性在世界大学史上留下了深刻印迹。但是伴随近代自然科学进入课堂，一股新的学术思潮开始盛行并冲击着古典学科教育。人文教育弊端日益暴露，这种教育是否适应整个社会，还是只能专属于上流社会绅士阶层的特权引起了人们质疑。后期发展中，在对绅士教育大唱赞歌的同时，人们逐渐认识到这种人文教育很难适应全社会发展的需求。资产阶级革命的爆发、工业革命的推动、民众的教育需求以及德法改革潮流的影响，其落后性和保守性愈加凸显。19世纪初期，英国仍然只有牛津和剑桥两所大学，虽然经历文艺复兴有稍许改变，但事实上它们发展缓慢，甚至衰退。[②]随之，牛津剑桥围绕着教育目的的大辩论，表明古典学科教育已经不能适应登上历史舞台的新兴资产阶级的需要，英格兰大学走向衰退。文学统摄下的英国大学发展，开始显现出起伏不定、左右摇摆的态势。

伴随经济社会发展，以技术占统摄地位的法国大学和以文学占统摄地位的英国大学已经不能适应时代潮流，自然学科和人文学科的对峙及不融洽是错误的。不涉及文科的技术教育不可能完美，不涉及技术的文科教育也不能令人满意，换句话说，凡教育必传授技术和充满智慧的想象。[③]于是，英国和法国开始把大学变革的目光转向了德国大学，以哲学占统摄地位的德国大学后来居上，

---

① Eric Ashby. *Adapting Universities to a Technological Society* [M]. San Francisco: Jossey-Bass Publishers，1974：4.

② H. C. Barnard. *A Short History of English Education* [M]. London: University of London Press，1947：28.

③ Alfred North Whitehead. *The Aims of Education, and other essays* [M]. New York: Free Press，1967：85.

处于当时巅峰的地位，扭转了大学的生存局面，使大学由衰落走向兴盛。世界高等教育重心也随之转移到德国。

## 四、哲学统摄下的德国大学发展

19世纪以降，与法国大学受技术统摄、英国大学受文学统摄所不同，德国将哲学代替神学，并进而在大学中取得了统摄地位。施莱尔马赫、费希特、洪堡等新人文主义哲学家直接参与了柏林大学的创办。其成功经验及创生出的科学精神迅速成为德国众多大学的典范，并引领了欧洲其他国家大学发展。[①] 洪堡大学改革的突出贡献是以哲学院取代文学院，并确立哲学院在大学的中心地位。曾经作为神学和教会婢女的哲学摆脱了对神学的依赖，开始占据学科统摄地位。正如包而生（Friedrich Paulsen）所言：德国大学的崛起，主要归因于哲学院的发展，具体而言就是其从低下的奴仆地位上升到了领导地位的结果。[②] 神学院、法学院、医学院除进行专业教学外，必须以哲学院为依据，开设纯理论性课程。哲学院在教学和科学探究方面都处于领先地位，成为其他学院的效仿对象。伴随着发展科学职能出现，追求"纯粹科学"（Wissenschaft）成为德国大学的主要任务。纯粹科学与当下的科学并不同，它是一种新哲学，代表着一个学者的最高水平，是大学生活中不可或缺的重要组成部分。[③] 哲学理性可以统领其他学科，在追求纯粹科学的过程中促使大学达到新的境界。

哲学统摄下的德国大学，除学院组织不同于中世纪大学，教师的教学与科研、学生的学习与生活等都发生了重大变化。19世纪，德国大学处于世界之巅，聚集了世界上各个学科的一流学者。大学教师具有教师和研究者双重身份，教师要在本专业不断地探索和创新。教师具有教的自由，如讲座内容、研究方向、教学方式等均不受外界干涉，但传授给学生的知识是一种纯粹知识，是经过教师努力探索获得的新知。科研与教学相结合是大学的基本原则，从理念上来看，

---

① Walter Rüegg. *A History of the University in Europe*，Volume Ⅲ. *Universities in the Nineteenth and Early Twentieth Centuries* [M]. Cambridge:Cambridge University Press，2004：13.

② 弗里德里希·包尔生. 德国大学与大学学习 [M]. 张弛，等，译. 北京：人民教育出版社，2009：49.

③ Charles E. Mcclelland. *State, Society, and University in Germany* [M]. Cambridge: Cambridge University Press，1980：122.

最好的科学研究人员同时也应该是首选的教师，没有人能够不亲身参与到科学研究中去而能真正在大学里面教育好学生。① 保持学生对科学本身及科学研究的尊重是教师的首要任务。

与教师责任相对应，学生的学习也是一个创造性的过程，而不再是被动接受知识。作为年轻人，除了遵循学校的规章制度外，他们在自身发展和探究过程中具有独立自主的权利。② 因此，学生也具有选择教师、研究项目、课程内容等方面的自由。但是在哲学统摄下的大学，哲学是科学的基础和最终归宿，哲学内容的学习必不可少。费希特极为强调哲学的重要性，学生应首先接受哲学教育，因为各个学科的精神都是狭隘和不全面的，要掌握运用某一学科的艺术，则有必要先认识一般精神活动的种类和方式，而唯有借助于哲学才能够理解所有的精神活动。③

哲学是一种开放性学科，学者要追求知识的纯粹性，必须营造自由的精神氛围。现代大学需要新的教学方法，中世纪传统的教学方法如讲授法（Lecture）和读书法（Reading），已经不能适应科学探求的需要，一种新的师生互动的教学方法——习明纳（Seminar）应运而生。大学教育的目的不只是向学生传授知识，而是让学生在彼此交流与心灵碰撞中获得新知识、发现科学探究的新方法和独立认识世界的能力。习明纳就是这样一种增强教学探究性和创造性，在教师广博的知识、敏捷的思维、开阔的视野引导下，激励学生对学科知识进行探究发现，以发展学生智力和创造力的教学活动。在此过程中师生具有科学研究的自由，真理在师生思想碰撞中出现。

德国大学的最终目的在于培养哲学家和思想家。真正的思想家在根源上是有独创性的，即他传达给世界史无前例的思想，他的独创性显示在他的著作中和他的创造性成果里，这是不可重复的。④ 达到这种造诣的哲学大师必须具有科学探求精神和良好道德修养，而"由科学达至修养"是实现这两种素质最理

① Karl Jaspers. *The Idea of the University* [M]. Reiche, H.A.T.&Vcmderss Hmid trans.H.F. Boston: Beacon Press，1959：45.
② Henry Barnard. *Contributions to the History and Improvement of the German Universities* [M]. New York: F. C. Brownell Publishers，1859：229.
③ 陈洪捷. 德国古典大学观及其对中国的影响：修订版 [M]. 北京：北京大学出版社，2006：48.
④ 卡尔·雅斯贝尔斯. 大哲学家 [M]. 李雪涛，等，译. 北京：社会科学文献出版社，2005（导论）：11.

想的途径。追求纯粹科学的发展是大学本身的精神气质，是对古典人文主义文化的尊重。德国柏林大学在 19 世纪成为世界学术的中心，培养了如狄尔泰、费尔巴哈、黑格尔、爱因斯坦等诸多具有科学和道德修养的知名学者、哲学家以及诺贝尔奖获得者。

当大学发展到一定程度，哲学在表现出其独特方面的同时，排斥实用主义等缺点逐渐暴露。德国在大学之外不得不建立技术学校来适应国家和社会发展需求。哲学与实用主义相结合，渐次从学术羁绊中获得解放。与此同时，伴随新科技革命的到来，无论是在物质上还是精神上都对世界产生了深远影响。以科技占统摄地位的美国大学，开始在高等教育系统中崭露头角。

## 五、科技统摄下的美国大学发展

19 世纪中期以来，受第二次工业革命浪潮的冲击，工业化、城市化成为美国社会发展的主旋律，迫切需要大量掌握科学技术的专门人才。1862 年《莫里尔法案》的颁布拉开了联邦政府和州政府直接干涉高等教育的序幕。法案要求各州在接受联邦政府的赠地上至少设立一所学院，旨在教导与农工技术有关的学科，以便增进农工子弟在各种专业及职业生涯中的高雅情趣及实用教育。[①] 这些学院因政府赠地而建立，故称赠地学院（Land-Grant Colleges）。其课程主要根据各州实际需要设置，同时开设经典课程。教学重视把理论付诸实践，学院课堂逐渐走向田间地头和工矿企业。赠地学院培养了大批农业、工业、社会建设所需要的各类专门人才，通过教学和科研等活动直接服务于当地经济发展。

到 19 世纪末，美国先后移植了英国、德国教育模式，加之本土实用主义传统，在各种混合元素融合下形成了以科技为统摄的大学发展。以仿照德国大学模式创立的约翰·霍普金斯大学为标志，开启了研究型大学的时代。大学尤其是研究型大学成为进军科学、为国家培养高水平人才的基地。美国大学的科技统摄地位适应了时代潮流，促进了科技发展。自此，大学开始走出象牙塔，

---

① 林玉體.西洋教育史 [M].台北：文景出版社，1985：452.

走向社会的轴心。

研究型大学作为美国高等教育体系中的顶端，以其高水平的科学研究、大规模的研究生教育以及雄厚的师资力量得到社会广泛认可。其优势和办学特色主要表现在以下方面：第一，拥有高水平的师资队伍。良好的治学氛围和丰厚的薪金报酬吸引了全世界的知名学者，同时还注重邀请成功人士和企业精英登堂授课，有力地促进了研究型大学的创新发展。第二，在课程设置上，引进德国大学课程，开设哲学、法学、医学、神学等学科，还增设了大量应用性学科，如工程学、农学、工艺学等。第三，高度重视实验室研究。在约翰·霍普金斯大学重点发展生理学、物理学、化学、医学等专业，在应用物理实验室里曾研制出第二次世界大战期间在欧洲战场上发挥强大威力的"致命的引信"，它的发明在美国航空航天领域占有举足轻重的地位。第四，重视团体合作，注重学科间的交叉融合，鼓励跨学科发展。与 19 世纪德国大学不同，20 世纪的美国研究型大学并未封闭在象牙塔内进行纯学术研究，而是站在科技前沿，致力于科学探究，成为服务于社会发展的主力军。

科技革命促进科学发展，科学事业发达与否关乎经济发展、社会进步和国家声望。科学事业需要大批高级研究人员，因此，研究生教育成为美国一流大学的主要培养目标。第二次世界大战期间，美国的研究型大学如麻省理工学院、哈佛大学、约翰·霍普金斯大学等大批科学家投身于国家军事科研项目，承担了原子弹、雷达等科学技术的研制工作，大批军事科研成果的应用为战争胜利发挥了不可忽视的作用。1945 年 7 月提交的报告《科学——没有止境的前沿》，表明国家对基础研究和科学教育的有力支持，大学教育、科技发展与国家利益紧密相连。[1] 1958 年出台的《国防教育法》，加快了研究型大学科研创新的步伐。自此，大学的教学和科研始终以服务于国家和社会发展需求为准则。以斯坦福大学、加州大学伯克利分校等世界知名大学为依托，高技术企业群为基础形成的"硅谷"，融教学、科研、生产为一体，加速了信息时代的来临。以科技为统摄的美国大学，取得了令世界瞩目的辉煌。

大学在发展科技为社会服务的同时，市场运作趁虚而入。高等教育国家化、

---

① V. 布什. 科学——没有止境的前沿 [M]. 范岱年，等，译. 北京：商务印书馆，2004：44.

市场化、产业化愈演愈烈。伴随着学校学术腐败、道德滑坡事件的出现，高校生态环境遭到严重破坏。20世纪后半叶，美国大学内外各种矛盾爆发，公司管理模式已成大学治理的主流。教育成本的上升对大学发展造成了严重威胁。[①]包括常青藤联盟成员在内的美国大学依然面临预算问题。[②] 2001年，科尔（Clark Kerr）在重修《大学的功用》一书时指出，大学正面对着既缺金钱、也缺思想的危机局面。大学管理人不再考虑如何吸引伟大的思想，而是为自己和他们大学的生存奔波；[③] 教师不再是致力于闲暇思考和传道解惑，而是热衷于通过各种校外活动来赚取额外收入；学生不再是致力于掌握真正对社会有益的知识，而是过于看重获取被社会广为承认的各种文凭。大学演变为社会部门的服务站，功利主义盛行，学术资本化明显。科技统摄下的美国大学，在繁华的背后逐渐显露出诸多困境。

## 六、结语

回顾世界高等教育发展史，可以看出，在各个历史时期都有不同学科统摄大学发展。作为后发外生型的中国大学，更应清醒看到，在当下文明冲突和交流的背景下，仅仅依靠模式移植，无异于邯郸学步。大学要想传承文明、开拓创新、担负起各种职能，必须在科技和文化的二元张力下，在肯定科技统摄地位的同时，明晰大学传承已久的深层文化价值。这才是学校最为贵重的无形资本，是大学立于不败之地的源泉。大学发展在注重科技发明的同时，更要倚重历史和人文底蕴，寻求两者之间的平衡点，走出科技的阴影，走向文明和谐。由此文化统摄必将进入大学发展的视野。在完成培养人才、发展科学、服务社会的同时，如何进行文化传承与创新，将是未来大学发展应当思考的重大课题。在科技高度发达的时代，论及文化统摄大学似乎为时过早，但是当下大学面临

---

① Arthur Levine. *Higher Learning in America* (1980-2000) [M]. Baltimore and London: The Johns Hopkins University Press，1993：13.

② John R. Thelin. *A History of American Higher Education* [M]. Baltimore and London: The Johns Hopkins University Press，2004:335.

③ Clark Kerr. *The Uses of the University (Fifth Edition)* [M]. Cambridge：Harvard University Press，2001：209.

的诸多弊端，使我们又不能不思考这一历史话题。相对于英、法传统大学而言，作为后发外生型的 19 世纪德国大学的学科统摄转换；相对于德国大学而言，作为后发外生型的 20 世纪美国大学的学科统摄转换，都为大学发展提供了最为鲜明的成功例证。历史规律表明，任何一段时期的学科统摄都在大学发展中起了重要的主导作用，但是随着社会发展，任何学科统摄都存在着一定的时限性。谁能够及早认清方向，谁就能占领发展先机。作为后发外生型的中国大学，在借鉴外域经验时应加以创新，以期在文化统摄下推进大学实现跨越式发展。

（原载于《现代大学教育》2013 年第 2 期，第 32-38 页）

# 大学讲座制的历史演变及借鉴

伯顿·克拉克（Burton R. Clark）认为，作为大学内部底层组织，与学系（Department）相比，讲座（Chair）有着久远的历史传承。关于讲座职衔何时出现，尽管尚不能确定，但就大学讲座制的起源而言，则可上溯到中世纪时期的行会组织。① 这一与大学相伴而生的制度架构，在经历近千年的发展后，正面临着诸多的问题和挑战。在当下高等教育内部体制改革的浪潮中，重新反思大学讲座制的形成、发展、困境以及变革历程，厘清组织背后的发展理念，无疑对于大学内部次级组织，尤其是底层组织的建构，具有较强的理论和现实意义。

## 一、大学讲座制的形成

中世纪时期，教师授课的座椅（Cathedra）事实上就隐喻着讲座教职（Professorial Chair）。这种座椅，最先为基督教主教布道所专用。而后教会中的牧师，在获得高级职位后被称之为讲座。当时的教师行会，借用该称谓，在获得教授职位时亦称为讲座。② 可见，一定意义上中世纪大学讲座教职是经由宗教教化权威，向世俗学术权威移植和变迁而来的。

这种有形的讲座，在中世纪被赋予了诸多无形意涵：首先，它代表着对学术声望的追寻。在大学组织尚未成立之前，负笈求学的莘莘学子追寻的是讲座教师的声望。有名师所在的大教堂学校，同样是名声卓著。当名师从一所学校迁往另一所学校，学生也随风而动。教师讲座所在，也是学生聚集之处。③ 考证巴黎、波隆那、萨拉诺等大学的生成原因，无不与讲座名师的影响息息相关。其次，它代表着对学术教职的尊重。从中世纪流传下来的图片看，当时只有授

---

① Burton R. Clark. *The Higher Education System*: *Academic Organization in Cross-National Perspective*.[M] Berkeley: University of California Press，1983：46-47.
② William Clark. *Academic Charisma and the Origins of the Research University*.[M]Chicago: The University of Chicago Press，2006：4-5.
③ Nathan Schachner. *The Mediaeval Universities* [M]. London: George Allen & Unwin Ltd，1938：2-6.

课教师坐在带有靠背的椅子上，学生只能坐在简陋的长凳上，部分幸运者才可以靠在墙边听课。<sup>①</sup> 从文献记载来看，中世纪大学的教室，通常只为教师配备一把椅子和一张书桌，偶尔在神学、法学和医学等高级学院，为学生配有长凳和书桌，但是文科学院的学生通常只能席地而坐。巴黎大学的教室大都设在都弗奥拉路（Rue du Fouarre）上，由于学生长期坐在铺有麦秸的地上，因此该路又被称为"麦秸街"。<sup>②</sup> 这种现象尽管存有早期大学物质条件的限制因素，但应当说，主要还是出于一种对学术教职的尊重。最后，它代表着对学术能力的认可。中世纪大学的学生获得学士学位后，除在教师监督下辅导新生，间或被允许授课时紧靠教师座椅坐下。这对于那些坐在麦秆上的学生而言，已经是无上荣光了。一般经过五六年时间，学士可以申请毕业进入教职行列。经过严格的公开答辩考试后，从教区校长（Chancellor）手中领取教学许可证。但此时申请者并不能够立即授课，还需经过教师行会的仪式认可。在仪式上，他要面对全体教师进行一次正式的就职演讲，接受主持教师给予的方形帽、书本、戒指以及祝福之吻后，方可坐在教师座椅上。次日便可登台授课，享受中世纪赋予教师的特权。<sup>③</sup>

如果说在中世纪大学时期，讲座还属于未经世俗权力认可、不成文的非正式制度，那么到了文艺复兴和宗教改革时期，伴随着国家权力的迅速崛起，这种习俗惯例逐渐演化为政府掌控下的正式制度。中世纪大学教师的生活来源，主要是依靠收取学生的听课与考试费用，间或兼职赚取收入。成为一名中世纪的文科教师，也就意味着能教授相应的所有课程。在大学内部课程不同，收费标准及授课时间各异，这样就造成教师为争夺费用高昂、时间合理的课程而相互攻讦。为避免这一现象，大学逐渐不允许教师自由选课，而是按照抽签或按资历深浅进行安排。到了 16 世纪初期，抽签的方式多被弃之不用，而是采取由资深教师组成的学院学术委员会来决定。这些资深教师，就是德国大学正教授（ordinary or full professors）讲座持有者的雏形。

---

① William Clark. *Academic Charisma and the Origins of the Research University*. [M]Chicago: The University of Chicago Press，2006：5.
② Olaf Pedersen. *The First Universities: Studium generale and the origins of university education in Europe* [M]. Cambridge：Cambridge University Press，1997：211.
③ Nathan Schachner. *The Mediaeval Universities* [M]. London: George Allen & Unwin Ltd，1938：128-131.

从 1558 年莱比锡（Leipzig）大学的发展，可以看出讲座制度已经基本成型，这主要表现为：第一，教授及其薪金不再是按照课程进行划分，而是按照讲座进行划分。第二，每位正教授都持有一个讲座，所有讲座都拥有法律认可的资金来源。讲座教授薪金纳入政府年度预算，不得外部兼职。第三，编外教授（extraordinary professors）阶层开始出现，但其薪金最初只是来源于学生收费。[①]应当说，讲座资金来源于政府预算，是德国脱离中世纪大学影响，向现代大学转型的一个重要标志。与此相反的，英国牛津、剑桥尽管也设有讲座，但是这些讲座资金均来源于私人捐赠，即使捐赠来源于皇家，其私人性质亦未改变。及至 18 世纪末期，国家势力越来越强烈地介入德国大学，这使得作为独立法团（corporation）意义上的教授，逐渐被作为国家公务员（civil servant）意义上的教授所代替。[②]虽然大学讲座教授的任命、薪酬等，被纳入到政府管理范畴，但是强调讲座教授的学术能力和声望的本质并没有改变。1730 年，政府部长在评论哈勒（Halle）大学入学人数下降时，强调讲座必须使那些不但拥有卓越才能，而且已经建立起世界性学术声望的纯粹（solid）教授来担当。如果说早期的讲座任命，尚存有论资排辈的现象，那么到了 18 世纪中期这种现象被予以明确禁止。1756 年，政府部长在拒绝一名讲座申请者时，声明年长（seniority）不得成为晋升的因素，讲座任命的唯一标准是有价值的著述、理性的作品以及突出的教学。[③]这种强调学术声望和能力的讲座制理念，在柏林大学成立后得到进一步强化。

## 二、大学讲座制的发展

1806 年，普鲁士—萨克森联军与法国爆发战争，联军惨败迫使普鲁士割地赔款，哈勒、耶拿等德国传统大学被强行关闭，德意志民族处于生死存亡的

① William Clark. *Academic Charisma and the Origins of the Research University.* [M]Chicago: The University of Chicago Press，2006：44-46.
② MccllelandL.K. *State, Society, and Univeristy in Germany 1700-1914*[M]. Cambridge: Cambridge University Press，1980：91-92.
③ William Clark. *Academic Charisma and the Origins of the Research University.* [M]Chicago: The University of Chicago Press，2006：279-280.

边缘。在唯心主义思想的强烈影响下，德意志民族意识迅速觉醒。怀着用智慧的力量，来弥补物质资源损失的信念，德国政府很快于 1809 年建立起了柏林大学。剖析以柏林大学为代表的德国重建大学内部组织构成，不难发现讲座制不但得到彻底继承，而且得以持续发展巩固。

第一，进一步强调讲座教授的学术能力。

1807 年，现代哲学博士制度创设者、柏林大学首任校长、哲学家费希特（Johann Fichte）完成了《在柏林创立一所与科学院紧密联系的高等教育机构的演绎计划》。他强调作为一名学者，学术应该是其立命之本。教授与学生，不应该再是照本宣科式的传授关系，而应是建立在苏格拉底式的对话基础上的学术关系。学术对话与出版发表，应该成为他们生活的主体。[1] 如果分析同时期德国其他唯心主义哲学家的学说，也不难看出这种强调"纯粹知识"（Wissenschaft）探究的理念。这种理念经由洪堡（Wilhelm von Humboldt）及其以降政府官员的接受，迅速转化为讲座教授聘任的运行法则。1814 年，费希特去世后，其柏林大学的哲学讲座空余数年，直至 1818 年黑格尔（Friedrich Hegel）继任。在寻找讲座继任者时，普鲁士文化部长认为，讲座教授应该毕其一生奉献学问，并享有崇高声誉。但寻找这样一位远离吊诡异常，学说经得起考验，没有政治或宗教偏见的教授并非易事。经过长期考察，他坚信唯一可以担此重任的学者，就是黑格尔教授。[2] 可以说，坚守学术水平，坚持宁缺毋滥，绝不降格以求的准则，已经深深植入讲座聘任者的思想。

第二，使讲座制与习明纳（Seminar）或研究所（Institute）相结合。

在柏林大学产生之前，格斯纳（Gesner）和沃尔夫（F. A. Wolf）就分别在哥廷根大学和哈勒大学创办了语言学习明纳。玻尔森（Friedrich Paulsen）认为，习明纳是中世纪大学辩论（disputation）教学的替代物，但两者存有根本不同。辩论是基于已经获得的知识在实践中的应用，习明纳则是侧重于探究未知的领域。习明纳的基本规则是，教师在专业领域内提出问题，学生自己寻求解决途径。

---

① William Clark. *Academic Charisma and the Origins of the Research University.*[M]Chicago: The University of Chicago Press，2006：443.
② McclellandL.K. *State, Society, and Univeristy in Germany 1700-1914*[M]. Cambridge: Cambridge University Press，1980：289.

学生提出观点相互评论后，在教师指导下集体讨论辨别是非。如果说先期建立的语言学习明纳，还是旨在教育学意义上的古典学校教师培养，那么柏林大学成立后，就逐渐发展成为旨在学术意义上的专业学者造就。在政府资助下，不同习明纳拥有各自的教室、图书馆等教学研究设施。这样一来，习明纳不但是科学研究的理论方法，而且成为科学研究的学者乐园。[①]习明纳产生于哲学学院，推广于神学、法学以及医学等学科领域。伴随学科分化，在自然科学领域，讲座制与研究所开始融合发展。每位讲座教授，是一个习明纳或研究所的当然负责人，掌控着该学术组织的物质、人力资源和学术发展方向。尽管说这种结合，为后期讲座制遭受诟病埋下伏笔，但是不能不承认，正是这种结合，为德国大学将教学和科研融为一体提供了方法和组织基础。

第三，促使讲座教授与编外讲师（Privatdozenten）的教学竞争。

人们谈及 19 世纪德国大学的辉煌，往往把目光聚焦于学者们追求"纯粹知识"的科学研究，而较少关注大学内部的教学活动。事实上，德国经典大学理念所强调的，教学与科研相统一、通过科研进行教学的原则，始终强调大学培养人才职能的重要性。这种理念的具体实施，同样也离不开讲座制的组织运作。在讲座制内部，除设有正教授（ordinary professor）和编外教授外，还设有编外讲师。作为教学生涯的起点，编外讲师仅仅拥有"大学授课资格"（Habilitation），并不享有政府薪俸，其生活唯一来源是收取学生听课费用。听课学生人数的多少，不但是衡量他们教学优劣的标尺，而且还直接关乎他们的生活水准。作为年长博学的讲座正教授，尽管大权在握，但是面对年轻编外讲师的教学压力，并不能掉以轻心。因为在学习自由的制度理念下，任何事情都不能阻挡学生的选课自由。如果讲座正教授不能时常注入新的授课内容，如果他们的授课方法不能够吸引学生，如果他们仅仅是忙于科研而忽视教学，那么很快就会以听课人数剧减而被敲响警钟。[②]此外，相对于讲座正教授而言，编外讲师在授课方面也并非完全处于劣势，譬如精力旺盛、思维活跃、更易于

---

① Friedrich Paulsen. *The German Universities: Their Character and Historical Development.* [M]. New York: Macmillan and Co，1895：157-159.

② McclellandL.K. *State, Society, and Univeristy in Germany 1700-1914*[M]. Cambridge: Cambridge University Press，1980：171.

接近学生等，这就使得讲座教授在教学上更不敢等闲视之。

　　讲座制进一步的发展完善，为19世纪德国大学的辉煌创造了坚实根基，同时也使讲座制产生了世界性影响。英国大学教师向往德国同僚，既是一名教师，也是一位专业学者、一位哲学家，抱怨学术探究对他们而言，只能是一种临时性职业。尽管德国讲座制中的教授寡头遭到抨击，但是讲座与学院并存的折中模式，最终在英国得以形成。①更为重要的是，通过殖民强制性输入或自愿性借鉴的方式，讲座组织经由德国、法国、意大利、西班牙、葡萄牙和英国，迅速传向亚洲、非洲以及拉丁美洲等世界各地的大学。②19世纪，数以万计的美国学生前往德国留学，返回后结合本土实践，探索出了一条独特的高等教育发展路径。讲座制并没有在美国大学生根，而是以"学系制"取而代之。美国学者思温（Charles F.Thwing）认为，虽然说原因多样，但是缺少声望卓著、成果丰硕的讲座教授，不能说不是一个重要因素。③尽管如此，德国大学讲座制所倡导的科学探究精神、习明纳教学方法以及学术自由理念，还是深深影响了美国大学。如果没有这些理念精神的继承，就不可能成就今日美国大学的辉煌。

## 三、大学讲座制的困境

　　如果说19世纪讲座制作为大学底层组织的运营法则，在以德国柏林大学为代表的人才培养和科学发展中创造了无数辉煌的话，那么20世纪以降，伴随着世界范围的高等教育规模迅速扩张，在美国大学新建底层组织单位——学系的映衬下，表现出愈来愈多的组织发展不适应。讲座制遭遇到自产生以来最为艰难的困境和严峻挑战。概而述之，这些困境主要表现在以下三个方面。

　　其一，学科发展方面。在学科制度的强烈促使下，19世纪末期以后，专

---

① William Clark. *Academic Charisma and the Origins of the Research University*.[M]Chicago: The University of Chicago Press，2006：457.

② Burton R. Clark. *The Higher Education System: Academic Organization in Cross-National Perspective*.[M] Berkeley: University of California Press，1983：47-48.

③ Charles Franklin Thwing. *The American and the German University: One Hundred Years of History*.[M]. New York: The Macmillan Company，1928：126.

业分化现象在整个高等教育领域迅速蔓延，新兴学科层出不穷。中世纪大学，乃至柏林大学创办时期的神学、法学或哲学一统大学的现象已经一去不复返，取而代之的，是高度裂变的专业设置和学术机构。在这种背景下，一个教授持有一个讲座，一个讲座与一个研究所相连的体制，就暴露出组织发展的严重滞后性。范德格拉夫（John H. Van de Graaff）认为，从德国讲座制的原初状态来看，与之相结合的研究所，基本上是一个自足的单位，也可称之为一所大学的微型复制，它们拥有各自的图书馆、教室和实验室等。一个世纪前它可以将诸多资源集合在一起，由一名讲座教授领导运营。但是，在学科纵向专业化和横向联合化的趋势下，研究所这种相互分裂的组织建构，越来越不堪重负。[①]换言之，讲座制与研究所的结合，如果说在前期促进了学术研究的话，那么到了后期就转变成学科发展的障碍。

其二，组织管理方面。由讲座教授来控制研究所学术、人事、财政等资源，进而形成的教授寡头统治，长期以来为讲座制反对者所抨击。绝对权力导致绝对腐败的言说，不幸在德国大学讲座制中上演。1972 年"费尔斯乌斯事件"（The Filthuth Affair），彻底暴露了讲座管理存在的弊端。费尔斯乌斯（Heinz Filthuth）是海德堡大学讲座教授，高能物理研究所负责人，在日内瓦（Geneva）欧洲粒子物理研究所（CERN）工作数年后，被召回海德堡大学。通过不懈努力，以及在州政府和联邦政府的大力支持下，费尔斯乌斯在海德堡创办了一个现代的、生产性物理研究所。较之于其他物理学家，他拥有更多的经费、员工和设备，尤其是他的"管理"才能为同行们所羡慕不已。1972 年 3 月，当政府发现 350 万马克的研究经费无法作出解释时，费尔斯乌斯被拘捕。最终，200 万马克被追回，但是有 23 万马克被证明是用于私人消费，其余的虽然用于科学研究，但是因没有正常的账目记录而被认为是非法的。1973 年 11 月，费尔斯乌斯教授被判刑 3 年零 6 个月。德国研究基金会主席莱布尼兹（Heinz Maier-Leibnitz）将"费尔斯乌斯事件"视为德国教授管理遭遇困境的一个起点。[②]

---

① John H. Van de Graaff. Can Department Structures Replace a Chair System: Comparative Perspectives[J]. *Yale Higher Education Research Group Working Paper*，1980：20-21.

② Daniel Fallon. *The German University: A Heroic Ideal in Conflict with the Modern World*[M].Colorado: Colorado Associated University Press，1980：61-63.

其三，学术梯队方面。长期以来，德国政府认为，每个学科领域在一所大学里，应设有一位讲座教授。只有在学科界限划分明确、得到官方认可的情况下，一个新的讲座才可以开设。如果新产生一个讲座教职，政府就需要相应变动国家考试，并与讲座教授进行漫长的利益协商。基于以上原因，德国大学讲座教授的增列极为缓慢。与之形成鲜明对比的是，为适应规模扩充对教学的需求，大学需要不断补充新的教学人员，由此造成编外讲师人数剧增，于是一个顶部极其尖耸、底部异常庞大的学术金字塔在大学内部形成。[1] 日本按照德国模式建立起近代大学后，迅速融入到本土文化和社会发展，不但追求"纯粹科学"的理念，转化成为社会实践服务的思想，而且大学"讲座"在日本团队心理的作用下，也演变为一劳永逸的"沙发"。[2] 在日本，每位讲座教授下均设有一名助理教授和一名助手（人文领域）或两名助手（自然科学）。因此，一旦成为一名助手，其未来的发展走向就得到了保证。终身雇佣和年功序列相结合，就形成了直筒状"臃肿烟囱式"（fat chimney）的学术梯队。[3] 毫无疑问，无论是德国，还是日本，这种学术梯队发展的异化现象，都不利于大学更好地发挥教学科研功能。

## 四、大学讲座制的变革

第二次世界大战以后，为应对高等教育发展需求，纠正讲座制带来的弊端，各国在借鉴他国、尤其是美国学系建制的基础上，纷纷进行了大学及其次级组织的变革。就大学层面而言，无论是早在1976年德国颁布的《高等教育总纲法》，还是在2003年日本国会通过的《国立大学法人法》，都暗含着国家对于大学组织的民主、自治、绩效的治理理念，这无疑会对大学内部底层的讲座制度形成冲击。就大学底部基层组织而言，不同国家又有着各自的变革路径。

---

[1] Fritz K. Ringer. *The Decline of the German Mandarins: The German Academic Community, 1890-1933*[M]. Cambridge: Harvard University Press，1969：52-54.

[2] Harold Perkin. History of Universities[C]in James Forest and Philip Altbach. *International Handbook of Higher Education*. Dordecht: Springer，2006：191.

[3] Michio Nagai. *Higher Education in Japan: its take-off and crash*[M]. Tokyo：University of Tokyo Press，1971：134.

　　早在 20 世纪 60 年代，联邦德国便着手进行大学讲座制调整。当时主要从两个路径入手，其一，改变每位讲座教授持有一个研究所的现象，转换成多名讲座教授共同持有；其二，改变过于庞大的学院（尤其是哲学和自然科学）规模，转换成更加高效的小型组织单位。前者进程相当缓慢，直到 1969 年，法兰克福大学 63% 的研究所仍然只有一名讲座教授。后者进行相对顺利，多数大学将学院划分为规模较小的"学域"（Fachbereich，简称 FB）。在此期间，诺贝尔奖获得者、阿道夫·穆斯堡尔（Rudolf Mössbauer）从美国返回后，在慕尼黑技术大学组建了物理系。该系由 5 名讲座教授及其研究所组合而成，一年后又有 6 名讲座教授加入。学系成立三人管理委员会，每年遴选主任。不过很快在国家整体变革影响下，"学系"被易名为"学域"。[①]尽管说，变革以后的德国大学，讲座教授的权力仍然很大，但是以"学域"代替讲座，进而成为大学内部基本运作单位，无疑会在学科发展、民主管理等方面，为德国大学带来新的活力。1990 年以后，随着德国统一，大学讲座制变革，也开始进入更加微观的层面。譬如，法律明确规定，专业人员的晋升不得在同一研究所内进行；讲座持有者的任命，应是严格学术标准，从外部申请者中择优聘用等。[②]这些措施的实施，对于促进学术自由竞争、增加人员流动、避免梯队近亲繁殖等都有着极强的现实功用。

　　第二次世界大战后，日本完全处于以美国为主导的联合国托管之下，大学组织形式也随之以美国为蓝本进行调整。但是与美国不同，日本的"学系"只是一组讲座的捆绑式结合，仅拥有有限权力。长期以来，讲座仍然是教学研究的基本单位，是一个拥有充分自主权的自足组织。20 世纪 90 年代以后，日本开始了号称"第三次浪潮"的新一轮高等教育改革。为改变讲座制为大学带来的诸多困境，日本政府推出了一系列改革措施，主要包括：第一，在讲座之外建立新型组织。为不与既得利益者产生冲突，日本在新兴知识领域，组建了研究中心和独立研究生院。前者如名古屋大学在工程领域，组建的科学工程综合

① John H. Van de Graaff. Can Department Structures Replace a Chair System: Comparative Perspectives[J]. *Yale Higher Education Research Group Working Paper*，1980：12-15.
② Enders,S. A Chair System in Transition：Appointments, Promotions, and Gate-keeping in German Higher Education[J]. *Higher Education*，2001，41：11.

研究中心、尖端科学与技术研究中心、高能源转化研究中心等；后者如名古屋大学的国际发展研究生院（1991）、大阪大学的国际公共政策研究生院（1993）、北海道大学的地球环境科学研究生院（1994）等。第二，改变讲座的依附组织。传统上日本大学讲座依附于本科学院，经费亦是按照本科生规模进行划拨。新体制将讲座上移至研究生学院，讲座经费按照研究生规模进行划拨。第三，合并原有讲座，转换为"大讲座"。这种变革不但使讲座数目锐减，而且原有讲座名称也同时变更。如 1999 年，名古屋大学教育与发展研究生院共有 24 个讲座，一年后合并为 8 个讲座。其中原有的教育史、教育管理、成人及终身教育、技术教育和人类发展 5 个讲座，合并为终身发展教育讲座。东北大学人文学院也由原来的 5 个学系、35 个讲座，合并为一个学系、16 个讲座。① 伴随着以上变革的实施，阻碍学科发展的僵化体制被逐渐激活；由单个讲座把持的独裁现象，为多元协商所取代；大学及其次级组织的利益不断重组，则使得一劳永逸的"沙发"遭到强烈冲击。

总之，在整个 20 世纪后半期，大学讲座制发生了世界范围内的整体变革。瑞典在保留讲座的同时，强化了学系建制；法国新建教学科研单位（UERs）取代了传统学院，讲座随之为学系所取代；在拉美各国，抛弃讲座已成大势所趋。② 难道讲座作为大学底部组织，真的已经完成历史使命，将要走向终结？从德、日等国家的大学组织变革来看，我们似乎不能得出如此结论。从讲座制产生及其演变历程来看，组织背后的理念精神仍需我们坚守。正如哈灵顿（Fred Harvey Harrington）所言，任何一个成功的制度，都需要不断地定期再评估、再调适。学系建制在发展中，同样也利弊参半。譬如由学系分离而造成的学科壁垒，由追求平等而造成的学术平庸，由强调研究而造成的教学滑坡等。③ 应当说，这些困境都可以在讲座制发展中寻找到解决的理论根基。

作为现代高等教育的"后发"国家，欧美大学的变革为我们提供了前车之

---

① Yoshikazu Ogawa. Challenging the Traditional Organization of Japanese Universities[J]. *Higher Education*，2002，43：89-95.

② Burton R. Clark. *The Higher Education System: Academic Organization in Cross-National Perspective.*[M] Berkeley: University of California Press，1983：188.

③ Fred Harvey Harrington. Shortcomings of Conventional Departments. [C]//Dean E. McHenry. *Academic Departments：Problems, Variations, and Alternatives*. San Francisco: Jossey-Bass Publishers，1977：55-59.

鉴。无论对于讲座制来说，还是就系科制而言，我们都不应该简单地加以肯定或否定，完全移植与照搬则更不可取。纷纷攘攘的大学内部组织变革，绝非简单的人员再调整、利益再整合、权力再分配，期间充满着诸多无形的精神力量。大学作为一个组织，或许民主、高效是其不可逆转的变革趋势，但是大学之所以为大学，尊重学术权威、强调学术能力仍然是其必须坚守的道德底线。从这种意义上来说，讲座制与系科制的有机融合，或许将成为未来高等教育内部组织变革的基本路向。

（原载于《现代大学教育》2010 年第 6 期，第 77-81 页）

# 论中世纪巴黎大学社会角色及其冲突

　　大学生长于社会边界之内，是社会有机体的重要智力器官。探讨大学与社会之间所蕴含的关系，自然成为高等教育理论界一个不可忽视的研究课题。无论是加塞特的《大学的使命》，还是阿什比的《科技发达时代的大学教育》，以及博克的《走出象牙塔——现代大学的责任》，都是以探讨大学与社会的关系为主线，并广为学人熟知。然而，随着学界对大学与社会关系研究的不断深入，在为取得成果而欣喜的同时，也为不断增加的问题而困惑，譬如大学与社会间的具体关系怎样，二者如何相互作用影响等。如果仅仅从原有政治、经济、文化等宏观视角对这些问题进行分析，显然已无法满足认识的需要。为对二者关系有更为深层次的了解，我们引入"社会角色"的概念，将大学视为社会舞台中的主角，展现它与社会各要素间的相互关联。在这种戏剧性图景中，不仅要明了大学在社会中所扮演的多重角色，更要看到由多重角色扮演所造成的冲突，并以此为主线来考察大学与社会的微观联系。

　　正如涂尔干所言："为了充分理解某种活生生的现象的发展，为了说明这种现象在其历史的各个前后环节上呈现出的不同形式，我们首先需要做的，便是去揭示在它整个演进过程的源头那个初生的萌芽是如何组成的。"①毫无疑问，对中世纪"欧洲大学之母"——巴黎大学所具有的社会角色进行深入探讨，便成为当然的选择。而中世纪最为显著的社会要素便是宗教统治，并伴随世俗权力的崛起。在宗教与世俗双重统治下，巴黎大学分别扮演了宗教信仰卫道士与世俗文明开化者的角色。这两种社会角色冲突不仅缠绕着巴黎大学，而且也是当时其他大学不得不面对的现实两难。对大学宗教与世俗角色冲突的研究，既

---

① 爱弥尔·涂尔干. 教育思想的演进 [M]. 李康，译. 上海：上海人民出版社，2006：23.

能还原中世纪大学生存环境的原貌，又能理解中世纪大学产生、发展的原因，同时也对近现代大学社会角色问题有所镜鉴。

# 一、社会角色与大学社会角色

## （一）社会角色的内涵

角色，亦称"脚色"，本指演员在戏剧舞台上按照剧本规定所扮演的某一特定人物的专门术语。[①] 由于社会与舞台的相似性，美国社会学家米德将角色概念引入社会学研究领域，用于分析个体与社会之间的互动关系。但是在社会学中，对于何谓角色并没有一致的界定。林顿认为，角色是地位动态方面的表现，当个体实现构成地位的权力和责任的时候，他就在扮演着某种角色。[②] 在帕森斯看来，角色是附着于社会地位之上的、被期待的行为或者行为规范，个人在社会体系中占据一个社会位置并按照社会体系所规定的规范和规则来履行这个地位的义务，就是社会角色。特纳认为，社会角色是一套规范，适用于扮演着可辨认的角色行动者。[③] 除上述西方学者的观点之外，我国学者也对角色进行了界定，如角色是指个人在社会关系中处于特定的社会地位，并符合社会期待的一套行为模式[④]；社会角色是指简单社会关系两端位置上的由社会需要所规定的个人行为模式。[⑤]

虽然中西方学者关于社会角色的具体表述不尽相同，但能够从中抽取出关键词。例如，表述角色产生条件的关键词为互动；表述角色存在动力的关键词为期望；表述角色根本属性的关键词为行为规范或行为模式；表述角色存在场域的关键词为社会地位或位置。上述关键词共同构成了角色概念的基本内涵。本书以为，角色是指处于一定社会地位中的主体，对与之发生互动关系的客体的期望所反映的行为模式。

---

① 奚从清. 角色论——一个人与社会的互动 [M]. 杭州：浙江大学出版社，2010：3.
② Ralph Linton, *The study of Man*(New York: Appleton-Century-Crofts,1936)，114.
③ 丁水木，张绪山. 社会角色论 [M]. 上海：上海社会科学院出版社，1992：27.
④ 奚从清. 角色论——一个人与社会的互动 [M]. 杭州：浙江大学出版社，2010：6.
⑤ 丁水木，张绪山. 社会角色论 [M]. 上海：上海社会科学院出版社，1992：29.

### （二）大学社会角色的界定

将社会学中的角色概念应用于大学与社会关系的研究，无论对社会角色理论还是对高等教育研究，都将是一次理论上的尝试与创新。我们将大学视为处于一定社会位置中的主体，与社会各有关方面发生着互动。依此推论，大学社会角色是指处于一定社会地位中的大学，对与之发生互动关系的客体的期望所反映的行为模式。

剖析大学社会角色的概念，它主要包含以下三个层面：（1）大学与外界客体发生互动是其社会角色产生的条件。互动作为大学社会角色产生的条件要从孕育角色理论的上位理论——互动理论来探寻根基。互动理论认为，社会互动的结果导致了社会现象的出现，而对于社会现象的大量见解，可以通过理解其得以产生和延续的基本互动过程来达到。[①]这一理论判断，说明大学社会角色的产生必须以互动为前提，在无法产生互动或孤立状态下，角色也就无法存在。（2）外界客体对大学的期望是其社会角色扮演的动力。换句话说，大学要有外界期望，才能促使其扮演一定的社会角色。角色与期望的融合建立在互动基础之上，"那些被证明有用的角色，那些能形成稳定互动的角色，会转而成为期望，它确信未来所发生的一切将会、而且应该与过去一样"[②]。角色与期望相互交融，不可分割。（3）大学所反映出的行为模式是其社会角色存在的形式。大学社会角色并非是一个完全抽象的概念，而是以一定的行为模式为世人所觉察。这种行为模式是基于外界客体的期望而作出的反映，是大学为了适应外界生存而在行为方式上的必然选择。当我们考察大学社会角色时，本质上是通过有形的行为模式来判断大学所扮演的社会角色。

根据大学社会角色的内涵解读，下文将沿着互动、期望和行为模式等层面，对中世纪巴黎大学的宗教和世俗角色进行阐述。在此基础之上，着重对互动客体之间、角色期望之间和行为模式之间的冲突进行分析。在论述冲突所带来的破坏性的同时，也注意这些冲突所带来的正面效应。

---

① 乔纳森·特纳. 社会学理论的结构（第6版）下册 [M]. 邱泽奇，等，译. 北京：华夏出版社，2001：11.
② 乔纳森·特纳. 社会学理论的结构（第6版）下册 [M]. 邱泽奇，等，译. 北京：华夏出版社，2001：53.

## 二、巴黎大学的宗教角色

### （一）大学与宗教的互动

巴黎大学自产生之日起，就与宗教有着深层互动。正如哈斯金斯所言，"巴黎大学的最初萌芽生长于巴黎圣母院所开办的教堂学校之中"[①]。作为一所产生于教堂之中，并深受主教控制的学校，它与宗教的互动不言自明。即便后来大学以行会的身份自居，摆脱了宗教"座堂学校"的雏形，但它与宗教的互动并未因此而减少，这点从教会对大学的物质资助中便可得到印证。中世纪由于受到"科学是上帝赐予的礼物不能被出售这种宗教观念的影响，学生缴纳的费用都是屈指可数的"[②]。这就使部分教师不得不加入教籍，以寻求教会薪俸的资助。同样，这种资金方面的互动也惠及学生。到14世纪，学术机构定期向教皇通报学生和毕业生的名单，教皇通过发放薪俸资助学习的方式形成了一种固定的制度形式，此即教会奖学金制度（Rotuli）[③]。除资金要依靠宗教以外，大学在政治制度上同样需要宗教的庇护。大学诞生之初由于缺乏良好的社会根基与认同，加之社会环境的动荡不安，所以急需外界给予特权保护。1215年，教皇特使库尔松的罗伯特为巴黎大学制定了第一个章程，明确规定了巴黎大学所享有的特权，包括"为那些受到严重不公对待的学者准备辩护词，确定旅舍房间的租金，设定上课的时间和辩论的程序等"[④]。可见，从巴黎大学诞生到各种特权的获得，大学与宗教的互动贯穿始终。

### （二）宗教对大学的期望

宗教对大学的期望主要基于两点：培养宗教人才与创造信仰知识。大学作为教育机构从事培养人才活动是其角色价值的首要体现，但中世纪巴黎大学所开展的人才培养活动却具有极强的宗教色彩，这是由当时罗马教会统治下社会政治结构的需求与期望所决定的。13世纪，以罗马教皇为核心的中央集权化

[①] Charles Homer Haskins, *The Rise of Universities*(New York: Cornell University Press，1957)，12.
[②] 希尔德·德·里德—西蒙斯. 欧洲大学史第一卷·中世纪大学 [M]. 张斌贤，等，译. 保定：河北大学出版社，2008：165-166.
[③] 希尔德·德里德—西蒙斯. 欧洲大学史第一卷·中世纪大学 [M]. 张斌贤等译. 保定：河北大学出版社，2008：19.
[④] 希尔德·德·里德—西蒙斯. 欧洲大学史第一卷·中世纪大学 [M]. 张斌贤等译. 保定：河北大学出版社，2008：92.

宗教统治达到巅峰，形成了上达教皇下至主教、牧师的庞大统治集团。而与宗教具有密切互动的巴黎大学，自然成为扮演培养宗教人才这一角色的最佳选择。正如布尔日大主教在 1286 年对巴黎大学教师所讲："今天我们所处的职位，明天将属于你们。实际上，我不相信今天我们中间哪位高级教士不是出自于大学。"①

宗教的统治除了人才以外还需要坚定的信仰作为保障，因为一旦上帝的形象在民众中失去了圣神地位，将意味着罗马教廷统治的危机。所以，构建民众对耶稣基督的虔诚信仰，遏制异端邪说的产生与蔓延，成为宗教统治时刻面临的问题。事实上，中世纪所有的思想活动都指向单一的目标：创造一套可以充当信仰基础的知识体系。②而能够担当培育信仰知识体系重任的机构，恐怕唯有宗教统治下的巴黎大学。在此种期望之下，巴黎大学神学院（Faculty）③便严格依附于教会权威，承担着教会所期待的角色：阐释正统、贬斥异端④。

### （三）大学宗教行为模式

巴黎大学具有宗教色彩的行为模式首先体现为神学院在大学中的地位。无论是培养宗教人才的期望还是创造宗教信仰知识的夙愿，都必须以神学的传授与研究为前提。尽管神学院师生人数较少，但它却处于知识等级的顶端。这一点可以从学生在文学院与神学院的修业年限上得到印证。一名学生大约需要 5~6 年的时间便可从文学院毕业，并获得硕士头衔。而进入神学院学习，要想获得神学博士头衔，则需更长时间。1215 年的章程规定修学年限为 8 年，1366 年延长为 16 年，1452 年要求 15 年。⑤其次，宗教性体现在学生入学宣誓仪式上。入学宣誓是学生进入大学必不可少的一关，宣誓内容大体包括：服从大学校长的管理，遵守学校的规章制度，维护学校的集体利益等。从宣誓本身形式而言，它是宗教统治在巴黎大学的落实，也是大学宗教性行为模式的体现。宣誓是对学生信仰的拷问，是对学生灵魂的控制。学生必须时刻铭记誓言的内

---

① 雅克·韦尔热. 中世纪大学 [M]. 王晓辉，译. 上海：上海人民出版社，2007：65.
② 爱弥尔·涂尔干. 教育思想的演进 [M]. 李康，译. 上海：上海人民出版社，2006：176.
③ 此处的学院为 faculty，一般仅用于说明文、法、医、神四个学院。而 college 也译为学院，本文特指具有住宿性质后来发展为具有教学功能的机构。
④ 爱弥尔·涂尔干. 教育思想的演进 [M]. 李康，译. 上海：上海人民出版社，2006：80.
⑤ 张磊. 欧洲中世纪大学 [M]. 北京：商务印书馆，2010：175.

容，并生活于誓言所圈定的边界之内，一旦僭越，必将受到内心谴责。宗教权威在学生内心信仰中占据了至高无上的地位，学生在步入学习殿堂之时就已经被宗教化了。再次，宗教性体现在大学教师中的隐修士上。中世纪的欧洲除了具有官方性质的罗马教廷外，还逐步兴起了介于平民与教士之间的隐修士宗教团体。为了更好地传播宗教思想，在教皇授意下隐修会逐渐将触角伸向巴黎大学，致使大学行为模式的宗教色彩更为浓厚。在不到一代人的时间里，隐修士就进入大学，不久便决心主宰大学。① 最终，隐修会在中世纪大学的理智生活中占据了主导地位，并使巴黎大学成为新型修会活动的重要领地。②

## 三、巴黎大学的世俗角色

### （一）大学与世俗的互动

巴黎大学存在于巴黎城中，不可避免地与当地市民发生互动。特别是大学师生的衣、食、住、行等日常生活需求都无法离开市民的供给。虽然双方因为经济原因多次发生冲突，但是冲突的结果一方面使大学获得了源自国王奥古斯特颁布的治安特权，另一方面市民阶层也深深认识到，要想真正获得由交易所带来的利益，就应该学会如何与师生相处。不同于教会为教师提供金钱援助，世俗王权则采取了既有利于自身势力渗透又有利于限制师生人身自由的方式，即为他们提供固定的生活与教学场所——学院（College）。中世纪的学院首先是作为住宿场所存在的，后来才逐步发展成具有教学功能的机构。1257 年，法国国王路易九世向王室主教索邦的罗伯特赠送罗马浴室附近的一块土地，用于兴建索邦神学院，该学院后来在神学研究中取得了崇高地位，并一度成为巴黎大学的代名词。1305 年，法国王后让娜·纳瓦尔为 70 名艺学和神学学生建立了巴黎大学最大的学院，并以其名字命名。③ 据考证，在 13 世纪之前，巴黎大学共创办了 14 所世俗性质的学院，14 和 15 世纪又分别增加了 36 所和 12 所。④

---

① R. 柯林斯. 哲学的社会学：一种全球的学术变迁理论（上）[M]. 吴琼，等，译. 北京：新华出版社，2004：538.
② 宋文红. 欧洲中世纪大学的演进 [M]. 北京：商务印书馆，2010：145-146.
③ 雅克·韦尔热. 中世纪大学 [M]. 王晓辉，译. 上海：上海人民出版社，2007：109.
④ Alan B.Cobban, *Universities in The Middle Ages*(Liverpool: Liverpool University Press,1990)：21-22.

学院为世俗权力进入大学打开了缺口，伴随大学固定财产的不断增多，师生所拥有的对世俗权力构成制衡的迁校权逐渐消隐，大学与世俗政权的依附性互动也随之加强。

### （二）世俗对大学的期望

与教会对大学的期望相似，世俗王权也希望大学成为其人才培养的摇篮。但是前者对人才的要求是听命于上帝，后者则要求培养的人才臣服于国王。显然，世俗王权对大学提出这种期望，必须建立在王权统治不断强盛的基础之上，否则所培养的人才将无用武之地。早在1302年，瓦鲁瓦的腓力普四世就开创了三级会议制度，标志着封建等级君主制正式确立。[1] 在这种封建等级君主制政体中，法国政府需要大量具有世俗知识的人员来充当官吏。当世俗权力通过开办学院将教师与学生固定于巴黎城时，巴黎大学就不得不考虑世俗统治者对他们所提出的期望。据卡塞尔对于腓力普四世时期（1328—1350年）法国政治社会的分析显示，尽管国王的贴身幕僚在上层贵族中产生，法学授课证书获得者和法学博士则充斥在最高法院和审计院的各个部门。[2] 此外，世俗政权对于大学的期望，不仅在于能培养供己所用的人才，同时也希望这一学术团体能够成为制衡教会的力量。例如，国王奥古斯特之所以爽快地赐予大学在拉丁区的治安特权，原因在于国王看到这是一个向教皇出击的绝佳机会。[3] 世俗王权通过对大学赋权，遏制了罗马教廷在大学中的影响力，提升了世俗王权在大学中的话语权。

### （三）大学世俗行为模式

巴黎大学世俗行为模式主要由三种内部组织机构来体现。（1）Nation：以国家、民族为标准划分的组织。在学界一般将nation翻译为民族团、同乡会，顾名思义，它是由各个不同的民族划分而成。中世纪巴黎大学在欧洲各国具有广泛影响力，吸引了来自各地的学者汇聚于此，这就为民族团的划分提供了多样化的民族群体。其中巴黎大学共有四个民族团，分别是法兰西、庇卡底、诺曼底和英格兰民族团，每个民族团内并非是由单一民族构成，而是由地域接近

---

① 吕一民. 大国通史：法国通史 [M]. 上海：上海社会科学出版社，2007：33-49.

② 雅克·韦尔热. 中世纪大学 [M]. 王晓辉，译. 上海：上海人民出版社，2007：118.

③ Willis Rudy, *The Universities of Europe, 1100-1914*(London:Associate University Press,1984)：23-34.

的多民族群体组成。可见，民族团并非是以宗教派别作为划分标准，而是大学成员为了实现自我管理的世俗组织。例如，法兰西民族团每年都会选举五名教师组成审查委员会对学校的教室使用情况以及教师的授课情况做一番审查。①

（2）Faculty：以实用知识为标准划分的组织。大学之所以会表现出依照知识分类来开展教学，源自社会为其提出了不同类型的人才需求。学生选择来到巴黎大学求学之初，就抱着获得一份荣耀职业的梦想。即使是学习神学，也是为能够进入教会供职，寻求一份安身立命的职业。有研究表明，近代西方医生与律师两种职业阶层的形成与中世纪大学的兴起有着密切的联系，大学为欧洲的医学与法律知识的传承和创造提供了相对稳定的组织和制度载体。②具体而言，大学内部的医学院与法学院就是这种稳定的组织与制度载体。（3）College：用于生活、教学的世俗组织。一般而言，由宗教团体创办的学院设施简陋，学生在学院中要从事一定的体力劳动，且过着清贫的生活。而由世俗王权支持下的世俗学院则具有安全、舒适的生活条件。随着世俗学院被人们广泛认可，学生进入学院的需求显著增加。为了缓和这种供需矛盾，一种开始收取一定费用的学院孕育而生。哈考特学院（Collège de Harcourt）在1311年章程中指出"为了维护学院的正常运营，外来的学生必须缴纳相应的伙食费与住宿费，至于费用的多少由教师及其成员共同决定"③。世俗控制下的学院在随后的历史变迁中逐步走向强盛，最终构成现代学院的原型。

## 四、角色冲突的显现

### （一）互动客体间的冲突

中世纪欧洲史也是一部宗教与世俗争夺权力的斗争史，在冲突中双方共同推动了欧洲文明的演进。公元5世纪中叶，在罗马教皇利奥一世率领下，人们

---

① P.Kibre, *The Nations in the Mediaeval Universities*(Cambridge:Mediaeval Academy of America，1948)：89-93.

② 孙益. 大学与近代西方职业阶层的兴起——以医学和法律为视角 [J]. 高等教育研究，2011(6)：93.

③ Hastings Rashdall, *The Universities of Europe in the Middle Ages*.Volume 1, *Salerno-bologna-Paris*(Oxford:The Clarendon Press, 1936)：496.

成功抵抗了匈奴对罗马城的入侵，这使得他成为意大利人心目中的精神领袖。利奥及其后继人宣称，罗马的主教们——教皇们——构成教会的最高权威，坚持精神事务中教权高于政权。①虽然当时教皇的实力还不足以真正具有高于世俗政权的教权，但是却成为后来罗马教廷与世俗政权相互冲突的开端。在随后的历史发展中，罗马教会通过大力发展修道院以及增设各地区主教，逐步建立了覆盖欧洲西部的宗教统治网络。为了摆脱凌驾于王国之上的宗教统治，世俗政权反抗的欲望日渐强烈。13 世纪末至 14 世纪初，法王腓力普四世与罗马教皇卜尼法斯八世之间的冲突达到顶点。腓力普四世在法国另立教皇克莱门特五世，并于 1309 年将罗马教廷迁往法国小镇阿维农，从而开启了挟持教皇，统领西欧的局面。1378 年，罗马再次选举教皇，意大利人乌尔班六世登基，遂形成双元教皇共同统治的局面。这种局面一直持续到 1417 年，史称"教会大分裂"。中世纪的整个文明都因此在其发展原则中包含着一种内在矛盾，构成了一种充满活力的对立。②大学这一中世纪文明之花，正是在宗教与世俗之间的活力冲突中不断成长的。

## （二）角色期望间的冲突

无论是宗教还是世俗对大学的期望，都包含着人才培养这一大学原初职能，但是宗教性与世俗性的相互排斥使大学难以招架。然而人才培养的性质差异只是表面冲突，其背后隐藏着贯穿整个中世纪宗教信仰与理性主义的冲突。正是由于后者在思想意识范畴中的矛盾与冲突，才形成了关于人才培养问题的分歧。而理性的兴起则要归功于 12 世纪的文艺复兴对亚里士多德学说的发掘，尽管亚里士多德学说与理性主义意义完全不同，但信仰与理性的平衡，仍是围绕着亚里士多德学说而进行的。③虽然亚氏有关理性的学说在巴黎大学遭禁，但那只是教会的一纸空文。特别是在活跃的文学院，布拉班特的西格尔成为这一学说的主要维护者与传播者，然而他却遭到了教会的杀害。④从巴黎主教坦普埃尔所出具的被判为"异端"学说的 219 条摘录中，我们似乎能够找寻到西格尔

---

① C．沃伦·霍莱斯特．欧洲中世纪简史 [M]．陶松寿，译．北京：商务印书馆，1988：26.
② 爱弥儿·涂尔干．教育思想的演进 [M]．李康，译．上海：上海人民出版社，2006：25.
③ 雅克·勒戈夫．中世纪的知识分子 [M]．张弘，译．北京：商务印书馆，1996：99.
④ 西格尔被罗马教皇召去意大利，后不知所踪，史学家认为他死于教会之手。

死亡的原因。

第 18 条：哲学家不应该赞同未来的复活，因为这种事不可能通过理智进行检验。

第 169 条：完全放弃肉体的结合，对美德和人类都是有害的。

第 174 条：基督教的法规，就像别的宗教一样，有传说的成分与谬误之处。

第 175 条：这（指第 174 条）是科学知识的障碍。

第 176 条：幸福属于现世，而不属于来世。[①]

虽然西格尔没能逃脱教会的迫害，但是所谓的"异端"学说，却为世人摆脱宗教信仰的枷锁，求助于现实与自然的恩惠，提供了理论支持，为随后发生的文艺复兴、宗教改革、启蒙运动等倡导人文价值理念的运动扫清了障碍。当然，伴随着三大运动的开展，传统宗教信仰已无力回天，最终在与现实理性的较量中败下阵来。

## （三）行为模式间的冲突

宗教与世俗行为模式的冲突，在中世纪巴黎大学首先表现为隐修会教师与世俗教师之间的冲突。自隐修士进入大学以来，他们的行为就引起了世俗教师的不满。隐修士是在罗马教皇赞许下进入大学的，主要活跃于神学院。相比于世俗教师必须经过文学院与神学院的学习，取得神学博士后方可成为神学教师的漫长而艰辛的过程，隐修士们所走的捷径自然会招致世俗教师的嫉妒。世俗教师为了维护自身的权威性所建立的"学位制度"，对隐修士而言毫无意义，大学规章制度受到挑战。隐修士虽然人在大学，但是心灵却在修会，所以他们对大学世俗教师的集体行动总是不加理会。这在 1229 年—1231 年罢课运动中体现得最为明显，隐修士非但没有响应世俗教师的号召一同罢课，反而利用世俗教师出走的机会获得了一个神学教席职位。一向将罢课权视为大学对抗外界侵扰"杀手锏"的世俗教师们对此极为不满，并在内心深处埋下了仇恨的种子。

在巴黎大学的发展历史上，还曾因为其宗教盲目性，在"圣女贞德案"中扮演了不光彩的角色，留下了无法抹去的污点。1429 年 4 月 27 日，贞德率领数千法军，直奔奥尔良城。经过数天激战，被英军包围达 209 天的奥尔良城终

---

① C. 沃伦·霍莱斯特. 欧洲中世纪简史 [M]. 陶松寿，译. 北京：商务印书馆，1988：102.

于在 5 月 8 日得以解围。① 在随后的征战中贞德不幸被俘，英军将其送到鲁昂接受宗教审判。于是就有了巴黎大学教师所进行的不齿行径。他们固守腐朽的宗教思想，将一位女性的爱国行动视为"妖人作乱"，并对她处以火刑。战争胜利后，国王查理七世对大学给予严厉处罚，于 1437 年撤销了巴黎大学的税务特权，1445 年又废除了巴黎大学的司法特权，大学置于议会管辖之下。② 当我们分析巴黎大学在"贞德案"中的行为及其所承担的后果时，会清晰地发现大学一直处于世俗与宗教思想的矛盾冲突中。正是这种世俗与宗教的冲突，外化为大学的一种行为模式，使大学在英法百年战争中作出了有失体面的行为。

## 五、角色冲突的功能

中世纪大学所面临的角色冲突，不仅存在破坏性的一面，同时也在大学发展中产生过积极作用，正如吕埃格所言，"这些冲突和由此产生的张力，以及使它们处于一种开放平衡状态的结构和机制，在很大程度上说明了欧洲大学的动力"③。这种动力的推动作用表现在以下三个方面：

首先，互动客体间的冲突有利于大学自治传统的形成。中世纪巴黎大学在扮演宗教角色与世俗角色的过程中，由于存在二元互动客体，所以双方都试图将大学归于自己的权力范围之内，实现对大学的完全控制。但事实上，无论是教会还是世俗政权，在制衡大学发展的权力构成中都不可能达到百分之百的程度。这样，大学既不会完全听命于教会的安排，也不会将自身全权交予世俗政权。大学游离于两种权力之间，依靠其自身内部权力机构来实现大学的自我管理。同时，处于二元权力结构中的大学又不能真正摆脱与其中任何一方的互动，因为宗教与世俗对大学的意义如同手和脚对人的意义一样，发挥着各自不可替代的作用。大学正是依靠世俗与宗教的冲突，才使自身发展所需要的特权得以实现。正如许美德所言，"大学特权的获得是教会和世俗封建主为了争取获得

---

① 吕一民. 大国通史：法国通史 [M]. 上海：上海社会科学出版社，2007：42.
② 宋文红. 欧洲中世纪大学的演进 [M]. 北京：商务印书馆，2010：155.
③ 希尔德·德·里德—西蒙斯. 欧洲大学史第一卷·中世纪大学 [M]. 张斌贤，等，译. 保定：河北大学出版社，2008：16.

大学这一重要社会力量的支持而进行平衡的结果"①。

其次，角色期望间的冲突促进了学术自由理念的发展。生活在宗教信仰与世俗理性中的大学学者，虽然时常因双重角色期望而相互攻击、冲突不断，但是在争论中所展现的学术自由理念却极具价值。对此，科班曾经说过："学术自由理念的形成以及为了它的发展所付出的努力，也许是中世纪大学史上最宝贵的特征之一。"②中世纪大学学者也许不会意识到他们的自由争论会产生怎样的影响，因为他们关心的只是如何驳倒对方，维护自身的观点。在交锋中，宗教信仰的拥护者为了确立上帝的神圣地位，不断完善着耶稣基督的思想；而向往现实世界、为理性而战的人们则绞尽脑汁摧毁宗教学说，进而迈向世俗世界。冲突产生了强大的内驱力，促使双方不断挖掘智力潜能，丰富各自学说体系，以实现思想的大一统。现实并未如愿以偿地满足他们的期望，于是冲突的进程还在继续，思想的火花仍在碰撞，但自由的理念薪火相传。

再次，行为模式间的冲突构成了大学组织结构的特性。中世纪巴黎大学的性质可谓教俗兼具，既有表现宗教性的学术礼仪、信仰知识和隐修会教师，又有体现世俗性的"学位制度"、科学理性和世俗教师。两股势力彼此冲突，互不相让，共同作用于大学行为模式的方方面面，使大学的行为模式表现出双重属性。

但是，冲突的行为模式本身不仅仅是单一冲突造就的结果，其中还蕴含着一定意义的融合，否则，大学行为模式将会分裂、肢解。这就说明，大学所表现的行为模式冲突在一定程度上已经得到一种融合，冲突主体间的锋芒开始以一种钝化的趋势逐渐被大学所包容。这种行为模式为后继大学的发展提供了借鉴，如霍夫曼所言，今日的大学结构证明了这一点，因为大学是学术自治、宗教等级与官僚体系的混合体，而这种官僚体系本身又是在学术自治和宗教等级的相互融合中形成的。③

（原载于《清华大学教育研究》2012 年第 4 期，第 117-124 页）

---

① 许美德. 中国大学 1895-1995——一个文化冲突的世纪 [M]. 许英杰，译. 北京：教育科学出版社，1999：19-20.

② Alan B.Cobban, *The Medieval Universities: Their Development and organization*(London: Methuen &Co. Ltd, 1975): 235.

③ 约翰·S·布鲁贝克. 高等教育哲学 [M]. 王承绪，等，译. 杭州：浙江教育出版社，2001：140.

# 美国大学学术自由演绎的文化视角

## 一、崇尚自由的精神文化——美国大学①学术自由②发端的动力

美国哥伦比亚大学历史学家埃里克·方纳教授指出："无论作为个人还是一个民族，在美国人的自我感觉和意识中，没有任何其他的概念比自由更为至关重要。"③从精神文化层面而言，崇尚自由是美国大学学术自由发端的动力。

17世纪初期，清教徒为追求宗教自由，避免天主教势力的迫害，追求美好生活，纷纷迁居北美。"当他们踏上北美荒原时，展现在眼前的尽管是杂草丛生的荒原，但这里没有国王，没有教会，没有等级制度，一切都像空气一样自由。"④为了培养有文化的牧师来教化新移民，崇尚自由的美国人正是在这自由的空气中，先后创建了哈佛学院、威廉·玛丽学院、耶鲁学院等九所学院。但自由并不是一个固定不变的哲学范畴，自由的内涵总是在不断受到挑战，自由的历史始终是一个充满了辩论、分歧和斗争的历史。⑤美国大学的学术自由史，正是信仰自由的美国学者和大学不断为争取自由而斗争的发展史，它是美国自由发展史的一个缩影。

美国的自由精神渗透到资助和创办大学上。1638年，约翰·哈佛将其财产的一半和所有的藏书捐献给了"剑桥学院"，自此剑桥学院更名为哈佛学

---

① 本文所指大学，包括美国"学院时期"（美国独立战争之前的时期）创办的学院。
② 国内外学者关于学术自由的定义有多种，这里不再重复种种界定。为论述清晰，本文的学术自由涉及教学自由、研究自由、学习自由三个部分；学术自由的主体涉及大学、教师、学生。
③ 埃里克·方纳. 美国自由的故事 [M]. 王希，译. 北京：商务印书馆，2002：8.
④ 张应强. 文化视野中的高等教育 [M]. 南京：南京师范大学出版社，1999：113.
⑤ 埃里克·方纳. 美国自由的故事 [M]. 王希，译. 北京：商务印书馆，2002：4.

院。哈佛学院的创办，开美国私人捐助大学之先河。而后美国民间资助高等教育的模式逐步趋于制度化，任何团体或教派都可以尝试建立学院。许多分散的小学院纷纷建立，自1800年至1860年间由各州批准发特许状建立的小学院多达500多所。到1900年，小型的私立学院已经发展到近900所，遍布美国。[①]民间资金注入高等教育，使大学在一定时期内、一定程度上摆脱了资金的束缚，为摆脱政府以及教会的控制打下了经济基础，从而维护了大学的相对独立，进而维护了大学的学术自由。

此外，自由精神还渗透到大学的管理模式上。殖民地时期，美国的学院是仿照英国传统大学的模式建立起来的，这些学院是由各种各样的宗教团体，如公理会、长老会、浸礼会、圣公会等举办的，它们是经过批准获得特许状的法人。学院管理人员不是学术人员，也不是政府部门的人员，但必须是"创办团体的人员"，由此建立的控制机构是董事会，在董事会中，董事们是由地方名流组成，代表"公众利益"。董事会管理捐赠、财产、校长任命等工作。美国董事会管理下的大学自治模式，体现了多元参与、民主管理的特征。但是，董事会也不免会对大学的学术自由产生负面影响，伯顿·克拉克认为，董事会"不仅在物质上而且在思想上都与学院有着密切联系，能够并且愿意对他们所雇用的人在政策方面施加影响，并对他们的行动进行检查，以免其偏离政策"[②]。这种管理模式为20世纪初期美国大学学术自由的争端埋下了隐患。

自由精神还体现在美国大学的教学方面，这一点从哈佛大学创办初期的课程设置上就可体现出来。哈佛大学创办后的一个半世纪里，美国的大学基本上都是以教学为主。大学工作的重点放在学生身上，教学是学校的中心工作，所以此时大学的学术自由主要表现在教学自由上。1640年哈佛校长亨利·邓斯特出任校长，他开拓进取，在学院设立了一个三年制的文科班，教授三门哲学（物理、伦理学、形而上学）和学者语言（拉丁语和希腊语）。而后，在他和其继任者查尔斯·昌西的领导下，不顾州众议会对异教的镇压，向哥白尼理论

---

① 约翰·范德格拉夫等. 学术权力——七国高等教育管理体制比较 [M]. 王承绪，等，译. 杭州：浙江教育出版社，2001:107-108.
② 约翰·范德格拉夫等. 学术权力——七国高等教育管理体制比较 [M]. 王承绪，等，译. 杭州：浙江教育出版社，2001：106-107.

敞开了大门。"哈佛大学比欧洲大学提前了一百多年讲授这个理论,在那时欧洲大学学者们的话语权还被西班牙的宗教裁判所紧紧控制。"①1725 年,哈佛校长本杰明·沃兹沃斯又增开了数学和自然科学课程,聘请了一个外来的教师用法语教学,还指导用学院自制的第一台望远镜检测天文。当牛津和剑桥还仍是宗派机构的时候,哈佛早已冲破了保守的思想。哈佛的这种自由主义倾向,引起了保守派的强烈不满,直接导致了他们在纽黑文重新建立一所大学——耶鲁大学(1701 年初建时为康涅狄格学院,1718 年更名为耶鲁学院)。耶鲁大学成立之后的近 200 年间,基本上保持其宗教特色,以培养有知识的正统牧师为主,课程以古典科目为主,教学完全依靠背诵,校园里充斥着宗教活动。相对于哈佛的开放精神,耶鲁大学的保守品格也是美国自由主义精神的一种体现。

## 二、实用主义的传统文化——美国大学学术自由的主流价值取向

从发生学的意义上来说,实用主义的文化传统与美国崇尚自由的精神相伴而生。"贯穿于美国文化之中的是实用主义文化,它既是各个时期美国文化最为显著的特征,又是美国文化的根本精神所在,是美国社会的文化传统。"②事实上,当美国人将德国大学经典办学理念引进后,实用主义的传统文化一直对大学学术自由的价值取向产生着重要影响。

实用主义的传统文化与研究自由。德国大学模式对美国产生了深远影响。在 19 世纪初期到 20 世纪初期,万余名美国学生和学者先后到德国留学或从事教学研究工作。这些留学人员归国后,纷纷引进德国的大学理念——学术自由、大学自治、通过研究进行教学、教学与研究相结合等。自此,美国的大学除了具有培养人才的职能外,还具有了科学研究的职能。但是 19 世纪自由市场式的美国高等教育体制与德国的国家控制的大学体制截然不同。不同的文化背景,使留德归国人员的大学理念发生了深刻变化,德国科学研究中注重"沉思"的含义被忽略了,美国人将科学研究赋予了新的含义。1876 年,被称为美国第

---

① 理查德·诺顿·史密斯. 哈佛世纪——锻造一所国家大学 [M]. 程方平, 鲜瑜, 译. 贵阳: 贵州教育出版社, 2004: 13-16.
② 张应强. 文化视野中的高等教育 [M]. 南京: 南京师范大学出版社, 1999: 110.

一所真正的大学——约翰·霍普金斯大学成立。首任校长吉尔曼在其就职典礼上说：我们的目标就是要鼓励研究，激励那些拥有卓越才能的学者，将他们追求的科学和生活的社会推向前进。最好的大学教师是那些自由、有能力且乐于在图书馆和实验室进行原创性研究的人员。在吉尔曼的倡导下，霍普金斯大学一方面继承了德国大学学术自由的研究风气，另一方面也注重与美国的实用主义的文化环境相结合，开设了应用性的研究生课程，建立了全美首屈一指的医学院。在霍普金斯大学的影响下，哈佛、耶鲁、哥伦比亚、威斯康星等大学纷纷效仿，在建立研究生院的同时，将实用主义思想进一步在科学研究中推广。但科学研究过于偏重实用主义思想的做法，也引起不少美国学者的担忧。弗莱克斯纳对斯坦福大学临床医学教授"在斯坦福医院的私人病房里干私活"深表担忧，对哈佛大学商学院进行的所谓"广告研究""广告科学"也深为不满。当谈到哈佛商学院年复一年地依赖"杰出的商界领袖"所提供的研究资金，而又不得不听命于他们时，他认为："那还有什么学术自由和科学精神呢？还能想得出比这更幼稚的事情吗？"[1]

实用主义的传统文化与教学自由。实用主义与教学自由相结合主要体现在开设大量实用性课程上，这不能不提及康乃尔大学和威斯康星大学。1865 年创办的康乃尔大学是具有私立与"赠地学院"双重性质的"常青藤"八大名校之一，创始人埃兹拉·康乃尔提出，要建立一所让任何人在任何学科都能受到教育的学校。在此后的办学过程中，康乃尔大学一直遵循这一办学宗旨，它是全美第一所开设酒店管理、工业及劳工关系、兽医专业的研究型大学，在 11 个学院中开设课程达 4000 余门。威斯康星大学在开办之初更是明确了"直接有利于促进农业以及工业的快速发展，以便更好地造福于政府"的实用主义办学思想。[2] 社会批评家林肯·斯蒂芬斯在 1909 年参观麦迪逊的时候说，在威斯康星，"大学与有文化的农民联系得如此紧密，就像他们的猪圈和工具房一样"[3]。同样，大

---

① 亚伯拉罕·弗莱克斯纳. 现代大学论——美英德大学研究 [M]. 徐辉，陈晓非，译. 杭州：浙江教育出版社，2001：151.

② ohn S. Brubacher & Willis Rudy. *Higher Education in Transition: A History of American Colleges and Universities, 1636-1978*[M]. Harper & Row. N·Y，1968：165.

③ 欧内斯特·L·博耶. 关于美国教育改革的演讲 [M]. 涂艳国，方彤，译. 北京：教育科学出版社，2002：70，71.

量实用性课程的开设，也引起了弗莱克斯纳的极力反对。他认为，大学开设的课程必须是严肃的，必须是没有私利的，威斯康星大学开设的诸如"商业算术""海报创作""缝纫"之类的特别课程，从长远来看"公众将招损而不是受益"①。

实用主义的传统文化与学习自由。德国经典大学理念中的"学习自由"，是指学生选择学什么的自由，决定什么时间学和怎样学的自由。学生学习自由的实质体现在课程选修制上。在美国，哈佛大学校长查尔斯·威廉·艾略特是选修制的发起人，他认为选修制度能充分发挥学生的自然倾向与天资，能够提高自然与物理科学的地位，能够扩大研究的领域，能够加强学习与现实的有机结合，使拥有共同兴趣的教师与学生在一个真正的社团中关系更加紧密。艾略特初任校长时，哈佛大学仅有 32 名教授，开设 73 门课程，离任后的哈佛大学则拥有 169 名教授，开设了 400 门课程，到 1894 年，只有 1 门英语作文课是所有本科学生必修的。他在增加课程目录的同时，却把学生的规则手册从 40 页压缩到 5 页。艾略特的自由选修制（free electives）改变了哈佛的重点，使哈佛大学从广泛的人文主义转到了专业的、实用的知识。自由选修制使学校开始注重实用性学科的建设，在很大程度上满足了各类学生对不同课程的需求，符合学生毕业后参加工作的需要。然而，由于自由选修制对学生选择的课程没有任何要求，很多学生往往只选择内容有趣或者有明显实用功能的课程，因此，艾略特的这种做法，遭到了包括自己阵营在内的严厉批评。普林斯顿大学的麦克考什攻击这样的课程是"浅薄的半瓶子醋课程"，哈佛大学的部分学者指责他造成了学术的放任主义。②事实上，艾略特离任不久，其继任者劳伦斯·洛厄尔校长即修改了自由选修制度，以"集中与分配制"（concentration and distribution）取而代之。

可以看出，实用主义作为美国传统的主流价值取向，对美国大学的学术自由产生着重要影响。无论是美国大学的研究自由、教学自由，还是学习自由，都与体现美国本土精神的实用主义文化传统有着密切联系。同时，如何将实用主义文化融入大学的学术自由，也成为美国大学学术自由争论的一个重要话题，

① 亚伯拉罕·弗莱克斯纳. 现代大学论——美英德大学研究 [M]. 徐辉，陈晓非，译. 杭州：浙江教育出版社，2001：108-131.
② 理查德·诺顿·史密斯. 哈佛世纪——锻造一所国家大学 [M]. 程方平，鲜瑜，译. 贵阳：贵州教育出版社，2004：30-78.

作为主流文化的实用主义一直受到来自其他文化思想的冲击。美国的大学学术自由正是在这种冲击和对抗中不断向前发展。

## 三、组织与制度文化——美国大学学术自由的外部规范与保障

自 19 世纪中期美国将学术自由的大学理念从德国引入后，学术自由的内涵就不断发生变化。随着美国大学科学研究、服务社会职能的不断拓展，大学与社会的联系越来越密切，外界干预大学内部事物以及大学内部自身的学术争端不断发生，一次次学术自由的危机已经严重威胁到美国大学的发展。为维护学术自由，20 世纪初期以后，美国开始加强组织和制度文化建设，对学术自由加以保障的同时，也对其加以规范。

专业组织。1900 年，斯坦福大学经济学教授爱德华·罗斯发表关于劳工移民和铁路垄断的学术观点，因触怒斯坦福夫人而遭解雇。这一事件促使霍普金斯大学哲学家亚瑟·洛夫乔，联合哥伦比亚大学教授约翰·杜威，在 1915 年成立了美国大学教授联合会（AAUP），自此"学术自由"概念开始在美国明确提出。美国大学教授联合会成立后，先后在 1915 年发表宣言，强调学术自由的原则，提出终身教职的原则，在 1940 年与美国学院学会（AAC）联合发表声明，强调学术自由的合理性，重申并详细说明了终身教职的原则，1970 年又对终身教职原则作了补充说明。作为专业性组织，美国大学教授联合会在维护大学学术自由方面至今仍发挥着重要影响，每年有数千名大学教员向 AAUP 寻求帮助。在保障大学学术自由的同时，美国大学教授联合会也对其进行了规范，如在 1915 年宣言中，提出教师必须称职或不能有道德缺陷，其职位才能得到保障；在 1940 年声明中，强调学术自由与学术责任相依共存，教师在获得学术自由权利的同时，必须承担知识探索的责任、不干涉他人学术自由的责任等。正如 AAUP 计划与发展主管马丁·森德所说："学术自由从来就不意味着，大学教师随心所欲地去做任何事……他们有承担相应责任的义务。"[1] 专业组织在保护美国大学学术自由方面发挥着不可或缺的作用，但是作为非官方的一种组织，也表现出明显的脆弱性，对于危害学术自由的事件，

---

[1] Martin D. Snyder.A Question of Autonomy: The View from Salzburg[J].Academe,2002,88(3):34-37.

它只能向有关管理部门提出"责难"（censure），而不能从法律上予以保护。

法规条例。在美国，一种传统的观点是学术自由源自宪法第一修正案。的确，当大学教师在与政治、宗教、社团管理以及社会市民等发生冲突时，他们可以引用宪法第一修正案来保护自己的学术自由。但是，由于宪法第一修正案没有对学术自由作出明确界定，也没有从法理上有说服力地证明学术自由是正当的，加之学者是智力的探险者，他们应忠于真理而不是金钱、权力、宗教信条，因此第一修正案对于保护学术自由是非常有限的。事实上，美国经常以司法案例来保护学术自由。1952年，道格拉斯法官在"阿德勒诉教育委员会案"中指出，根据宪法第一修正案，最高法院应该考虑学术自由，这是美国司法界第一次明确提出"学术自由"的概念。1957年，弗兰克福特法官在"斯威兹诉新罕布什尔州案"中指出，大学的学术自由有四个方面，即：谁来教、教什么、怎样教、谁来学，这是美国最高法院对学术自由作出的最为明确的界定。[①]尽管弗兰克福特法官呼吁要保护大学的学术自由，但是大学的"四项基本自由"无不成为联邦政府制度审查或条例制定的对象。如联邦政府规定，在招生和教学中不得存在种族、性别、肤色等歧视行为，在实验室里禁止开展某种胎儿试验，在开展有关人的研究方面，美国卫生部和公民服务部也实施了详细的程序性保护措施。[②]法律条例无疑为大学的学术自由寻求到了司法保护，但是如何才能保证法规条例不出现失误，又是政府面临的一个重要问题。

协商与集体谈判。前哈佛大学校长德里克·博克认为，政府制定法规虽有充足理由，但是同样也要付出代价，因为无论政府机构还是司法人员，都有可能在制定政策法规时出现失误。一方面政府管制会削弱高等教育的多样性，另一方面大学会为了迎合政府需要，而被迫花费大量资金，其中许多开支是不必要的额外负担。为了避免这些不足，政府应在实施法规草案前对其评估考核，任命由大学和相关团体组成的顾问委员会对法规草案进行密切协商（negotiating）。[③]应该说，协商制度无论对政府，还是对大学自身，都是使政

① Ronald B. Standler. Academic Freedom in the USA[EB/OL]. http://www.rbs2.com/afree.htm，2005-4-9.
② 德里克·博克. 走出象牙塔——现代大学的社会责任[M]. 徐小洲，陈军，译. 杭州：浙江教育出版社，2001：41.
③ 德里克·博克. 走出象牙塔——现代大学的社会责任[M]. 徐小洲，陈军，译. 杭州：浙江教育出版社，2001：44-49.

策法规达到更加科学、民主，避免对学术自由侵害的一种有效方法。与协商密
切相关的，是集体谈判（collective bargaining）。20 世纪 70 年代以来，随着
美国财政危机的到来，不少大学（尤其是公立学院和大学）深陷经济困境，加
之大学管理官僚化体系的形成，大学教师面临工资减少、职业不稳定等诸多问
题。为保护自身利益，他们自发成立教师组织，通过集体谈判，并最终通过诉
诸罢课来解决困难。1986 年，集体谈判协议和集体谈判机构已经涉及全美 458
所院校，超过 208000 名大学教师。[1]布鲁贝克认为，集体谈判标志着教师和管
理机构由利益共同体转变为对立面，其实质是权力在起作用，而不是高深学问
的内涵在起作用。如果涉及规定工资、教学工作量等问题时，集体谈判不失为
一条好的途径，但是如果涉及学术自由，那么必须拒绝这种谈判，因为学术自
由不能取消，也不容磋商。[2]

纵观美国大学学术自由发展中的组织与制度文化建设，不难看出，无论是
专业组织、法规条例，还是协商与集体谈判，任何单一的文化组织与制度都很
难完全保证大学学术自由的不受侵犯，唯有多元的文化组织与制度相互协调、
相互补充，才能够最大可能地保护大学的学术自由。

## 四、责任意识与道德文化——美国大学学术自由的内部反省与自律

考察美国大学学术自由发展史，可以看出，最先威胁到大学学术自由的是
来自大学外部的力量，保护学术自由意味着对外界侵犯进行反抗。随着社会不
断发展，高等教育逐步融入人们的生活，对学术自由更大的威胁由外部转为大
学内部。社会赋予大学以充分学术自由的同时，大学也应时刻反省是否完成了
相应的责任。自由与责任相伴而生，没有责任的自由，必然使自由走向毁灭。
作为"民族的良心"——大学，在享受学术自由的同时，也必须内省自身的行
为是否合乎道德准则与道德规范。从美国大学学术界对学术自由的新近研究来
看，如何加强大学的学术责任与学术道德文化，已经成为广泛关注的重要内容，

---

① William H. Bergquist. *The Four Cultures of the Academy: Insights and Strategies for Improving Leadership in Collegiate Organizations* [M]. San Francisco: Jossey-Bass Publishers，1992. 130.
② John S. Brubacher. *On the philosophy of higher education(revised edition)*[M]. San Francisco :Jossey-Bass Publishers，1982：37-38.

这表明美国的大学学术自由开始由外部规范走向内部反省与自律。

　　唐纳德·肯尼迪在《学术责任》一书中认为，学术责任是与学术自由相互补充、相互对应的一个概念，在民主社会里两者被视为一枚硬币的两面。当谈论职业时，他认为，责任（responsibility）和道德（ethics）两个词经常可以互换使用，但是这两者之间又存在着区别。职业责任包括但不局限于职业道德。大学教师作为一门学术职业，其责任是一个人对学校应尽的义务，其学术责任的本质是指以某种方式对提高下一代的能力和潜力高度负责的责任。[①]为此，他从大学教师的职业责任出发，讨论了大学教师应该围绕九个方面来承担学术责任，即培养、教学、指导、服务、研究发现、学术成果发表、诚实、走出围墙以及变革等，在论及大学教师的学术责任的同时，他也探讨了大学所应肩负的学术责任。事实上，无论是大学机构，还是学者个人，都已经认识到在享受学术自由的同时，应该更好地承担学术责任。因为现代大学已经不再是中世纪大学可以自由迁徙的学术共同体，作为国家和民族的大学，它受到来自各方面的限制。如果大学不能很好地履行责任，学生完全有权利拒绝他们不喜欢上的大学；如果大学不能很好地履行责任，国家也将通过政策制定、经费预算等施加影响；如果大学不能很好地履行责任，大学校友也会通过董事会或停止捐款等手段影响大学的发展。而这一切又是美国大学发展所不可摆脱的客观条件。关键是，大学在履行其学术责任时，如何协调来自不同方面的价值观念。"大学通过作出为其所能的贡献，有责任和义务服务于社会。在履行此项责任时，任何相关人士都必须设法考虑到诸多不同的价值观念——学术自由的维护，高学术水平的维持，学术事业免受外界的干涉，受大学影响的个人权利、合法利益不遭损害，以及满足从充满活力的大学所提供的知识服务中获益的那些人的需求等。"[②]这些都是美国大学在履行学术责任的同时，应该关注的重要问题。忽视任何一个方面，都可能为自身发展带来不利。

　　克拉克·克尔在论及学术道德时提到：学术活动的主要目的是通过科研发

---

① 唐纳德·肯尼迪. 学术责任 [M]. 阎凤娇，等，译. 北京：新华出版社，2002. 4-26.
② 德里克·博克. 走出象牙塔——现代大学的社会责任 [M]. 徐小洲，陈军，译. 杭州：浙江教育出版社，2001：101.

现知识和通过教学传播知识。一些道德原则是在知识的创造和传播中所固有的。这些道德原则是在知识领域指导有关行为判断的规则，这些原则在法律所要求的范围之外对行动设定道德的界限。由此，克尔对学者提出了十五种学术道德标准，并指出学术上的道德规范不仅适用于科学研究，也适用于教学。克尔认为，在科学研究中，学术道德虽然有个别人违反，但是一般地都能够很好地遵守。因为对于那些伪造数据、剽窃他人成果等学术道德腐败现象，制衡制度可以加以制裁，这些学术道德败坏者通常可以被抓住，并且名誉扫地。[1]的确，对于"显性"的学术道德问题，可以通过制定道德规范来加以约束，但是对于"隐性"的学术道德问题，制衡制度可能作用有限。这时候，只有学者自己的正直和诚实来对他们自己的意识负责，学者自身是其道德的唯一评判者。[2]所以，制衡制度与道德良心是学术道德的双重诉求。布鲁贝克认为，在大学中，学术道德意识不仅仅是教师才有，学生同样拥有学术道德。学生的道德规范通常体现为"荣誉规范"，主要是用来防止考试作弊。他认为，这种规范似乎应包括回家完成考试和撰写学期论文时也不剽窃，但是在许多情况下它只是针对课堂考试而言。[3]与教师的学术道德相同，学生在无人监督的情况下，也需要道德自律。

从文化的角度考察美国大学学术自由的演绎进程，我们可以看出，大学学术自由是一个不断发展的概念，每个时代的大学学术自由都有着其特定的内涵。民族的文化精神、文化传统对大学的学术自由发展有着深刻的影响，国家的文化组织和文化制度是大学学术自由得以保障的必要条件，而大学要确保享受充分的学术自由，还需要提高责任意识，加强自身的道德文化建设。

（原载于《比较教育研究》2005年第9期，第1-6页）

---

[1] 克拉克·克尔. 高等教育不能回避历史——21世纪的问题[M]. 王承绪，译. 杭州：浙江教育出版社，2001：167-170.

[2] 克拉克·克尔. 高等教育不能回避历史——21世纪的问题[M]. 王承绪，译. 杭州：浙江教育出版社，2001：111.

[3] 克拉克·克尔. 高等教育不能回避历史——21世纪的问题[M]. 王承绪，译. 杭州：浙江教育出版社，2001：126.

# 美国私人基金会支持大学科研的发展特点分析

科学研究是现代大学所承担的重要职能之一。充分发挥高校在国家创新体系中的重要作用，鼓励高校在知识创新、技术创新、国防科技创新和区域创新中作出贡献，大力开展自然科学、技术科学、哲学社会科学研究等已作为宏观战略写入《国家中长期教育改革和发展规划纲要（2010—2020）》。于是，由谁来支持高校开展科学研究，将会成为决策能否顺利实施的一个关键环节。环顾当今世界高等教育，美国大学作为科研重镇无疑成为众多学者研究的对象。回溯美国大学科学研究的发展历程，私人基金会确是一支不可忽视的力量。关于私人基金会对美国高等教育之影响，国内不乏相关研究。但从历史发展的视角，对私人基金会如何形塑大学科研的成果尚不多见。因此分析美国私人基金会在整个 20 世纪支持大学科研的发展特点，无疑具有较强的理论和现实意义。

根据美国私人基金会支持大学科研的内容和方式变换，我们分四个时段进行论述，亦即：20 世纪初开始的科学技术期，20 世纪 30 年代开始的社会文化期，第二次世界大战以后的战略研究期和 20 世纪 70 年代以后的灵活杠杆期。

## 一、科学技术期：支持大学科研的发端

美国慈善捐赠高等教育源远流长，哈佛、耶鲁等殖民学院的创办成长，无不与个人慷慨解囊息息相关。相对而言，以私人基金会的形式捐赠高等教育却是较为晚近的事情。1867 年，乔治·皮巴迪（George Peabody）在马萨诸塞州成立"皮巴迪教育基金会"，致力于南方各州国民教育，开私人基金会资助教育的历史先河。1882 年，斯莱特（John F. Slater）出资 100 万美元，成立"约翰·斯莱特自由人教育基金会"，重点资助被解放的黑奴教育，成为美国第二

个私人教育基金会。<sup>①</sup> 不难看出，早期私人基金会只是关注弱势群体的教育，并不资助大学科研，但是以基金会运作慈善教育捐款的模式，为后期私人基金会支持大学科研提供了制度构架。

19世纪末20世纪初，伴随工业化进程迅速发展，美国百万富翁数量急剧增加。据统计，1880年全美约有百万富翁100人，1916年其数量猛增至4万人。这些腰缠万贯的资本家，开始为如何运用他们的巨额财富而寻找路径。19世纪80年代后，联邦遗产税收法案经过激烈讨论于1898年部分通过，但1902年旋即被废除，直到1917年才得以恢复实施。因此，当时这些资本家在私人财产安排方面一定程度上是不受政策约束的。1889年，54岁的百万富翁卡内基出版了著名的《财富的福音》（*The Gospel of Wealth*）一书，提出相对于将财富留给子孙或死后捐献给公用事业，还不如在有生之年通过运作造福于公众。因为将财富留给子孙，不但有可能把他们惯坏，而且还可能贻害社会。与其留给他们财富，不如留给他们家族荣誉。在卡内基看来，将财富运用于公共福祉，并非低层次分发、布施，这样不但会鼓励游手好闲之徒，而且还可能带坏整个社会风气。由此他提出七项公益捐助最佳领域，其中大学排在首位。<sup>②</sup>1902年，卡内基斥资1000万美元成立了美国历史上第三个私人教育慈善基金会——"华盛顿卡内基慈善会"（the Carnegie Institution of Washington），明确提出其目的在于完善高等教育设施，激励科学研究发现，推动大学原创性研究。无独有偶，卡内基巨额财富的分配思想，也被同期的洛克菲勒所践行。1903年，洛克菲勒成立"普通教育慈善会"（the General Education Board），资助美国所有类型和层级的教育，注册资金由初创时的100万美元，迅速在1909年提高到5300万美元。<sup>③</sup>在卡内基和洛克菲勒的联合影响下，私人基金会很快形成一种显著力量，介入美国大学发展。

事实上，无论是洛克菲勒还是卡内基，早期对大学重点关注的并非科学研

① Seaars, J B. *Philanthropy in the history of American higher education*[M]. New Brunswick: Transaction Publishers，1990：82.

② Howe, B. The Emergence of Scientific Philanthropy, 1900-1920[A]Arnove R F. *Philanthropy and Cultural Imperialism*[C] Boston: G.K. Hall & Co.，1980：27-31.

③ Seaars, J B. *Philanthropy in the history of American higher education*[M]. New Brunswick: Transaction Publishers，1990：83.

究，而是新建校园建筑或提高退休教师津贴等有形层面。1900 年以后，他们资助大学建筑的热忱不断锐减。这主要是因为，一方面如此众多的大学纷纷要求新增建筑款项，已使他们疲于应付、力不从心；另一方面他们也发现摆在美国高等教育面前的主要问题，并非是增设几所大学或新建几栋大楼，而是提升大学内在学术实力。与此同时，旨在提高大学教师退休津贴的善举，也由于数额巨大无力承担，不得不中途撤回。[①] 捐赠资金的有限性与大学发展需求的无限性，直接导致私人基金会按照自己的标准进行选择性捐赠，进而促使美国大学分类发展。美国大学联合会（AAU）成立后，私人基金会将主要资助都投向了这些重点大学。据统计，在 1923—1929 年间，5 所最大的私人基金会将86% 的捐赠支付给了 36 所大学，而当时全美拥有高等教育机构总数高达 3000多所。[②] 这些大学在私人基金会的资助下，很快成为科学研究的重镇。

　　19 世纪中期的美国科学家不得不面对无从获取研究资助这一残酷现实。无论是商业还是私人慈善都还没有把资助的目光投向科学研究。[③] 根据马克·道伊（Mark Dowie）考证，在 19 世纪末 20 世纪初之前，美国大学科研人员几乎从政府和企业中得不到任何资助。[④] 众所皆知，19 世纪中期以后，数以万计的留学德国的美国学者陆续回国，在洪堡大学理念的影响下，他们开始着手致力于科学研究。可以想象，如果没有外界资金支持，这些思想种子也只能在沙漠中被尘封。学者们的资金需求与私人基金会的现实发展开始产生某种程度上的契合。私人基金会的援助无异于甘露，使发展科学的职能在美国大学中萌发。

　　在洛克菲勒和卡内基看来，科学知识对于促进文明教化（civilization），就恰似钢铁和石油对于工业化进程同等重要。为此，他们早期资助大学科研的重点，主要集中在物理学、医学、地质学等对于石油生产和钢铁冶炼等至关重要的领域。第一次世界大战后，在国家利益驱使下，他们又将资助扩展至化学、

① Thelin, J R. *A History of American Higher Education*[M]. Baltimore: The Johns Hopkins University Press，2004：145-147.
② Thelin, J R. *A History of American Higher Education*[M]. Baltimore: The Johns Hopkins University Press，2004：239.
③ Dael Wolfle. *The Home of Science: the Role of the University*[M]. New York: McGraw-Hill Book Company，1972：22.
④ Dowie, M. *American Foundations: An Investigative History*[M]. Cambridge: The MIT Press，2001：48.

气象学、航空、无线电通信等学科领域，哈佛、斯坦福、普林斯顿、芝加哥等大学，均得到数百万元的研究捐赠。[①] 在私人基金会鼎力支持下，20 世纪 20 年代后的美国在量子力学、核物理学、航空航天等领域异军突起，很快超越欧洲诸国。[②] 值得一提的是，在以科学技术资助为主的私人慈善中，1907 年成立的"拉塞尔·塞齐基金会"（the Russell Sage Foundation）在创建之初就独树一帜，明确以资助社会科学研究为己任。[③] 在塞齐夫人影响下，洛克菲勒、卡内基等很快认识到社会科学研究的重要性，并将支持目光投向这一领域。

## 二、社会文化期：支持大学科研的转向

1930 年前后，美国经历了一场史无前例的经济"大萧条"（The Great Depression），其影响超过历史上任何一次经济危机。这段时期，工农业发展遭遇重创，金融证券全面崩溃。资本与市场的短缺，致使银行倒闭、工厂关门、工人失业，随之而来的是民众生活极度贫困，阶级矛盾日趋激化。受苏联布尔什维克主义影响，为资本主义主流群体所惧怕的马克思主义学说迅速传播。在这种境遇下，私人基金会管理者发现捐赠大学科学研究，不能仅仅以推进科学技术发展为最终目的，而是要构建一个更加美好的社会。在他们看来，贫穷、犯罪以及其他问题都是社会机体局部失调的结果。[④] 这些问题可以在社会科学家深入调查、分析、研究的基础上，开出治愈良药。一时间"病菌说"（Germ Theory）成为寻找治疗社会病患的潜在引导逻辑。"大萧条"被普遍认为，就像机体疾病一样与特定的病原体紧密相连。机体疾病导致人类痛苦，社会病患亦然。按照这种推理，贫穷、暴力、青少年犯罪等如果能找到病因及疗方，也同样可以根除。这就像医学能够治疗人类肌体疾病一样，人类学、经济学、政治学、心理学和社会学等也可以治疗社会机体的病患，而不必动用政治宣传或

---

① Dowie, M. *American Foundations: An Investigative History*[M]. Cambridge: The MIT Press，2001：49-54.

② Dowie, M. *American Foundations: An Investigative History*[M]. Cambridge: The MIT Press，2001：55.

③ Sheila Slaughter and Edward T. Silva. Looking Backwards: How Foundations Formulated Ideology in the Progressive Period[A].Arnove R F. *Philanthropy and Cultural Imperialism*[C] Boston: G.K. Hall & Co.，1980：57.

④ Dowie, M. *American Foundations: An Investigative History*[M]. Cambridge: The MIT Press，2001：56-63.

国家暴力。在这些理念引导下，1929 年以后洛克菲勒基金会逐渐将资助重点转向社会和人文科学领域，先后捐助成立了"耶鲁大学国际研究所""哥伦比亚大学俄罗斯研究所"等众多人文社会科学研究机构，资助金额高达数百万美元。[①] 与洛克菲勒基金会重点资助国际关系问题研究不同，这段时期卡内基基金会则将社会科学的资助重点集中在国内种族问题的研究上。

20 世纪 30 年代，"黑人问题"由美国南方迅速波及北方各州，进而成为全国性的研究课题。继"罗斯瓦尔多基金会"（Rosenwald Fund）1935 年资助移民种族关系研究之后，卡内基基金会对该课题给予了重点关注。为避免与"罗斯瓦尔多基金会"的研究重复并尽量做到社会科学研究的价值中立，基金会并没有在美国本土白人或黑人学者中物色研究人选，而是在 1937 年聘请瑞典斯德哥尔摩大学政治经济学教授缪达尔（Karl Gunnar Myrdal）主持该项工作。尽管如此，缪达尔的研究方法还是受到了芝加哥大学社会学研究的强烈影响。1944 年缪达尔出版《美国的两难困境：黑人问题与现代民主》一书，在他看来，该书不但达到了卡内基基金会对黑人问题进行系统研究的目的，而且集中体现了芝加哥大学社会学研究长期形成的风格和传统。在致谢中，他明确提到如果没有托马斯（W.I. Thomas）、帕克（Robert E. Park）、沃斯（Louis Wirth）等芝加哥大学社会学教授的帮助，该成果很难付梓。这一被美国著名民权激进人物杜波依斯（W.D.B. Du Bois）评价为具有"里程碑"式的经典论著，对美国公共政策产生了重要影响。在美国历史学家奥斯卡·汉德林（Oscar Handlin）看来，它无异于吸引学者的"磁石"，使社会学研究中的芝加哥学派声名远扬。[②] 一定程度上，这也为随后的社会科学如何运用到国家战略中，提供了可资借鉴的研究方法。

无论社会问题"病菌说"的推论合理与否，客观上它引导了早期以"科学慈善"（Scientific Philanthropy）为特色的私人基金会向以"文化慈善"（Cultural Philanthropy）为宗旨的私人基金会转型，其突出标志就是对社会科学研究的

---

① Curti, M & Nash, R. *Philanthropy in the Shaping of American Higher Education*[M]. New Brunswick: Rutgers University Press，1965：226.
② Lagemann, E C. *The Politics of Knowledge: The Carnegie Corporation, Philanthropy, and Public Policy*[M]. Middletown: Wesleyan Univeristy Press, 1989：141-146.

扶持力度不断加大。在 1939 年至 1950 年，仅洛克菲勒基金会社会科学部在政治民主、经济学和经济史、人际关系等社会科学领域，资助研究经费就高达 2100 万美元，而同时期整个欧洲的社会科学研究经费却仅为 170 万美元。[1] 伴随私人捐赠资金不断注入，美国大学科研也逐渐发生了从先期自然科学技术一家独尊到与人文社会科学研究并驾齐驱发展态势的转向。

## 三、战略研究期：支持大学科研的强化

第二次世界大战后，世界格局发生重大变化。以美国为首的资本主义国家阵营和以苏联为首的社会主义国家阵营，形成了相互遏制、相互冲突、势不两立的对抗状态。尽管双方均不愿触发大规模世界战争，但是为取得战略优势，军备竞赛在"冷战"（Cold War）氛围下愈演愈烈。1946 年，哈佛大学柯南特（J. B. Conant）通过校长报告明确提出，在美国要达致其历史发展目标的过程中，科学家占有重要战略位置。1948 年，曾协助缪达尔完成美国黑人社会问题研究的芝加哥大学社会学教授斯托弗（Samuel Stouffer）公开宣讲"社会学和社会科学战略"的研究理念。[2]1957 年，当苏联宣布把世界上第一颗绕地球运行的人造卫星送入轨道后，美国举国上下陷入极度震惊和恐慌之中。"研究作为战略"很快取得私人基金会认同，并形成他们强化大学科研捐赠的巨大动力。

1936 年注册仅 2.5 万美元成立的福特基金会（the Ford Foundation），经过一段时间的默默无闻后，在 20 世纪 50 年代将福特汽车公司 90% 的股份，约 20 亿美元的资产注入基金会，并明确宣布对大学尤其是大学科学研究进行捐赠投资，其中仅支持斯坦福大学"行为科学高级研究中心"一项，就高达 350 万美元。[3]在福特基金会的推动下，以战略研究为标志的科学研究资助倾向，迅速在美国私人基金会中形成潮流。

为适应政府对心理学家、人类学家的战略需求，1949 年洛克菲勒基金会

---

① Dowie, M. *American Foundations: An Investigative History*[M]. Cambridge: The MIT Press，2001：66.
② Lagemann, E C. *The Politics of Knowledge: The Carnegie Corporation, Philanthropy, and Public Policy*[M]. Middletown: Wesleyan Univeristy Press, 1989：148-149.
③ Curti, M & Nash, R. *Philanthropy in the Shaping of American Higher Education*[M]. New Brunswick: Rutgers University Press，1965：229-231.

投资 600 余万美元在耶鲁大学建起了第一个协作式、跨学科的人类行为研究中心。1947—1957 年，卡内基基金会先后共出资 87.5 万美元建成哈佛大学俄罗斯研究中心。相对于洛克菲勒基金会早期在哥伦比亚大学投建的俄罗斯研究所，该研究中心更加强调运用现代社会科学最为先进的研究方法，探究俄罗斯人行为决策中的关键问题。为更好地帮助政府了解世界局势，卡内基基金会还相继捐赠了耶鲁大学东南亚研究、密歇根大学日本研究、威斯康星大学斯堪的纳维亚研究、宾夕法尼亚大学印度研究、普林斯顿大学中东研究、哥伦比亚大学欧洲研究、西北大学非洲研究等众多研究机构。[1] 在 "物理学家赢得了第二次世界大战" 的意识主导下，私人基金会对科学研究的拨款全面增加。据统计，1946 年全美 37 个私人基金会共投资科学研究 1100 万美元，1953 年科学研究支出总经费则高达 2300 万美元。[2] 在不到十年的时间里，私人基金会年度科研经费支出翻了一倍还多，他们对战略科研的重视由此可见一斑。

在这段时期内，私人基金会还充当着大学科研与联邦政府间的媒介角色。换句话说，正是在私人基金会的不断资助下，无数科技精英和科研成果的不断涌现，使联邦政府逐步认识到大学科研的重要性。经由布什( Vannevar Bush )《科学，无尽的疆界》这一报告推波助澜，政府很快意识到科学作为可再生资源对于国家发展的深远意义，扶持科技研发、直接参与知识创新应当是政府义不容辞的责任。1950 年依据国会通过的《国家科学基金会法案》，联邦政府当年成立了 "国家科学基金会"。同时，国防部、能源部、交通部、农业部、卫生部等众多政府部门也纷纷介入大学科研，巨额研究资金不断投入大学，从而使一批研究型大学在战后迅速崛起。1953 年联邦政府各部门科学研究拨款已高达 20 多亿美元，相比之下私人基金会的科研捐赠规模显得微不足道。但值得一提的是，此时联邦拨款大都集中在军事、医学等与国家安全密切相关的学科，私人基金会在社会科学等领域的资助依然占有重要位置。

整体而言，此后时期，私人基金会一方面逐渐淡出政府密切关注的研究领域，将数额巨大的研究计划交由财大气粗的 "山姆大叔" 来承担；另一方面开始着

[1] Lagemann, E C. *The Politics of Knowledge: The Carnegie Corporation, Philanthropy, and Public Policy*[M]. Middletown: Wesleyan Univeristy Press, 1989：173-178.

[2] Andrews, F E. *Philanthropic Foundations*[M]. New York: Russell Sage Foundation, 1956：265.

手弥补联邦资助科研的不足，在政府视野之外发展新的或重塑旧的研究领域。

## 四、灵活杠杆期：支持大学科研的变通

20 世纪 60 年代，联邦政府对美国高校的科研拨款持续增加，其中仅基础研究一项就由 1963 年的 6.1 亿美元增长到 1972 年的 14.09 亿美元。[1] 伴随 1965 年《高等教育法》的颁布和"国家艺术人文基金会"的成立，政府片面扶持战略研究的现象得以全面改观。巨额经费引诱，使各大学纷纷把争取科研计划的目光由私人基金会转向财力雄厚的联邦政府。私人基金会要想在大学科研中有所作为，必须寻求新的发展路径。如何学会运用较少经费取得较大回报，是摆在私人基金会面前一个迫切需要解决的课题。换言之，采取"以小博大""四两拨千斤"杠杆式的投资方略，将是发挥私人基金会继续影响美国大学科研的必要手段。[2] 为此，一个百花齐放、各显其能的科研资助方略在私人基金会中竞相产生。

由通用汽车公司总裁斯隆（Alfred P. Sloan）创办的斯隆基金会在 20 世纪 50 年代中期以后，一改以研究项目形式进行科研资助的传统做法，出资 5900 万美元直接扶持单个科研人员。在基金会资助下，有 16 位科学家先后获得了诺贝尔奖金。1970 年，基金会主要把资助目光投向少数派（minority）医学研究者，并在 6 年内为神经系统科学注入了近 1500 万美元的研究资金。当神经系统科学受到联邦政府重视并获得资助后，1980 年斯隆基金会又将目光投向认知科学。通过神经医学和计算机技术的跨学科整合，一门新的研究领域——分子进化学（molecular evolution）得以产生。[3] 与斯隆基金会有所不同，梅隆基金会（Andrew W. Mellon Foundation）在 20 世纪 90 年代以后，开始着手为大学科研人员搭建高端学术平台，致力于期刊储存（Journal Storage，

---

[1] Henry, D. D. *Challenges Past, Challenges Present: An Analysis of American Higher Education Since 1930*[M]. San Francisco: Jossey-Bass Publishers, 1975：124.

[2] Earl F. Cheit & Theodore E. Lobman. Foundations and Higher Education: Grant Making from Golden Years through Steady State[R]. Berkeley: A Technical Report for the Ford Foundation and the Carnegie Council on Policy Studies in Higher Education, 1979：5-6.

[3] Dowie, M. *American Foundations: An Investigative History*[M]. Cambridge: The MIT Press，2001：67-71.

JSTOR）的资助工作。伴随科学研究的迅速发展，大学不但为购置和存放大量纸质出版物付出巨额开支，而且纸质期刊的数量激增也为科研人员查找带来诸多不便。1995 年梅隆基金会与密歇根大学联手合作，使 JSTOR 作为一个独立的非营利机构正式成立。截至 2002 年 5 月，JSTOR 档案就已收录 218 种在线期刊，62170 册期刊单行本，1504372 篇文章，文章页面已达 9169569 张，涉及众多领域中极为宝贵的文献资料，来自全球 60 多个国家的 1321 所图书馆加盟其中，不但极大降低了大学科研成本，而且做到了前沿、规模、效益等方面的有机结合。①2001 年，梅隆基金会又开始关注第二项重要的风险投资——建立艺术图像数据库（ARTstor），旨在收集世界各地一流的艺术藏品并制作成影像，2006 年影像藏品达 50 万张。② 近年来该图像数据库藏量不断激增，为美国乃至世界各地的艺术、建筑、人文和科学提供了便捷宽广的研究平台。由此可见，在远低于联邦政府资助大学科研经费的情况下，无论是斯隆基金会还是梅隆基金会，都通过有效运作，在大学科学研究中发挥了政府不可替代的重要作用。

事实上，无论联邦政府投入大学科研经费的数额多么巨大，也都存在政府难以顾及或不愿触及的资助研究领域，譬如市民权利、生态环境、女权主义等。相对于联邦科研资助部门，私人基金会属于风险性投资，具有较强的试错能力。联邦资助需要动用纳税人的钱，因此其资助动向必然为公众所关注。20 世纪 80 年代，"国家艺术人文基金会"的艺术研究资助，就受到来自国会和民众的猛烈抨击，一方面他们指责过多经费被不公正地设置在纽约，造成区域间的资助不平等；另一方面他们指责资助项目内容缺少审查，从而导致淫秽色情泛滥。1990 年国会通过法律，明确要求艺术资助要设定体面的普适标准。1997 年再次通过法律，对资助程序设置了更多限制。③ 显然，对于私人基金会而言，完全可以摆脱类似困境。资金私立性、类型多样化、船小易调向等特点，都使得他们更容易进入政府不易进入的学科领域，同时也更容易随时撤出政府不易撤

---

① Hal Varian. Foreword[A]// Roger C. Schonfeld. *JSTOR: A History*[M]. Princeton: Princeton University Press，2003：xi.

② Charles M. Vest. *The American Research University from World War II to World Wide Web: Governments, the Private Sector, and the Emerging Meta-University*[M]. Berkeley: University of California Press，2007：95.

③ Kiger, J.C. *Philanthropic Foundations in the Twentieth Century*[M].Westport: Greenwood Press，2000：59-60.

出的研究资助。这些或许就是私人基金会能够发挥以小博大作用的关键所在。

## 五、启示与借鉴

回溯美国私人基金会与大学科研的互动发展，不难看出，在 20 世纪初，政府和企业并不关注大学的科学研究之时，是私人基金会使大学发展科学的思想种子得以萌发；20 世纪 30 年代，在经济危机、种族歧视等社会问题影响下，私人基金会怀着治愈社会病患的信念，将支持目光投向了人文社会科学；第二次世界大战后，为应对"冷战"形势，私人基金会加大了国家战略研究的投入；20 世纪 60 年代以降，伴随联邦政府投入大学科研经费剧增，私人基金会则巧妙运作，在政府范围之外开辟出别有洞天的支持方略。美国私人基金会支持大学科研的发展特点，使我们不得不对当下中国大学的科研支持体系进行反思。

第一，政府与企业资助大学科研的有限性。20 世纪 80 年代以来，我国进行了新一轮的大学制度改革。50 年代"院系调整"后形成的大学主要承担教学任务的现象，已经成为过往云烟。如今若要在院校林立中获得发展优势，以科研强校是不得不为、也不可不为的重要路径。尽管说国家对高校科研经费的投入逐年增加，但是自上而下的政府扶持，已经使我们国家的大学科研资助之路越走越窄。这一方面表现为，我们仍然处于穷国办大教育的初级阶段，国家无力也不可能照顾到大学研究领域的方方面面，众多新兴研究领域因经费短缺而被搁浅；另一方面，受大学管理"官僚化"等历史积弊的影响，尽管政府科研课题评审严格，但是大量研究资金流入权力者手中，已经成为一个不争的事实。

除却政府纵向资助，近年来高校与企业联合横向研发，也逐步成为高等学校科研经费的又一个重要来源。但是，不能不察的是，企业是以赢利为主要目的，不愿意承担科研失败所带来的诸多风险，其资助的项目也总是带有浓厚的功利色彩，进而很难使科学研究走向纵深。众所皆知，科学研究有着自身发展的固有规律。科研成果当然要为现实的政治、经济、文化发展服务，但是"价值无涉性"的科学研究，看似"无用"实乃"大用"的科研项目往往会对一个企业乃至一个民族或国家的持续创新产生着更为深远的影响。急功近利式的科研资助，不但产生不了厚重的科研成果，反而有可能使我们的科学研究成为无根的水上浮萍。关于科学研究上的价值无涉之于大学发展的重要性，19世纪初德国洪堡创办的柏林大学，以及20世纪初蔡元培对北大的改革等，都为我们提供了鲜活的案例。

第二，私人基金会支持大学科研的必要性及策略。事实上，科学研究发展到今天，其资助的来源决不能仅仅依靠政府和企业，两者的资助固然重要但也都具有不可避免的先天性缺憾。私人基金会作为政府和企业之外的非营利性第三部门，在科技强国战略中应该有所担当，美国私人基金会支持大学科研的发展为我们提供了可资借鉴的他山之石。应当说，积极倡导私人基金会资助大学科研，充分调动社会各方力量参与大学科研，从而建立起一个以政府、企业为主导，以私人基金会、社会各方力量为补充的多层次、全方位的外部科研资助机制，已经成为中国当下科技强国、文化强国亟需破解的理论和现实问题。借鉴美国私人基金会资助大学科研的发展特点，对比当下我国政府、企业对科研的投入力度不断加大，我国私人基金会和社会力量应该学习美国私人基金会在20世纪60年代以后所采取的"以小博大"的科研支持方略。也就是说，那些耗资巨大、与国家发展密切相关的研究课题应当主要交由政府支持；那些短期见效、与企业发展密切相关的应用性课题应当主要交由企业支持。私人基金会和社会力量应当支持政府无力顾及、企业不愿顾及、投资不大但意义长远的研究项目，譬如中国传统学术文化中行将失传的各种"绝学"，无数交叉、边缘学科相互影响所衍生出的各类"飞地"，等等。

第三，私人基金会支持大学科研的障碍及破解。目前，我国私人基金会发展至今仍然不温不火，私人基金会介入大学科研更是鲜有。应当说，这既与国家关于遗产税等相关正式制度迟迟未能出台相关，也与在经历"文化大革命"又遭遇"经济至上主义"思潮后，中国长期形成的捐赠传统发生根本断裂相关。另外，从美国私人基金会的形成来看，其出发点均为意在"给钱"，而非"筹钱"，这或许与我们国家已经成立的基金会大多意在"筹钱"，而非"给钱"形成鲜明对照。简而言之，利他动机( altruistic motive )是私人基金会发展的精神主旨。①

---

① Kiger, J.C. *Philanthropic Foundations in the Twentieth Century*[M].Westport: Greenwood Press，2000：1-8.

如果缺失了利他主义精神，无论是何种性质的基金会，要想获得长足发展都无异于缘木求鱼。在距离工业巨头卡内基和洛克菲勒建立基金会并以自己的名字命名百年之后，2006年沃伦·巴菲特（Warren Buffett）则宣称在未来一段时期内，将捐资310亿美元给梅琳达—盖茨基金会 (Bill & Melinda Gates Foundation) 用于公共福祉。[1]不是以自己名字命名基金会，而是直接将巨额捐赠交给其他私人基金会，足以见证巴菲特的利他主义精神。

当然，中国的私人基金会支持大学科研至今未能形成风尚，也不能全然归咎于外部体制，大学自身固有的一些制度性障碍依然明显。譬如在教师职称晋升、职务考核等过程中，高校往往按照纵向课题的来源排列为国家级、部省级、厅级等不同等级；对于来自企业的科研课题，则主要按照科研经费的多寡来划分出不同层次。即使有私人基金会或社会团体的资助，因无法与晋升、考核挂钩，也很难引起高校科研人员的关注。以等级高低或经费多寡，而非以成果质量来评定研究课题的优劣，不但会为私人基金会支持大学科研设置了重重障碍，而且也会使中国大学科研管理的"官僚化"倾向愈演愈烈。

近年来，伴随我国政治稳定、经济发展以及数以万计、身价过亿的私人财团群体形成，私人慈善捐赠高等教育在中国本土开始复苏，应当说我们已经具备了私人基金会支持大学科研发展的经济条件。伴随《基金会管理条例》等相关政策的颁布，国家也对私人基金会（非公募基金会）给予了明确支持。但若要尽快形成多层次、全方位的外部科研资助机制，若要充分发挥私人基金会在大学科研中的应有作用，就需要中国政府、民间以及大学的多元互动，同时也需要在借鉴他国成功经验的基础上进行本土化改造。

（原载于《现代大学教育》2012年第5期，第35-41页）

---

[1] Joel L. Fleishman. *The Foundation: A Great American Secret*[M]. New York: Public Affairs，2007：1.

# 英国"新大学"的演变及其特征分析

纵观英国[①]高等教育史，不难发现"新大学"[②]在19世纪以降扮演着极为重要的角色。就国内相关研究来看，有集中对19世纪英国新大学运动展开论述，也有侧重对20世纪60年代英国创办的新大学进行分析。事实上，相对于中世纪牛津大学、剑桥大学和维多利亚时期的伦敦、达拉谟大学（Durham）而言，英国的"新大学"一词最早是指19世纪的城市大学（civic universities），后被称为"红砖大学"（Red brick universities）；[③]20世纪60年代《罗宾斯报告》发表后，"新大学"主要是指"平板玻璃大学"（Plate glass universities）；而在当前，"新大学"特指1992年英国颁布《继续教育和高等教育法》后，授予多科技术学院（Polytechnics）、高等教育学院（Colleges of higher education）等以大学身份的组织，因此又称"1992后大学"（Post-1992 universities）或"现代大学"（Modern universities）。本文将沿着英国"新大学"一词演变的历史脉络，对各个时期"新大学"产生的历史背景、发展状况、组织特征等进行阐述，并在此基础上总结英国高等教育组织变革的基本特征。

## 一、19世纪中叶之前的英国传统大学

在19世纪中叶城市大学产生之前，包括英国本土在内的学者并没有明确提出"新大学"的概念，我们将其称之为前新大学时期。这段时期既包括传统

---

① 本文"英国"特指"英格兰"，苏格兰、威尔士和北爱尔兰等不包括在内。
② 本文"新大学"并非特指英国历史上某一类新大学，而是指"新大学"概念在英国本土正式提出后，伴随新的大学组织类型产生而不断演变的概念体系。
③ Herklots H G G. *The Universities: An External Examination*[M]. London: Emest Benn Limited, 1928: 3-5.

的牛津、剑桥大学，也包括 1832 年成立的达拉谟大学和 1836 年成立的伦敦大学。自中世纪至 19 世纪 30 年代之前，英国仅有牛津和剑桥两所大学。迫于外界压力，这两所大学曾先后进行了一些微弱的世俗化改革，如拓宽课程范围，严格考试制度，但其保守性、贵族性和宗教排他性依然非常明显。大学和教会紧密联系在一起，各学院的大门只向国教徒开放。1830 年，大学每年学习费用就高达 200—250 英镑之多，这使得只有贵族、绅士和富商的子弟才能够享受如此昂贵的教育，两校的课程依然以古典教育为主，缺乏实用价值。[①]在牛津、剑桥之外增设大学，已经成为英国高等教育发展的历史必然。

事实上，早在 1654 年克伦威尔（Oliver Cromwell）执政期间，就曾动议在伦敦设立大学，并在英国北部曼彻斯特或达拉谟设立大学学院。但在牛剑（Oxbridge）及保守势力的反对下，计划最终未能付诸实施。19 世纪 30 年代，牛津、剑桥的独霸局面开始发生动摇：1828 年不分教派招生、排除神学课程的伦敦大学宣布成立，1829 年国教派为抵制伦敦大学，在其附近成立了英王学院（King's College）。无论是伦敦大学还是英王学院，在成立之初并没有获得学位授予权。正当两校讨论是否合并以争取学位授予权之时，1834 年由英国国教徒创办的达拉谟大学成功获得学位授予权。罗伯特·安德森（Robert Anderson）认为，达拉谟大学之所以一开始就获得认可，主要因为它是英国国教的（Anglican）。[②]1836 年，非宗教色彩的原伦敦大学不得不易名为伦敦大学学院，与具有浓厚宗教色彩的英王学院实行非实质性合并：两者独立办学，其学位授予权则归属于新成立的伦敦大学。因此严格说来，获得学位授权后的伦敦大学并没有完全摆脱宗教束缚，它是国教徒、非国教徒、伦敦市政、英国皇家、牛津剑桥等多方势力相互争执、最终妥协的混合产物。

所以，从完整意义上来说，尤其是从宗教属性和教育平等的层面来看，无论是达拉谟大学还是伦敦大学，都不能称为新大学，充其量可将伦敦大学视为从传统大学到现代大学过渡的转型组织。当然伦敦大学学院所开创的摒弃神学课程、传授现代学术和科学、不分教派招生等，其意义是不容抹杀的，这也为

---

① 贺国庆，王保星，朱文富，等．外国高等教育史 [M]．北京：人民教育出版社，2003：233.
② Robert Anderson. *British Universities: Past and Present* [M] .London: Hambledon Continuum，2006：28.

后期城市学院的兴起，奠定了坚实的组织基础。

概括说来，在这段时期，英国大学教育呈现以下几个特点：（1）贵族化色彩浓厚。据统计，1835年牛津大学仅有一位平民子弟，到了1860年没有一名平民子弟，所有学生均来自绅士、牧师等贵族家庭。在剑桥、伦敦和达拉谟大学，穷人的子弟亦不多见，其学费只能是来自上层阶级的家庭才能够承担。同样，这时的大学教师也主要来自贵族阶层。以1813—1830年的牛津大学为例，有45%的教师来自牧师家庭，28%的来自乡绅、骑士和绅士家庭，15%的来自商业和专业人士家庭，只有5%的来自非贵族阶层。[①]师生贵族化的组成，直接造成了大学教育内容、教学方式的精英化和贵族化。（2）人才培养不能适应工业发展需要。直到19世纪70年代，牛剑之外的英国高等教育发展异常微弱。由于缺少私人捐赠或公共资金，伦敦大学各学院深陷困境，因而常被认为是进入"牛剑"的补给站（staging post）。从1836年伦敦大学建立到1858年，所有学位类型仅仅授予了1469人。换句话说，整个伦敦大学所有附属学院的学生数量，每年平均只有70人。[②]1851年，第一届世博会在伦敦成功举办，标志着英国在工业国家的领先地位，但这几乎与大学无关。"维多利亚工程师的培养，不是基于大学而是基于先辈流传下来的、家庭作坊式的学徒制。"[③]（3）大学区域发展存在严重失衡。伦敦大学获得学位授予权后，以"伦敦—牛剑"为轴心的东南地区，压倒性地超过了北部和中部地区。位于东北部的达拉谟大学由于招生人数较少（每年50人左右），且仅有文科和神学专业，因此势单力微，影响有限。与此同时，伴随英国工业革命的完成，一批大中型城市如曼彻斯特、伯明翰、利物浦、利兹等在英格兰北部和中部地区崛起。经济迅速发展与大学机构的缺失，愈加显示出英国大学分布的区域失衡。（4）女性被排除在大学教育之外。这段时期，在英国没有任何大学为任何阶层的女性开放学位。伦敦大学在1878年、达拉谟大学在1890年才分别向女性开放学位，而牛津、剑桥直到20世纪20年代以后，才逐渐允许女性获得学位。

---

① Konrad H. Jarausch. *The Transformation of Higher Learning 1860-1930*[M] .Stuttgart: Klett-Cotta, 1982：208.
② Robert Anderson. *British Universities: Past and Present* [M] .London: Hambledon Continuum，2006：72.
③ Halsey A H, Trow M A. *The British Academics*[M].Harvard University Press，1971：206.

## 二、作为"新大学"的"红砖大学"

1850 年之前的英国大学和学院，其运营主要来自慈善捐赠和学费，政府运用财政拨款、介入大学发展的制度尚未建立。在慈善捐赠盛行、政府管理缺位、经济社会发展需求以及市民对大城市怀有的强烈自豪感和责任感的多重作用下，部分富有商人、企业家先后捐资兴建了一些城市学院，如曼彻斯特（Manchester，1851 年）、南安普敦（Southampton，1862 年）、利兹（Leeds，1874 年）、伯明翰（Birmingham，1880 年）、利物浦（Liverpool，1881 年）等，但这些学院起初均无学位授予权。这不仅严重制约了当地城市经济文化的发展，而且还损伤了新兴城市市民的荣誉感，在他们看来，"大城市应该拥有一所大学，就像每个城市应当拥有一所教堂那样"[1]。新建城市学院升格为大学，已经获得了广泛的民众支持。

1860 年以后，是大英帝国国土迅速扩张、国际贸易竞争激烈、制造业应用科学和大型工业公司急剧发展的时期。城市工业尤其是化学、金属、合成纺织等，如果没有应用科学或高水平技术革新就很难运行；海外扩张带来的诸多新型专业领域，如矿产开发、机械工程、港口码头、铁路运输、市政管理等，亟需高等教育专业人才的培养。尽管城市学院在创办之初，就根据各地工业和科学发展实际情况，设置了相应的技术研究中心，但由于其学位授予权归属于伦敦大学，且授予范围狭窄（仅限于传统的文学、法律和医学），严重制约了人才培养的灵活性和多样性。城市学院不能升格为大学，已经成为其可持续发展的桎梏。

在 1867 年的巴黎世界博览会上，德国和法国的专业技术革新成果斐然，并对英国工业革命后的辉煌构成挑战，往昔世博会上英国一枝独秀的形势渐成明日黄花。到了 1880 至 1890 年，德国的工业技术已明显超过英国。毋庸置疑，德国之所以能够取得如此骄绩，主要源于拥有一个支持工业系统的科学及专业技术教育体系。而此时的英国传统大学依旧保守地进行古典人文教育，伦敦大

---

① Konrad H. Jarausch. *The Transformation of Higher Learning 1860-1930*[M] .Stuttgart: Klett-Cotta，1982：139.

学的有限变革也很难为新形势提供必要的智力支持。政府阶层深知，要想重建并维持英国的经济地位，必须尽快效仿德国，建立一批能够培养多样性技术人才、且能独立授予学位的大学。城市学院的兴起及需求，恰恰迎合了国家意愿。

在多方合力促使下，英国很快授予了六所城市学院皇家委任状，承认其大学地位，分别为：曼彻斯特大学（1880年）、伯明翰大学（1900年）、利物浦大学（1903年）、利兹大学（1904年）、谢菲尔德大学（Sheffield，1905年）和布里斯托大学（Bristol，1909年）。从获得委任状开始，新建大学便拓展了学位培养和授予的领域，并扩大了招生数量。例如，利物浦大学很快在外科学、建筑学、兽医医学、工程学等方面建立起了自己的学位授予种类，学生人数在十年内以两倍的数量激增，伯明翰大学在酿造、有色金属冶炼，利兹大学在纺织、工商管理，谢菲尔德大学在采矿、钢铁冶炼等方面均开设了新型学位授予类型并获得长足发展。①

这些"新大学"具有以下特点：（1）校园建筑主要是由色调鲜明的红砖，并配以红色涂料装饰而成；而牛津和剑桥大学则是由色调灰白的石料，并配以教堂式塔尖构成，两类大学建筑风格迥异。1943年利物浦大学教授佩尔斯（Edgar A. Peers）②在描述城市大学发展时，根据其建筑特点，明确提出红砖大学之说。"红砖大学"随之成为"新大学"的代名词。（2）所有红砖大学均是由私人捐资兴办，国家只是提供委任状，确认其大学地位。尽管有不少牛津、剑桥学者先后来到这些大学任教，但它们的创办与牛津、剑桥并无关联，更不存在中世纪大学式的"母子关系"。（3）所有红砖大学都是从城市学院发展而来的，自开办之初就不受宗教限制且对女性开放。校长是大学的主要管理者，市民代表（lay representative）和教师代表共同参与大学管理。这种"寡头政治和代表性民主相结合"的管理模式与传统大学"直接民主"（direct democracy）的管理方式存在显著不同。在传统大学里，不仅不存在寡头统治，在参与人员、决策机制等方面也具有广泛的民主性，而且不含市民代表。（4）由于创办经费不足，红砖大学并没有实行传统大学的寄宿制，而是实行走读制。其学生也

① Konrad H Jarausch. *The Transformation of Higher Learning 1860-1930*[M].Stuttgart：Klett-Cotta，1982：151.
② 佩尔斯教授在撰写其专著《红砖大学》（Redbrick University）一书时，使用的是 Bruce Truscot 笔名。

主要来自当地，这也为走读制带来方便。后来，尽管部分红砖大学为学生提供了住宿，但这种住宿更加类似于美国大学式的宿舍管理，与牛津剑桥的寄宿制存在着本质不同。（5）红砖大学的内部组织，没有承袭传统大学的寄宿学院制（Collegiate System）模式，而是按照学科学院（faculties）的模式进行划分。"新大学"的教学方式没有采用传统大学的导师制（Tutorial System），而是实行注重规模效益的大班授课制。从教学内容上来说，这类"新大学"并不注重对学生进行自由教育式的心智训练，而是更加关注与当地工业发展密切相关的专业知识和技能的传授。

从 1910 年到第二次世界大战结束，英国只建立了一所雷丁大学（Reading，1926 年）。战后，国家对科技毕业生的需求明显增加。由此形成英国第二次红砖大学的建设波峰，先后又有六所城市学院获得大学地位，分别为：诺丁汉大学（Nottingham，1948 年）、南安普敦大学（1952 年）、赫尔大学（Hull，1954）、埃克塞特大学（Exeter，1955）、莱斯特大学（Leicester，1957）和纽卡斯尔大学（Newcastle，1963 年）[1]。

相对"前新大学"，第二批红砖大学建立后的英国高等教育呈现以下特点：（1）大学的民主化进程不断加强。这不仅表现为女性在大学教育中获得了应有权利，而且还表现为中产阶级家庭开始在大学中获得一定地位。红砖大学建校伊始，就注重不分教派、不论性别招收当地学生，尤其是来自中产阶级的学生。据统计，在 1950—1951 年，英国大学全日制入学总人数为 85314 人，其中男性为 65831 人，女性为 19483 人，女性已经占据大学入学总人数的 23%。在利兹大学和利物浦大学，每年招生人数均在 3000 人左右，女性入学比例高达入学总人数的 1/3。[2]男性独享大学教育的时代，已经一去不复返。这段时期来自中产阶级家庭的子女占据红砖大学的主体，1908 年利物浦大学有超过3/4 的学生来自于当地中产阶级家庭，到了 20 世纪 50 年代其比例仍然不低于60%。中产阶级子女入学的增多，直接导致大学教师中来自社会中层的学术职

---

[1] 根据 1963 年 8 月的国会法案，纽卡斯尔大学获得独立大学身份。因此，有学者将其归入 20 世纪 60 年代新大学（平板玻璃大学）之中。但是，作为典型的城市大学，无论从组织管理形式，还是从教学内容方式而言，它都应当被划分到红砖大学之列。

[2] George F. Kneller. *Higher Learning in Britain*[M] .London: Cambridge University Press，1955：30-52.

位增多。到了 20 世纪 60 年代中期，大学中来自非贵族化家庭的教师，已经超过教师总数的 2/3。[①]大学贵族化组成明显减弱。（2）大学学术上的双向漂移。城市学院成立之初，主要集中发展适合当地社会经济需求的学科专业。为获得大学地位，它们确有向传统的牛津和剑桥逐渐靠拢的迹象，譬如增设文科专业、扩大生源范围、注重科学研究等。但如果说红砖大学已经为牛剑所"殖民"（colonized），确有夸张之嫌。有大量的证据表明红砖大学拥有自己的办学理念：发展文科教学是专业训练和当地教师培养的自然需求，大学内部各学科的设置与牛剑存在很大差异。纽卡斯尔大学的采矿，伯明翰大学的酿造，谢菲尔德大学的冶金和玻璃技术，利兹大学的纺织等，都已经形成了与各自城市发展密切相连的专业区域特色。新大学不但所开专业与现实密切相关，迎合了国家需求，而且注重在英国本土尤其是本地区招收学生，迎合了当地需要。红砖大学的成功，不可避免地影响到了牛津和剑桥。牛津和剑桥开始不受教派限制、招收女性学生、关注经济发展，开设应用型学位等，都可以说一定程度上受到了红砖大学的影响。因此，乔治·内勒（George F. Kneller）认为，"红砖大学事实上引领了牛津和剑桥更新的教育理念和实践"[②]。所以，在传统大学和新大学之间的学术漂移并非单向，而是双向影响、相辅相成。（3）大学区域发展得到改善。"前新大学"时期，以"伦敦—牛剑"为轴心的东南地区独霸英国，达拉谟大学孤掌难鸣。第二批红砖大学产生后，英国大学区域布局得以改善。第一批红砖大学全部居于英国东南地区之外，在第二批 7 所红砖大学中，除了雷丁大学和南安普敦大学稍靠近东南地区外，其余 5 所也都居于东南地区之外。尤其是成立较早、发展迅速的曼彻斯特大学、利物浦大学、利兹大学和谢菲尔德大学等紧密相连的中北部城市大学群，已经构成了与"伦敦—牛剑"分庭抗礼、南北制衡的牛角之势。（4）开创了不经皇家委任状，而经国会立法授予大学地位的历史先河。在新成立的 13 所红砖大学中，纽卡斯尔大学并不是通过获得皇家委任状，而是通过国会法案（Act of Parliament）获得独立大学身份的。这不仅暗示着政府立法在大学管理作用的日益加强，而且还为以后英国大学"新

---

① A. H. Halsey, M. A. Trow. *The British Academics*[M] .Cambridge: Harvard University Press，1971：22.
② George F. Kneller. *Higher Learning in Britain*[M] .London: Cambridge University Press，1955：204.

大学"的成立，尤其是为"1992 后大学"的成立奠定了制度基础。

## 三、作为"新大学"的"平板玻璃大学"

红砖大学创办之后，各种批评声音几乎没有中断。批评者认为，大学培养人才的目标，绝不仅是为学生将来能够寻找一份好的工作，还应当指导他们更好地学会生活，尤其是怎样幸福地生活。每个步入社会的人，都要直面自己的生活环境，并对个人日常重要问题作出判断和选择。譬如与谁结婚，送子女到哪所学校读书，参加哪个政治社团等等。就这些方面而言，传统的牛津、剑桥大学因其民主管理的住宿学院，师生交往的导师制度，强调教养促进全面发展的教育模式等，无疑会优于学科分割、大班授课、强调应用的红砖大学。

利兹大学教授多布利（Bonamy Dobrée）认为，无论何种类型的教育，都应当启迪学生自由、好奇的心智，能够使他们发现事物之间的相互关系。他认为，红砖大学里大部分毕业生，都没有能够获得知识间内在关联的意识。偏向科技应用型人才培养，缺少对人的心智训练，无疑会造成学生身心的日渐分离。伦敦大学教育学院杰弗里（George B. Jeffery）也强调，当下大学越来越多地关注"功能"（instruction），越来越少地关注"教育"（education），其结果必然导致学科碎片化日趋严重。他呼吁，应当把知识的整体传授作为首要任务。大学应当把众多的学科专家按照知识的整合性集结起来，为他们进行学术交流提供方便，创造一个更为宽广、更为亲密的学术共同体（community），而不是众多的、相互割裂的离散系科（departments）。[1] 此外，美国教育学者、普林斯顿大学前校长弗莱克斯纳 (Abraham Flexner)，"红砖大学"一词的首倡者、利物浦大学教授佩尔斯，英国哲学家、曼彻斯特大学前副校长莫伯利（Walter H. Moberly）等都曾对红砖大学提出批判。1959 年，英国学者斯诺（C. P. Snow）在剑桥大学所作的《两种文化与科学革命》的著名演讲，则将人文与科学相互割裂的最终原因归结为当时的教育体制，进而将红砖大学的批判推向高峰。

为应对高等教育变革需求，英国政府在 20 世纪 60 年代初成立了以罗宾斯

---

[1] A. H. Halsey, M. A. Trow. *The British Academics*[M] .Cambridge: Harvard University Press，1971：206-208.

勋爵（Lord Robbins）为首的专门委员会，在考察本土和其他国家高等教育发展的基础上，于 1963 年形成了著名的《罗宾斯报告》。该报告不仅建议要创办适合多学科发展的新型大学，而且还建议将高级技术学院（CATs）升格为大学，同时要增设人文社会科学专业。

事实上，早在 1958 年英国政府就同意在南部布莱顿市（Brighton）建立新型的苏塞克斯大学（Sussex）。1959 年该大学成立，1961 年获得皇家委任状，成为英国 20 世纪 60 年代第一所"新新大学"（New-new University）。建校之初，苏塞克斯大学就成立了多学科整合、跨学科教学与研究的"专业学院"（Schools of Study）。无独有偶，英国工党先驱林赛（A. D. Lindsay）从政府中获得公共基金，购置了纽卡斯尔莱姆河畔的一处私人住宅——基尔城堡（Keele Hall）作为新建大学校园。1962 年，基尔大学获得皇家委任状，成为英国第二所"新新大学"。基尔大学创办之初，除实行多学科教学研究外，还一改红砖大学的走读制，实行全寄宿制，其首批聘任的教授也被要求住在学校宿舍内，以加强对学生的个人辅导。

伴随《罗宾斯报告》的公布，英国新大学创建日趋高涨，后创办了东安格利亚大学（East Anglia，1963 年）、约克大学（York，1963 年）、兰卡斯特大学（Lancaster，1964 年）、肯特大学（Kent，1965 年）、艾塞克斯大学（Essex，1965 年）和沃里克大学（Warwick，1965 年）。以 1966 年为分界线，英国政府在已有高级技术学院（CATs）的基础上，先后升格了 8 所大学：罗浮堡大学（Loughborough，1966 年）、阿斯顿大学（Aston，1966 年）、布鲁内尔大学（Brunel，1966 年）、萨里大学（Surrey，1966 年）、巴斯大学（Bath，1966 年）、布拉德福德大学（Bradford，1966 年）、伦敦城市大学（City，1966 年）和萨尔福大学（Salford，1967 年）。此后直到 1992 年，英国除建立了一所远程大学（Open University）和一所私立大学（University of Buckingham）外，再未建立新大学。

整体而言，这段时期创建的"新大学"具有以下特点：（1）从物理层面来说，新大学创建的先决条件是要有不低于 200 英亩的校园，以至于 20 世纪 60 年代的大学都坐落在拥有广阔"绿地"之上的城市边缘，而不像红砖大学那样坐落于城市中心。这些学校的建筑属于现代化设计，在钢材或混凝土结构中广泛使用了平板玻璃，建成速度快且更加宽敞明亮，与传统大学和红砖大学的建筑风格迥异，因而被称为"平板玻璃大学"。直至 20 世纪末期，"新大学"特指"平板玻璃大学"，而"新新大学"也随之淡出学者或民众的话语。（2）从经费来源上看，"平板玻璃大学"打破了以往民间或个人的办学传统，国家在大学的设置和创建中发挥了重要作用。尽管早在第二次世界大战之前，大学就被视为当然的国家机构，但从政府获得的经费仅占 1/3 左右（1938 年为 36%）。1949 年国家开始为大学教师提供薪水，同时拨款力度不断增加。"'平板玻璃大学'有 90% 的资金来源于英国大学拨款委员会（UGC），他们自创建之初就志在成为一个国家甚至国际性的机构，而非地域性的城市大学。"[1] 1962 年，英国学生资助体系开始形成，国家奖学金、当地政府奖学金、大学和学院奖学金等，为学生进入大学学习提供了多样的保障，也促成了新大学学生明显的非地域性特征。如在 1970 年，东安格利亚大学只有不到 4% 的学生来自当地。[2]（3）注重住宿制与习明纳（Seminar）教学。有感于红砖大学走读制和大班授课制造成的师生疏于交往，约克大学首任校长詹姆斯（Eric James）认为，如果过于懒散而不能提供个别指导，如果过于吝啬而不能提供寄宿，那么大学将面临不能称之为"真大学"（true universities）的危险。大班上课可以适合特定的目标，但是制度化的师生面对面指导却是不可替代的。因此，他的理想是效仿牛津、剑桥大学的学院寄宿模式。[3] 然而由于"新大学"的经费来自于政府拨款，传统的大学拨款委员会不可能提供公共资金去建造一个超过已获得大学地位水准的寄宿制大学。最后，"新大学"的运行采取了折中方案，既非传统大学寄宿制，也非红砖大学走读制，而是提供多样性的住宿安排。与之相应，在教学方法上，既非传统大学一对一的导师制，也非红砖大学的大班授课制，而是以习明纳为主的多种方法相结合。（4）强调跨学科教学与研究。为了在人文与科学之间搭建一座桥梁，这类新大学致力于自由教育而非职业教育，

---

[1] David Smith. Eric James and the 'Utopianist' Campus; Biography, Policy and the Building of a New University during the 1960s[J]. *History of Education*，2008：37.

[2] Robert Anderson. *British Universities: Past and Present* [M].London: Hambledon Continuum，2006：74.

[3] David Smith. Eric James and the 'Utopianist' Campus; Biography, Policy and the Building of a New University during the 1960s[J]. *History of Education*，2008：37.

其发展路径又各具特色：苏塞克斯、沃里克从一开始就覆盖全部学科领域，东安格利亚、艾塞克斯和约克则集中资源发展前沿领域，苏塞克斯、艾塞克斯、东安格利亚等强调非传统学科的跨学科发展，约克大学则倡导不求新奇、但求成功的传统学科的跨学科发展，区别于技术学院，这类新大学强调将教学与研究紧密联系在一起，扩大研究生规模。譬如艾塞克斯大学建校伊始，就计划将本科生与研究生在校比例提高到 3:1 或 4:1，而非当时的 7:1。① 所有新大学都旨在拓宽本科阶段的课程，将高水平的专业化发展放在研究生阶段。

以上特点为新大学注入了强大活力。20 世纪末，它们已发展成为英国最为成功的研究型机构，一些大学已经构成对牛津、剑桥和伦敦大学"金三角"（golden triangle）地区的强有力挑战，同时也撼动了大型红砖大学的自足感。许多新大学从创建之初就建成了国家和国际水准的研究专业，譬如：东安格利亚大学的环境科学和创作，艾塞克斯大学的社会科学，兰卡斯特和沃里克大学的商业研究，约克大学的生物科学、计算机科学和心理学等。1996 年，"平板玻璃大学"中有沃里克、兰卡斯特、约克、艾塞克斯和苏塞克斯大学等进入了英国研究型大学的前 12 位，其中约克大学被认为是仅次于剑桥教学质量的组织机构。② 政府财政的鼎力支持，新建大学的高点定位，为"平板玻璃大学"的迅速崛起提供了强大动力。

相对于红砖大学时期，"平板玻璃大学"时代的英国高等教育呈现以下特点：1. 高等教育由精英阶段缓慢步入大众阶段。长期以来，英国高等教育属于典型的精英模式，到 1970 年仍未进入大众化阶段。经过 20 年波动不大的发展，直到 1990 年终于完成了从精英到大众的艰难蜕变。相对于美国和欧洲大陆国家，英国高等教育大众化进程是非常昂贵的。在美国，大学系统高度离散，包含多样的类型和标准，融合了公、私立的资助体系，学生可通过市场运作在大学中找到适合位置，无论是联邦政府还是州政府，都不试图引导整个高等教育的发展；在欧洲大陆国家，大学系统在声望上或多或少是平等的，学生如果通

---

① David Warner, David Palfreyman. *The State of UK Higher Education: Managing Change and Diversity*[M] .Buckingham: SRHE and Open University Press，2001：51.

② David Warner, David Palfreyman. *The State of UK Higher Education: Managing Change and Diversity*[M]. Buckingham: SRHE and Open University Press，2001：52.

过毕业考试则可进入任何一所大学，大学是开放的、非选择性的，其结果是大批学生充斥着大型演讲厅、实验室和图书馆。然而在英国，早在 20 世纪初大学就被界定了共同标准，在政府监管下具有高度同质性，直到 19 世纪 60 年代大学系统仍被视为单一的、国家的尤其是公共的组织部门，牛津和剑桥始终占据着大学层级的顶端，限制入学人数，控制学习标准，不仅被牛津和剑桥视为大学自治的一个关键特征，而且还被后来的其他大学所承袭。[1]国家拨款、标准同质、精英选择，不仅造成英国高等教育的缓慢发展，而且对低收入家庭、少数族裔家庭等弱势群体的子女入学直接造成不利。（2）高等教育二元制结构形成。英国高等教育历史上形成了两种风格迥异的传统：自治和服务。前者与社会相对分离，是一种孤独的、学术的、保守的、排外的精英教育，强调科学研究、追求真知、培养完人；后者则明确主张高等教育要服务于个人和社会，是一种回应社会的、职业性的、不断创新和开放的大众教育机构，其目的不是追求纯粹知识，而是解决现实问题。这两种风格自 19 世纪初城市学院创办起，就不断处于博弈之中，也成为保守党和工党政争的一个重要方面。为维护自治传统，保留精英教育，保守党政府支持大学远离技术学院和底层民众；为回应城市对职业技术教育的现实需求，工党政府也倡导建立与大学避免冲突、并行不悖、相安无事的公共教育部门。1966 年，政府颁布《关于多科技术学院与其他学院的计划》白皮书，将 8 所高级技术学院升格为大学，并将原有 90 多所独立学院合并为 30 所与大学平起平坐的多科技术学院，成为高等教育中的"公共部门"。[2]至此，英国高等教育二元制结构正式形成并延续到 1992 年，不再升格新大学成为这段时期的一个显著特征。（3）隐性的单向学术漂移。《罗宾斯报告》的一个基本原则是同等表现同等奖励，大学可根据功能不同，划分出多样类型，但这种划分不应是基于传统和声望，而应当基于现实贡献，鼓励优秀者脱颖而出。当单个学院达到标准后，即可授予大学地位。然而，伴随 1966 年政府颁布白皮书，宣布实行二元制高等教育改革以后，《罗宾斯报告》

[1] Robert Anderson. *British Universities: Past and Present* [M].London: Hambledon Continuum，2006：141-142.
[2] 张建新，陈学飞. 从二元制到一院制——英国高等教育体制变迁的动因研究 [J]. 北京大学教育评论，2005(3)：81.

这一基本原则被完全抛弃。人为区分的二元政策一出台，就遭到包括大学校长委员会和罗宾斯本人在内的多方批评。在现实发展中，处于下层的多科技术学院并不甘于沦为二流的人为界定，也未严格遵守单一的职业性、地域性和教学性的发展定位，而是缓慢地、单向地向大学模式逐步漂移。由于人文社会科学相对低廉，多科技术学院纷纷建立了这些学科，职业性身份不断退减；由于生存需求，多科技术学院不断扩充地区外学生的招生数量，地域性身份开始突破；由于国家学位授予委员会（CNAA）控制，多科技术学院努力保持与大学相同的质量，学术性标准逐步提升。当这些隐性的单向学术漂移达到一定程度和规模，高等教育二元制的界限开始趋于模糊，最终走向一元制，发生"静悄悄的革命"也将成为情理之中的事情。

## 四、作为"新大学"的"1992 后大学"

20 世纪 70 年代以后，美、法、德等国的高等教育先后由精英步入大众，而美国则率先实现了高等教育的普及化。英国政府出于经济、社会发展需求，开始扩大高教规模，以增强国际竞争力。与之相伴的是，经济危机下的"撒切尔主义"迫使政府对高等教育的投入不断锐减。大学拨款委员会为强调学术标准，一方面极力限制大学扩招，另一方面在资金分配时存在明显的学科歧视，并强行关闭或合并技术院系。这不仅与政府意愿相违背，而且也与英国大学的服务传统相左。拨款委员会长期形成的精英大学理想的捍卫者、政府与大学之间的协调者角色逐渐消退，往昔捍卫学术自由的缓冲器（Buffer）已成为阻碍高等教育时代发展的绊脚石。

20 世纪 60 年代创办的"平板玻璃大学"一开始就走上了国家化甚至国际化的发展道路，传统的牛津和剑桥一直保持着精英主义的教育模式，早期城市大学在发展中也逐渐偏离为当地服务的原初目标，二元制高等教育中的这三类大学在高等教育扩招的空间有限。统计数据表明，从 1984 年到 1993 年间，旧大学的注册入学学生只增长了 54%，即从 30.5 万增加到 47 万多。而多科技术学院的入学增长却异常迅猛，到了 1991 年，除非全日制（part-time）学生人数远远超过大学外，全日制( full-time )学生人数也已经超过大学，占到一半多。①
长期的隐性学术漂移，一些多科技术学院已经达到了较高学术标准，加之在高
等教育规模发展中的贡献，使之不甘于承受地方政府控制，对人为的二元体制
划分更是怨声载道。

伴随英国高等教育由精英缓慢步入大众以及 20 世纪 70 年代爆发的学生骚
乱，大学已经失去了它们早期的荣光，高等教育已不再是一个时髦理想。坚守
精英贵族主义的执政党——保守党，越来越认识到低收入家庭、残障群体、少
数族裔等接受高等教育已成为不可阻挡的趋势，在强调职业性、实用性的同时，
培养大量的、人文与科技并重的高素质劳动者，是英国应对国际挑战难以回避
的历史性课题。1988 年政府颁布《教育改革法》，不但取消了"大学拨款委员会"
（UGC），成立"大学基金委员会"（UFC），而且也取消了负责高等教育公
共部门拨款的"国家咨询委员会"（NAB），成立"多科技术学校和学院基
金委员会"（PCFC）。1992 年《继续和高等教育法》颁布，撤销刚刚成立的"大
学基金委员会"和"多科技术学校和学院基金委员会"，成立统一的"高等教
育基金委员会"（HEFCE），允许多科技术学院更名为大学，可以自主授予
学位。随后，英格兰 32 所多科技术学院更名为大学。2001 后，又有格洛斯特
大学（Gloucestershire，2001 年）、伦敦市立大学（Metropolitan，2002 年）、
波尔顿大学（Bolton，2004 年）等 21 所英格兰新大学获得认可，这些新大学
均被称之为"1992 后大学"或"现代大学"。

整体而言，"1992 后大学"具有以下共同特点：（1）从物理层面来看，
新大学一般拥有多个校区，且散布在城市各地甚至是多个城市。由于长期的融
合与凝聚，经多所院校合并后的校园建筑，也与其他时期大学明显不同。"红
砖大学"在创建之初，就得到富有财团的巨额投入，拥有大型的维多利亚时代
建筑；罗宾斯时代的"平板玻璃大学"，一开始就建在广袤的绿地之上，不但
拓展空间巨大，而且建筑也紧跟时代潮流；这类新大学则继承了不同时期、各
种类型的建筑特色，只有少数大学拥有一个整体校园，这些大学更像由多个校

---

① Patrick Ainley. *Degrees of Difference: Higher Education in the 1990s* [M] .London: Lawrence & Wishart，
 1994：12.

区组成的松散联合体，很难有新的拓展空间，有时不得不等到某些工厂破产后，在"褐色土地"（brown field）上寻求发展。① 德蒙福特大学（De Montfort，1992 年）、德比大学（University of Derby，1992 年）等都是这一特征的典型代表。（2）从管理层面来看，这类"新大学"起源于当地，政府官僚化色彩浓厚。新大学成立之前，长期由地方政府管理；成立之后，其治理章程是在《教育改革法》和《继续和高等教育法》等法律法规的严格限制下编写的。"旧大学"治理章程因形成较早，不受这些法律约束。政府不仅无权对旧大学章程进行修改，而且也无权强行改革已有的治理结构。在实际管理运作中，"旧大学"往往自恃优越，对政府介入持抵制态度；"新大学"因受制于政府，对其介入则往往表示认同和支持。前者过于傲慢、后者过于顺从的状态，直接导致在大学内部治理中，"旧大学"倾向于民主，"新大学"则趋于集中。（3）从功能层面来看，"新大学"更加强调教学和服务，对于研究的关注远不如"旧大学"强烈。罗尔夫（Heather Rolfe）调查研究认为，"旧大学"强调科学研究和追求学术卓越的意识要远远高于"1992 后大学"，部分"新大学"至今尚未形成"研究文化"（research culture）。为吸引广大的成人教育、继续教育等非全日制学生，"新大学"一方面不得不积极扩展"以学生为中心"的教学性职业课程，另一方面还要不断扩大"次级学位"（sub-degree）的提供，如预科学位（foundation degrees）和国家高级专科文凭（HNDs）等。② 相对于"旧大学"而言，"新大学"有着较高的师生比和较低的研究资助，动辄上万人的学生规模意味着其教学方法已不再单一，而是更加灵活多样。为提高教学效率，适应远程教育和终身教育需求，"新大学"更加注重成人教育方法和教育技术在教学中的广泛运用。

相对于"平板玻璃大学"时期，1992 年以后的英国高等教育呈现以下特点：（1）高等教育由大众阶段快速跨入普及阶段。1991 年 5 月，政府公布白皮书《高等教育：一个新的框架》成为英国高等教育快速增长的宣言书。白皮书不但建议废除高等教育二元制，扩大高校学位授予权，增加学生入学机会，而且

---

① David Warner, David Palfreyman. *The State of UK Higher Education: Managing Change and Diversity*[M]. Buckingham: SRHE and Open University Press，2001：98.
② Heather Rolfe. University Strategy in an Age of Uncertainty: The Effect of Higher Education Funding on Old and New Universities[J] *Higher Education Quarterly*，2003(57)：26-37.

85

时任首相梅杰还在前言中明确提出青年升入高校的比例由当时的 1:5，提高到 2000 年的每三人就有一人的目标。2003 年 1 月，政府又颁布白皮书《高等教育未来》，指出 2002 年英国高等教育毛入学率已经达到 43%，并提出到 2010 年毛入学率要达到 50%。事实上，到了 2004 年，整个英国的高等教育在校人数已达 224.74 万人，高等教育毛入学率为 60%，提前完成预定目标，并步入高等教育普及化阶段。[①] 尽管这段时期的跨越式发展，受到学龄人口减少、国际高等教育竞争、知识经济推动等方面的影响，但"1992 后新大学"群落的贡献也是毋庸置疑的一个重要方面。（2） 一元体制下的多元发展。伴随《继续和高等教育法》通过以及"1992 后大学"的相继成立，长期形成的、人为的二元制高等教育划分走向终结，所有拥有大学身份的组织机构在法律面前得到平等认可。之前形成的大学校长委员会（CVCP）也相应更名为"英国大学联合体"（Universities UK），将"1992 后大学"融入其中。但是传统所造成的声望差别并不能为法律所消除，不同大学本质目标的等级边界依然明显。尽管所有大学都对研究与教学相统一作出了承诺，但是对何谓研究、怎样教学、如何均衡等诸多问题的不同解读，使各类大学很难走向统一。简言之，一元体制下的英国大学内部分裂依旧明显。一种新的形式上的学术漂移，正逐步侵蚀着众多新大学发展。有些新大学仍然坚守着旧的工艺学校本质，也有不少新大学则怀有更大抱负，渴盼跻身精英大学的行列。但是传统大学的精英意识依然强劲，1994 年由 19 所研究型大学自发成立的罗素集团（Russell Group）中，只有一所是 20 世纪 60 年代成立的大学（沃里克大学），其他成员皆为更早时期成立的大学。[②] 高等教育一元体制下的多元发展，已经成为英国"1992 后大学"的一个不争事实。（3） 政府管理与市场引导的双重介入。严格说来，20 世纪以前，英国政府对大学发展的介入是极其微弱的。第一次世界大战改变了这种关系，1919 年大学拨款委员会成立，英国开始运用政府拨款来影响大学发展。而此时的大学拨款委员会也只是扮演着协调者角色，是维护大学自治、协调政府与大学关系的缓冲器。第二次世界大战过后，英国政府增加了大学拨

---

① 高书国．从徘徊到跨越：英国高等教育普及化模式及成因分析 [J] 外国教育研究，2007(2)：58.
② Robert Anderson. *British Universities:Past and Present* [M].London:Hambledon Continuum，2006：97-98.

款，从而使政府拨款在大学运营中占有了较高份额。在"谁付账，谁点唱"①的市场逻辑下，政府对大学的管理力度日益增强。1988 年，大学拨款委员会被强行取缔则见证了政府对大学的深度介入，取而代之的大学基金委员会已不再是完全由学者组成，而是增加了工商和财政等方面的人员，在管理上不仅具有较强的行政特点，而且还具有明显的市场色彩。与国家介入不断增强相悖的是，政府拨款自撒切尔以后却不断缩减，与工业联姻、从雇主中获取运营经费就成为英国大学不得不为的发展路径。"1992 后大学"则成为以市场为引导的首批先驱。1996 年，在商人迪尔英的带领下，组成调查委员会，论证英国未来二十年高等教育应当如何发展。这是继《罗宾斯报告》之后，英国政府再次对高等教育进行大范围的调查研究。与罗宾斯委员会不同，迪尔英委员会全部是由商业和大学领导而不是由学者或教师组成；与《罗宾斯报告》不同，《迪尔英报告》几乎不顺从大学自治问题。② 迪尔英被告知政府没有多余经费支持高等教育的情况下，《迪尔英报告》运用大量篇幅论证了建立筹措高等教育经费的新机制，譬如吸引工业部门资金、收取学生学费、竞标地方基金项目，以及通过立法评估提高经费使用效益等等。不难看出，市场运作逻辑已在英国高等教育管理中被体现得淋漓尽致。

## 五、英国各类"新大学"的特征比较

纵观英国"新大学"的历史演变，不难看出，不同时期的"新大学"在建筑风格、创办者及管理方式、教育目的、教育内容、教育方式以及受教育者的主流群体等方面均表现出了不同的特征。表 1 试图对这些重要指标上的表现进行归纳，并与传统大学进行比较。需要特别指出的是，因历史沧海桑田的变换，四类大学组织在发展中会或多或少地相互漂移借鉴，因此我们将侧重对大学初创时期的基本特征进行比较。如表 1 所示。

---

① 伯顿·克拉克. 高等教育新论：多学科的研究 [M]. 杭州教育出版社，2001：79.
② Robert Anderson. *British Universities: Past and Present* [M]. London: Hambledon Continuum，2006：92-93.

表1：不同时期英国"新大学"的基本特征比较

| | 传统大学 | 红砖大学 | 平板玻璃大学 | 1992后大学 |
|---|---|---|---|---|
| 产生时间 | 12、13世纪 | 19世纪末至第二次世界大战 | 1961—1968年 | 1992年以后 |
| 典型代表（数量） | 牛津大学、剑桥大学（3） | 利物浦大学、利兹大学（13） | 苏克塞斯大学、约克大学（16） | 伯明翰城市大学、格林威治大学（53） |
| 建筑风格 | 灰白石料、教堂式塔尖 | 红砖、红色涂料 | 钢材、混凝土、平板玻璃、广阔绿地 | 多个校区、不同时期各类建筑 |
| 创办者及管理方式 | 学者社团、大学自治 | 民间捐资、校外人士参与管理 | 政府创建、国家管理 | 地方政府创办、国家管理、市场引导 |
| 教育目的 | 培养绅士，服务上层建筑 | 培养技术工人，服务城市发展 | 培养跨学科人才，为国家发展服务 | 培养高素质劳动者，为区域发展服务 |
| 教育内容 | 理智教育、博雅教育 | 单科性技术教育、职业和应用学科 | 文化与科学相融、跨学科教学研究 | 以学生需求为中心，教学性职业课程 |
| 教育方式 | 学院制、寄宿制、导师制 | 系科制、走读制、大班教学 | 学科学院制、住宿制、习明纳、小班上课 | 灵活的系科或学院住宿制、强调信息技术运用 |
| 主要受教育群体 | 精英阶层 | 当地中产阶级 | 地区外中产阶级 | 低收入家庭、残障群体、少数族裔等 |

通过上述比较，我们可以将英国"新大学"历史演变的基本特征归纳如下：

（1）从产生时间与大学数量上来看，"红砖大学"之前的六个多世纪中，英国大学处于相对保守和有限变革时期，仅有牛津、剑桥和达拉谟等三所传统意义上的大学和伦敦大学这一从传统到现代过渡的组织机构。而后，英国先后在 19 世纪末至第二次世界大战期间产生了 13 所红砖大学，在 20 世纪 60 年代产生了 16 所"平板玻璃大学"，这段时期属于英国大学平稳发展时期。1992年以后，英国大学则进入了高歌猛进的快速发展时期，至 2001 年新建大学数目就达 53 所，比英国之前历史上所有大学数目的总和还要多。

（2）四类大学具有各自鲜明的时代物理特征。因受基督教教会影响，传统大学建筑带有明显的宗教色彩，灰白石料并配以教堂式塔尖的风格，让人不难联想到英国大学的历史久远，学者自治仍然是其至今坚守的不二法门。"红砖大学"与"平板玻璃大学"则因其物理建筑风格而得名，两类大学建筑都与当时英国的经济社会发展水平密切相关，所不同的是，前者是由当地民间财团出资筹建，由校外人士介入管理；后者则是直接由政府拨款创建，由国家垂直管理。创办者从学者社团到民间组织再到国家政府，清晰地展现出英国大学设置由自下而上逐步到自上而下的历史变迁。如果把前三类大学比喻为参天大树，那么"1992 后大学"则是由低矮小树和灌木林组成的混合群体，由国家按照地域进行划分并赋予大学地位。不同院校组成、多个校区设置、各类建筑风格是"1992 后大学"的鲜明特征，其中有的新大学志在追寻旧大学的发展路径，由低矮小树逐渐成长为参天大树；有的新大学则志在扎根本土服务当地，成为保持水土和防风固沙的灌木林。

（3）与鲜明的时代物理特征相应的，是各类大学都承担了不同的历史使命。传统大学旨在进行精英高等教育，培养绅士以服务于上层建筑，受教育群体主要是来自上层社会。"红砖大学"和"平板玻璃大学"承担了大众高等教育的历史使命，受教育群体主要来自中产阶级，所不同的是，前者着重于服务当地城市发展，培养熟练技术工人，受教育群体主要来自当地中产阶级；后者着重于服务国家建设，培养跨学科人才，受教育群体主要来自地区外中产阶级。"1992 后大学"则承担了普及高等教育的历史使命，旨在立足当地，提高全体劳动者素质，受教育群体主要由低收入家庭、残障群体和少数族裔等组成。与从传统到近代再到现代明显的"年轮"特征对应，各类大学也表现出从精英到大众再到普及高等教育，即从上层到中层再到底层民众的、由里及外的"波纹"推广特征。

（4）与"年轮""波纹"特征相应的，是四类大学在教育内容和方式上各具特色。传统大学旨在进行以文科为导向，促进学生全面发展的理智教育和博雅教育，其教育方式则是昂贵的寄宿学院制和"一对一"的导师制。"红砖大学"一改传统大学的精英教育模式，着重发展以职业和应用学科为导向的单科性技术教育，设立狭窄的系科而非学院，实施走读而非寄宿，大班授课而非"一对一"指导是其鲜明特色。"平板玻璃大学"试图对传统大学的教育内容和方式进行回归，倡导文化与科学相融，进行跨学科教学研究，但是由于受到经济、政治、传统等条件影响，其教育方式最终采取折中的方法，既非寄宿学院制也非系科制，而是跨学科学院制；既非寄宿制也非走读制，而是更加灵活的住宿制；既非导师制也非大班授课制，而是适合研究特点的习明纳和小班授课。"1992后大学"主动适应高等教育普及化，强调以学生需求为中心，实施教学性职业课程，以满足广大底层民众接收高等教育的需求。在教育方式上，"1992后大学"吸取了以往大学的长处，采取更加灵活多样的教育教学组织和校园住宿安排方式，同时适合终身教育、成人教育的现代信息技术运用，成为其教育方式的一个重要方面。

## 六、结论与启示

如果把"新大学"一词放置在英国高等教育的历史长河中去考察，可以清晰地看出每一类"新大学"都是不同时代的特定产物，适应着当时政治、经济、文化等发展的不同需求，都具有各自不同的时代特点和办学风格。当"旧大学"不适应社会发展，但其传统地位又不便动摇之时，"新大学"组织便应运而生。除"平板玻璃大学"中部分新大学是由国家直接创立外，其余时期的"新大学"都是在原有学院的基础上演变而成，都经过一种自下而上的渐进式变革，在不危及传统大学地位的基础上，获得大学身份。这种明显的"年轮"和"波纹"推广特征，恰恰印证了传统与变革之间的二元张力在英国高等教育发展中的特色驱动。尽管说"学术漂移"与"模式趋同"是任何一类"新大学"自产生之日就或多或少存在的发展现象，但各类大学的边界特色至今仍清晰可鉴。牛津和剑桥为适应社会发展也逐步进行自身变革，但其精英教育地位仍不可撼动。即使一个学生获得了"红砖大学"的学位，他们仍然希望研究生教育能在牛津和剑桥进行；即使政府、市场等外部权力不断入侵，大学自治与学术自由早已深深植入机体，其原则仍为牛津、剑桥所坚守。

正如任何一个时期的新大学产生，都会遭遇旧大学的反抗和歧视一样，冠名为"现代大学"的"1992 后大学"也不例外。相对于其他时期的"新大学"，"1992 后大学"所面临的生存问题将更加严峻。正如约翰·格莱德希尔（John Gledhill）所言，一胞多胎是困难的，一些孩子未必能够出世，其他或许在紧张中迎接新生，但是在法律的规定下这一新大学群落最终得以降临。① 尽管这些大学又被冠之以"现代"，但绝非现代化意义上的新大学；尽管它们常以"职业"特色自居，但是与传统大学的法学、神学、医学职业性毫无关联；尽管他们特别强调应用研究，但却以研究"不纯粹"而遭到传统大学的蔑视。一言以蔽之，"1992 后大学"要想真正融入英国大学群落，仍然需要经历艰难而漫长的征程。

大学发展是一个不断前进的时代进程，而绝非一个静止不动的历史终点，群体意义上的大学如此，单个意义上的大学亦然。英国高校目前正处于新旧大学相融相离、相引相斥的微妙平衡点上，创新不断，传统不丢。尽管当下意义上的新大学——"1992 后大学"面临着诸多问题，但是排在他们后面的一些非大学机构仍然存在。可以预言，若干年后，历史上早已存在的"新新大学"还会再一次重演。

（原载于《苏州大学学报（教育科学版）》2014 年第 3 期，第 86—95 页）

---

① David Warner, David Palfreyman. *The State of UK Higher Education: Managing Change and Diversity*[M] Buckingham: SRHE and Open University Press，2001：95.

# 从传统到现代：纽曼、怀特海、阿什比
## 大学理念比较研究

　　纽曼（John Henry Newman，1801—1890）、怀特海（Alfred North Whitehead，1861—1947）、阿什比（Eric Ashby，1904—1992）分别是 19、20 世纪不同时代的英国高等教育家，他们的大学理念都曾对英国乃至世界大学理念的发展产生了深远影响。比较分析他们的大学理念，无疑会加深我们对当时英国大学制度发展以及世界大学理念变迁的认识。因大学理念的复杂性及三位教育家教育思想的广阔性，文章仅从大学内涵与大学职能、自由教育与专业教育、大学与宗教的关系等三个层面进行比较分析。

## 一、大学内涵与大学职能

　　什么是大学？大学的职能是什么？是人们在论述大学理念时应该首先回答的基本问题。纽曼、怀特海、阿什比站在各自时代的不同立场上，就大学的内涵及职能分别进行了阐释。

　　纽曼时代是西方高等教育面临重大变革的时代。在英国国内，工业革命蓬勃兴起，但以牛津和剑桥为代表的英国大学仍固守古典人文主义的教育传统，为让科学知识在大学中占有一席之地，英国发起了第一次"新大学运动"。在英国国外，德国洪堡创办的柏林大学模式正日益成为世界各国大学发展的典范；法国的大学也开始用科学院来发展知识；美国的大学在注重科学研究的同时，开创了服务社会的大学职能。国内外大学制度快速变革的局势，使英国大学传统教育模式的基础开始动摇。为捍卫传统大学的地位，使其免受功利主义价值观的侵蚀，纽曼对大学的内涵及其职能进行了旁征博引的阐释。在《大学的理念》一书中，纽曼开篇提到："大学是一个传授普遍知识的地方。"①关于什么是普遍知识，纽曼在《基督教与科学研究》一文中指出：大学要教授任何人类知识领域里任何必须教授的东西，没有什么东西太宏大、太微妙、太遥远、太细致、太离题、太准确，以至于它不关注。他认为大学作为一种制度性存在，应该是所有知识的最高保护力量，应该在真理之间充当裁判。为进一步说明大学是什么，纽曼把大学称之为"教育的场所（place of education）"，而不是"教学的场所（place of instruction）"。因为"教育"表明了对智力品格以及性格形成所起的作用，它是个体化、永恒性的东西，通常与宗教和美德连在一起。大学应该是"丰饶之母"，而不应是铸造厂、制造厂，也不应是一项单调的工作。在论述大学的职能时，纽曼认为："大学应该以传播和推广知识而非增扩知识为目的。如果大学的目的是为了科学和哲学发现，我不明白为什么大学应该拥有学生。"②由此可以看出，其大学职能观是仅注重培养良好的社会公民（绅士教育），而不关注科学研究。之所以把科学研究排除在大学的职能之外，他认为，首先这是因为有许多其他机构比大学更适宜于发展知识，如意大利和法国的文学和科学学院等；其次，现实中许多伟大的发现不是在大学中获取的，如化学、电学、天文学等领域的重大发现；第三，发现和教学是两种不同的过程，也是两种不同的才能，一个人兼备这两种才能的情形并不多见，一个致力于向学生传授知识的人，不可能有时间和精力去探索新知。

20世纪初，随着社会生产力的不断提高，教育尤其是高等教育在国家发展中的地位越来越受到西方各国的重视。此时，英国发起了第二次"新大学运动"，新成立一批"红砖大学"与工业之间建立了密切的合作关系，1919年成立了大学拨款委员会，标志着政府开始正式干预高等教育。生活于这个时代的怀特海，早年曾就读于剑桥大学三一学院，毕业后先后任教于剑桥三一学院、哥尔德斯密斯学院、伦敦大学学院、帝国科技学院和美国哈佛大学等学校，作为一位教育公理主义者，丰富的阅历为怀特海寻找有关大学发展"最普遍的原理"奠定了基础。关于什么是大学，怀特海在其《大学及其作用》一文中指出：

① 纽曼．大学的理想 [M]．杭州：浙江教育出版社，2001.1.
② 纽曼．大学的理想 [M]．杭州：浙江教育出版社，2001.1.

"大学是实施教育的机构，也是进行研究的机构。但大学之所以存在，主要原因并不在于仅仅向学生们传播知识，也不在于仅向教师们提供研究的机会。大学存在的理由是，它使青年和老年人融为一体，对学术进行充满想象力的探索，从而在知识和追求生命的热情之间架起桥梁。"① 在怀特海看来，想象力不能够脱离开现实，它是阐明事实、使事实丰富多彩的一种方式。他认为"人类的悲剧在于，那些富有想象力的人缺少经验，而那些有经验的人则想象力贫乏。愚人没有知识仅凭想象办事；书呆子缺乏想象力但凭知识行事"②，大学的任务就是将想象力和经验融为一体。从对大学的界定可以看出，较之于纽曼的大学职能观，怀特海的大学职能观不仅仅局限于培养人才，科学研究亦是大学的重要职能。另外，怀特海曾在英国新大学的代表——伦敦大学任教长达 14 年，伦敦大学的办学理念改变了他对现代工业文明中高等教育的看法，他在晚年就曾对美国的大学模式给予了充分肯定。从这一点来看，怀特海的大学职能观已经孕育了大学应服务社会的思想萌芽。

阿什比认为，20 世纪后半期，西方工业国家正处于一场史无前例的危机的开端。人类面临的种种危机正在按复利法的速度不断增加，而经济增长和技术革新并未能促使人类这种状况改善，反而导致了衰退。全世界的大学，在经过长期作为社会上无足轻重的附属品之后，又一次像欧洲中世纪大学一样，成为导致未来世界大发展的重要学术机构。为了承担起历史赋予的新的责任，大学必须根据自身特点适应社会发展，作出相应的变革。作为生物学家的阿什比，从生态学的角度对大学教育的发展与变革进行了全面反思。在《科技发达时代的大学教育》一书中，阿什比在第一章就论述了"大学的理念"。关于什么是大学，阿什比指出："大学是继承西方文化的机构。它保存、传播和丰富了人类的文化。它像动物和植物一样地向前进化。所以任何类型的大学都是遗传与环境的产物。"③ 所谓遗传，是指高等教育应该遵循的信条，它是大学发展的"内在逻辑"，"内在逻辑对高等教育体系的作用犹如基因对生物体系的作用，它

---

① 怀特海．教育的目的 [M]．北京：三联书店，2002：137.
② 怀特海．教育的目的 [M]．北京：三联书店，2002：138.
③ 阿什比．科技发达时代的大学教育 [M]．北京：人民教育出版社，1983.7.

要保持这种体系的特性；它是这种体系的内在回转仪"①。所谓环境，是指资助和支持大学的社会体系和政治体系，它是影响大学变革的外在因素。遗传与环境之间要保持"动态的平衡"，只有达到这种平衡，高等教育体系才能够更好地为社会服务。在论述大学的职能时，阿什比认为，首先，大学是社会人力投资的工具。为满足社会对人力投资的需求，高等教育必须研究现代化教学手段，改进并运用教育工艺学。高等教育的人才培养应该贯穿到人的一生，而不应是全部集中在高中毕业后的几年内。其次，大学是学术研究的神经中枢。大学作为科研机构，要比它作为培训专业人员的学校更为重要。最后，大学应该为社会服务。阿什比认为："大学为公众服务最需要的工作是把大学独具的多种学科的各类智慧，用到解决适应社会变化的研究中去。"② 由此可见，相对于纽曼、怀特海，阿什比的大学职能观的内涵更加丰富多样。

## 二、自由教育与专业教育

什么是自由教育（liberal education）？美国芝加哥大学教授列奥·施特劳斯（Leo Strauss）在《什么是自由教育》一文中指出：自由教育是存在于教养之中或趋于教养的教育，自由教育的完美产品是有教养的人（a cultured human being）。③ 在布鲁贝克看来，自由教育与普通教育（general education）是一对相关的概念，普通教育是由自由教育转化而来的；专业教育（professional education）和职业教育 (vocational education) 有着内在联系，职业教育是为工作而接受专业训练的教育。④ 由于东西方文化的语境不同，因此国内学者对于自由教育与专业教育的理解也存在着差异。根据布鲁贝克的观点，自由教育或普通教育具有自由性、广博性、普遍性；专业教育或职业教育则具有专门性、特殊性、实用性。

在西方国家，自由教育与专业教育的二元论可以追溯到古希腊时期的亚里

---

① 阿什比. 科技发达时代的大学教育 [M]. 北京：人民教育出版社，1983：139.
② 阿什比. 科技发达时代的大学教育 [M]. 北京：人民教育出版社，1983：148-149.
③ Leo Strauss. What Is Liberal Education? [J]. Academic Questions.2003,17(1):31-36.
④ John S. Brubacher. *On the philosophy of higher education* [M].San Francisco :Jossey-Bass Publishers, 1982：81-89.

士多德。亚里士多德认为，懂得吹笛子是件好事，但不要学得太好，因为学吹笛子需要花费大量的时间和精力，这可能导致忽视其他有价值的活动的危险，尤其是理智或理性的活动。① 纽曼继承了亚里士多德的教育理念，他是 19 世纪自由教育的伟大倡导者，强调自由教育的理性内容。他认为："自由教育从它本身来看，仅仅是对理智的培育。"② 为了发展学生理智，他强调知识的整体性，反对将知识割裂开来，"所有的知识是一个整体，单一的科学是整体的组成部分。过分突出一门科学，这对其余的科学是不公平的。忽视或取代一些科学，便会使另外一些科学偏离正确的目标。如果学生读书只囿于一门学科，那么这种劳动会助长片面追求某种知识的倾向，这样做会限制学生的心智发展"③。其次，他强调学习环境的熏陶作用，反对机械性的知识获取。大学是传授普遍知识的场所，学生置身其中，虽不能攻读所有学科，但耳濡目染，必将受益匪浅。在学习某个人的著作时，重要的是学习方法，而不是著作本身。因为靠学习方法，可以获得属于自己的某种能力，而单纯地接受知识，只能成为弱不禁风的模仿者。最后，他主张知识本身即为目的，反对狭隘的实用主义教育价值观。纽曼认为，"好"是一回事，"实用"是另一回事；实用的并不见得总是好的，但是好的却必定是实用的。因为自由教育是好的，那么自由教育必定是实用的。职业教育虽然实用，但是却限制学生的心智发展。

怀特海生活在西方资本主义大工业蓬勃发展时期，生产部门日益分化，社会迫切需要大量专门人才，这影响了他对普通教育与专业教育关系的认识。首先，他反对知识之间相互分离，强调要使知识充满活力。怀特海对"见树不见林"的教育方法进行了批评，他认为教育需要解决的问题就是要使学生通过树木看见森林。教育一定要根除各科目之间那种致命的分离状况，因为它扼杀了现代课程的生命力。教育是教人们掌握如何运用知识的艺术，不能够使知识僵化，要使知识充满活力。其次，他强调技术教育与自由教育相结合，肯定实用教育及教育专门化。在《技术教育及其与科学和文学的关系》一文中，他提到，英

---

① John S. Brubacher. *On the philosophy of higher education* [M].San Francisco :Jossey-Bass Publishers，1982：81-82.

② 纽曼 . 大学的理想 [M]. 杭州：浙江教育出版社，2001：41.

③ 纽曼 . 大学的理想 [M]. 杭州：浙江教育出版社，2001：20-21.

国目前迫切需要大量有技能的工人、有创造天赋的人才和关注新思想的雇主，对于雇主和工人来说，技术教育能够满足国家的实际需要。同时他强调，技术教育应该孕育在自由精神之中，对技术工人来说，几何、诗歌与旋转的车床同样重要。他反对讥笑实用教育的态度，认为："教育若无用，它又何成其为教育？"①怀特海在反对知识相互割裂的同时，也肯定教育的专门化，"在教育中只要你排斥专门化，你就是在破坏生活"。这看似矛盾的两种观点，在怀特海看来并不是没有根据，因为"没有矛盾，世界会变得更简单，也许更单调"②。最后，他认为普通教育与专业教育并非截然对立。普通教育旨在培养大脑的智力活动，专业教育则是利用这种活动。在普通教育过程中，学生会对特殊的问题产生兴趣；在专业教育学习中，学生则可以通过普通教育开拓视野。普通教育与专业教育是相辅相成的，它们之间存在着内在的必然联系。

如果说纽曼是自由主义教育的倡导者，怀特海徘徊于普通教育和专业教育之间，那么相对来说，阿什比更倾向于专业或职业教育，这是因为阿什比在重视专业或职业教育的同时，亦不忽视普通教育和人文学科的重要性：（1）大学是专业人才的供应场所。阿什比认为，正因为大学具有培训专业人才的职能，国家、社会才愿意向大学投资；正因为大学能够完成培训专业人才的职能，人们才肯定大学的效能。一个人如果不懂得科技的基本原理（即在工作中应用系统的科技知识），那么他就不能被称作是受过适当教育的人。（2）职业教育应该贯穿人的一生。阿什比认为，在19世纪由于社会变化不多，所以三年的古典教育可以使人终生受益。但是随着科技与社会变革速度的加快，人们的学位和证书大部分会因落后而遭淘汰。因此，实施与劳动就业相结合的非全日制进修教育就显得非常重要。他预言："或许将有一天，学生的学位和专业证书将像通行证一样，仅具一定的有效期限；每届期满，人们还须参加系统的进修班，然后换领新证书。高等教育的任务是提供一种'其本身能够不断产生改革、更新和再生的结构'……舍此将是无法满足人力投资的要求的。"③（3）在科学教育中增设人文学科。阿什比认为，科学技术需要专门化，而文化则需要

---

① 怀特海. 教育的目的 [M]. 北京：三联书店，2002：4.
② 怀特海. 教育的目的 [M]. 北京：三联书店，2002：18.
③ 阿什比. 科技发达时代的大学教育 [M]. 北京：人民教育出版社，1983：36.

共同核心。协调二者的办法"不是去寻求什么永恒真理，因为基督教徒、犹太教徒、穆斯林和根本无宗教信仰的人，不太可能一致同意什么是永恒真理。但是有着从来没有像今天这样尖锐集中的永恒矛盾。例如，都市的腐败、种族的仇恨、地区之间的贫富悬殊以及国际风云和核战威胁所造成的恐怖等等。所有这些问题都因为科学和技术的成就而日益加剧。教育将如何有助于这些问题的了解和解决呢？唯一的办法是在科学教育中增设人文学科"①。

自由教育与专业教育的二元论是有着深刻社会根源的。在强调自由教育的社会里，教育是闲暇人的事情，受教育者不必为衣食所忧，因此博雅知识就成为大学教育的主要内容；在现代社会里，教育不但应对受教育者施以教化，而且还要使受教育者掌握一定的工作技能。事实上，随着科学技术及现代社会的不断发展，单纯强调自由教育或是职业教育都是不符合人的培养规律的。唯有将两者有机结合起来，大学才能够适应人才培养的需求。自由教育与职业教育虽是二元的，但在教育实践中，不应是非此即彼、互相对立的。

## 三、大学与宗教

在西方基督教国家，讨论大学理念而不涉及科学与宗教的关系是不可能的。②同样，探讨英国高等教育家的大学理念，也必须要考虑到宗教在他们理念中的位置。

纽曼的大学理念与其生平所处环境有着密切关系，他的一生有将近一半的时间是在英国国教教会内度过的，而另一半时间则是在罗马天主教教会内度过的。他认为，（1）大学有其本质，但应由教会管辖。在《大学的理念》前言中，纽曼提到，大学的宗旨是传授普遍知识，这是大学的本质所在，这种本质独立于与教会的关系之外。但是，如果没有教会的帮助，大学就无法适当地传授普遍知识。他主张教会要对大学教育进行"直接、积极的管辖和参与"③。（2）神学是各门学科的科学。纽曼将神学分为自然神学和形下神学。他指出，

---

① 阿什比.科技发达时代的大学教育 [M].北京：人民教育出版社，1983：47-48.
② 张岂之，谢阳举.西方近现代大学理念评析 [J].高等教育研究，2003，（4）：4.
③ 纽曼.大学的理念 [M].贵阳：贵州教育出版社，2003：186.

如果作为一门学科的话，形下神学是最不成熟的研究，它其实根本不是一门学科。但自然神学是关于上帝的学问，由于世间万物都来源于上帝，所以自然神学不但应该是普遍知识的一个部分，而且是普遍知识的一个条件，它应该对哲学、文学和任何心智的创造或发现发挥积极的影响。（3）科学与神学并行不悖。纽曼认为，神学是关于超自然的、精神的哲学，科学是关于自然的、物质的哲学。因此，神学与科学，不论在各自概念上，还是在各自领域里，总体上是不能交流的，也就不可能发生冲突。他认为科学家在研究科学时，应该享受充分的自由，不必担心错误，因为他坚信"错误是通向真理之路，而且是唯一之路"。另外，科学家也不必担心科学研究对神学知识造成的尴尬，因为"真理实际上是不会与真理对立的。常常乍看是'例外'（exceptio）的东西最终很明显会'被证明是规则'(probat regulam)"[1]。

19世纪中期以后，英国政府对高等教育控制日益加强，宗教对高等教育的影响则逐渐衰微。从1863年到第二次世界大战之前，"英国国会几乎每年都通过法案，取消传统大学中有关不利于发展科学、推动学术进步和有害于国家利益的某些宗教方面的规定"[2]。这段时间恰恰正是怀特海生活的时代。另外，怀特海出生于教育世家，其父曾是当地"神职人员中一位有影响的人物"[3]。宗教传统与世俗社会的双重影响，在怀特海的大学理念中表现得非常突出。一方面，大学应当为国家作出贡献，大学应当自治。他认为大学是促进社会进步的有效工具，凡是那些不断前进的国家，他们的大学教育都在蓬勃发展。但是"只有当最高管理机构采取克制，牢记不可用管理商业公司的条例和政策来管理大学，那时，我们伟大民主国家的现代大学教育体制才能取得成功"[4]。另一方面，怀特海肯定宗教性教育的重要性。他认为教育的本质在于虔诚的宗教性。宗教性的教育是这样一种教育：它谆谆教导受教育者要有责任感和崇敬感。最后，他承认科学与宗教经常发生冲突。在《科学与近代世界》中论述"宗教与科学"

---

① 纽曼.大学的理念[M].贵阳：贵州教育出版社，2003：275-276.
② 黄福涛.外高等教育史[M].上海：上海教育出版社，2003：150.
③ 怀特海.教育的目的[M].北京：三联书店，2002：155.
④ 怀特海.教育的目的[M].北京：三联书店，2002：147-149.

时[1]，怀特海指出，宗教与科学的接触是促进宗教发展的一大因素，但是科学与宗教之间经常会发生冲突。宗教除非能和科学一样面对变化，否则就不能保持旧日权威。宗教的原则可能是永恒的，但表达这些原则的方式必须是不断发展的。

20世纪后半期的阿什比，其大学理念已经完全摆脱了宗教的束缚。他认为，（1）决定大学发展的是政府、大学教育经费评议会和一些帮助大学搞专业研究的研究会以及大学的内在逻辑力量，这就是阿什比所说的"0点运动"理论。在《不要插手干预大学么？》一文中，他提到："我相信，你会想起你在学校肄业时，课本中写有一个动力学的题目。即有一个零点，以三条一端带箭头的直线，表示作用于0点的三个力。每一条线的长度表示力的大小。与此相似，英国大学同样是在0点上，并且有三种动力加在它的身上。第一种力标明'政府'，有时指的是内阁，有时指的是国会，有时指的是国务大臣，有时指的是教育与科学部的官员。第二种力是大学教育经费评议会和一些帮助大学搞专业研究的研究会。第三种是大学本身内在逻辑所产生的力量。"[2]阿什比认为决定0点运动的主力是每个大学自身的内在逻辑。（2）大学不再是"宗教的基地"，但是对于世俗性大学忘掉他们古老的遗产——基督教伦理道德精神，他却深表担忧。"武断专横的宗教衰亡了，而基督教的伦理道德依然存在……当然，呼吁今天的大学仍然保持培养绅士的社交教育学校的职能，是会引起嘲笑的，具有这种学习态度的学生目前几乎已经绝迹。但是，我们在庆幸从大学中清除这类令人厌恶的东西之前，还应想一想，如果我们在这从争霸世界转向稳定世界过渡中要想得以生存，在公共道德中渗入这种精神也许是必不可少的。"[3]

## 四、结语

纵观纽曼、怀特海、阿什比的大学理念，可以看出，就大学的职能而言，是逐步由一元走向多元；就大学的人才培养方式而言，是逐步由自由教育走向

---

① A.N. 怀特海. 科学与近代世界 [M]. 北京：商务印书馆，1989：173-180.
② 阿什比. 科技发达时代的大学教育 [M]. 北京：人民教育出版社，1983：51.
③ 阿什比. 科技发达时代的大学教育 [M]. 北京：人民教育出版社，1983：150.

自由教育与专业教育的统一；就大学与宗教的关系而言，是逐步摆脱宗教控制而步入世俗社会。一方面，三位高等教育家所生活的时代，是由传统社会逐步向现代社会过渡；另一方面，分析他们大学理念的内容，也可以看出是从传统走向现代。在现代大学理念发展进程中，传统大学理念的精髓一直得以继承和延续。事实上，英国大学在发展和变革中也一直保持着鲜明的传统个性，这也许是许多学者将英国大学作为世界大学体系中一个典型范式进行研究的重要原因。

（原载于《江苏高教》2006 年第 3 期，第 19-22 页）

# 解读金陵女大：文化冲突的视角

金陵女子大学是我国近代高等教育史上最具影响力的名校之一，不仅提升了中国女子接受学校教育的层次，而且推动了中国高等教育的近代化进程。基督教传教士看到当时中国并无比中学程度更高的女校，希望在长江流域建立一所能成为中国本土女学示范的女子大学，遂于 1915 年在南京创建金陵女子大学。金陵女大的建立，极大地冲击了中国传统教育制度，在其 36 年办学过程中，不断与中国传统文化理念发生着碰撞。从文化冲突的视角来研究金陵女大，在理论上为揭示我国比西方用更短的时间实现大学教育近代化的原因提供了新的视角，在实践上也可为当下高等学校改革提供启示与借鉴。本文将从中西文化冲突、性别文化冲突、古今文化冲突三个方面来解读金陵女子大学。

## 一、中西文化冲突与金陵女大

金陵女大作为一所教会大学，无疑是中国和西方之间架起的一座文化交流的桥梁，让东西方文化在这里相互碰撞交融。教会大学的特色就是宗教课程和宗教性质的活动，金陵女大也不例外。根据文献分析，金陵女大最初的办学宗旨：一是进一步发展中国的基督教事业，二是为培养领导者提供更高程度的教育，三是培养服务基督教的女性，四是促进基督教影响下的高等教育发展。[①]因此学校办学非常重视宗教教育。1915 年金陵女大刚成立时就规定：文、理两科学生毕业前都必须修完 20 个学分的国文课程、15 个学分的英文课程和 10

---

① A.J.Bowen. Tenth Anniversary of the Founding, Ginling College [J]. *Guiling College Magazine*, December, 1925(12)：7.

个学分的宗教课程。① 学校不仅将以基督教为主要内容的宗教课程设为学生的必修课程，而且还通过早祷课、默祷会等校园活动对学生进行潜移默化的宗教影响。值得注意的是，身为传教士的教师并不会对不信教的学生施加压力，而是注意将宗教思想灌输到学校生活的方方面面。例如，作为学校核心文化体现的校训"厚生"，源自《圣经·约翰福音》第十章第十节的"我来了，是为了叫人得生命，并且得的更丰满"。"厚生"就是让学生们学会服务社会，对自身来说，通过刻苦学习提高自身修养，对于自身之外，学会乐于助人，培养奉献精神，从而使生活更加丰富多彩。"厚生"校训深深扎根于每个金陵儿女心里，并且她们的一生都在践行着"厚生"理念。在收回教育权运动之后，金陵女大的宗教色彩逐渐淡薄，世俗化特征日趋明显。从 20 世纪 30 年代初开始，学校将宗教课由必修课改为选修课，并将一切宗教性质的活动改为自由参加。

从学校创立之际要求文理科学生毕业前必须修完 20 个学分的国文课程的规定中，可以看出金陵女大对中国文化科目也比较重视。具体表现在不仅将国文课程规定为所有科目中学分要求最高的课程，而且办学过程中不断增加中文课程的比重，并规定学生在四年学程内都要研习中国古典著作。国文科开设的课程有：中国语言、中国典籍、中国哲学、诗歌及古代文学、中国文学史和当代中文写作等。② 金陵女大的办学宗旨体现着浓厚的西方宗教色彩，但从不贬低中国的传统理念，始终尊重中国传统文化，校长德本康 (Lawerence Thurston) 夫人曾说过："金陵女大坚持从不贬低中国文化，这是我们所拥有的宝贵财富。""我们发现强调中文学习是有难度的，但我们的理念始终是坚持高标准的中文学习，以保留中国文化价值观。"③ 从学校建筑的中西合璧式风格上，也可以看出金陵女大为坚持中国传统中的优良部分所作出的诸多努力。

为符合教会宗旨，金陵女大按照英美大学办学标准，不仅课本全部选用英美大学的原版教科书，教师课堂教学基本上也是用英语授课。学校要求学生用英文来记笔记、写报告或答考题，平时学生听、说、读、写英语的机会也较多，

---

① 张连红. 金陵女子大学校史 [M]. 南京：江苏人民出版社，2005：60.

② 朱峰. 基督教与近代中国女子高等教育——金陵女大与华南女大比较研究 [M]. 福州：福建教育出版社，2002：297.

③ Mrs. Lawrence Thurston. Address by the Retiting President[J]. *Guiling College Magazine*，March，1929：8.

文章的参考文献、日常的阅读书籍也以英文为主。在教师指导下，以前许多英语基础较差的学生水平提高很快。尽管如此，对于学校以英文作为主要教学用语的情况，社会上仍有许多争议，甚至本校的一些学生也认为几乎所有课程均使用英文课本不是完全恰当的，甚至说："学习那么多英文有什么用？你可能一辈子也不能指望在国外教书，可你肯定得用中文教自己人。"[①]但是学校坚持认为质量好的翻译书籍很少，对于学生特别是理工科的学生来说，原始英文资料比译本的价值更高，也更为准确，所以学生必须通晓英文，以便从国外一手文献中汲取有益的知识。重视英文教学是教会大学的共同特点；对于金陵女大来说，还有更深层次的意义，即学生一旦能够熟练掌握英文，就能与男子一样获得出国留学深造的机会，从而受到更好的教育。《金陵女子大学校刊十周年纪念特刊》中记载，1919—1925 年的毕业生共有 68 人，其中赴美国深造，攻读硕士、博士、医学博士学位者达 13 人。[②]这些学生英文水平较高，加上刻苦努力，不仅自身的学识修养水平得以提高，而且也为母校赢得了高质量的学术声誉。

尽管金陵女大重视英文教育，但也没有忽视中文学习。学校初建时就规定各种国文课程中所写作的文章必须使用文言文。在 1917 年白话文兴起后，学校根据现实需要，又改为提倡用白话文进行写作和研究现代文学。金陵女大强调中西文化并重的理念，可以从《金陵女子大学校刊》的编写中中英文内容所占比例得以印证。

《金陵女子大学校刊》（1924—1929）

| 出版年度及卷期 | 英文页数 | 中文页数 |
| --- | --- | --- |
| 1924 年第 2 期 | 27 | 34 |
| 1925 年第 3 期 | 30 | 34 |
| 1925 年第 4 期 | 38 | 28 |
| 1925 年纪念特刊 | 53 | 70 |

---

① 张连红. 金陵女子大学校史 [M]. 南京：江苏人民出版社，2005：58.
② Liu Yungszi. News from the Alumnae[J]. *Guiling College Magazine*, December, 1925，12，p.44.

| 出版年度及卷期 | 英文页数 | 中文页数 |
|---|---|---|
| 1926 年第 6 期 | 39 | 30 |
| 1926 年第 7 期 | 38 | 24 |
| 1926 年第 8 期 | 36 | 35 |
| 1926 年第 9 期 | 27 | 41 |
| 1929 年第 11 期 | 54 | 70 |
| 总计 | 342 | 366 |

由上表不难看出，尽管说在《校刊》每一期中，中英文内容所占比例互有多寡，但是总体而言分量是相当的。这也恰恰印证了金陵女大"校刊的华英合璧，篇幅各占一半"，英文部对外旨在"能宣传东方文化，讨论问题，互通声气，联络感情"，国语部对内旨在"砥砺品性，发表主张，提倡互动，促进学业"[1]的办刊宗旨。另外，金陵女大早期曾因"藏书楼中文书太少，学生中文程度低"而多次遭到社会各方的诋诟，校方也意识到了这一问题并极力加以改善，到1925—1926学年底，学校藏书量总计达11246本，其中中文书籍6418本，英文书籍4828本。[2]可以说，中英文书籍比例达到了基本平衡，这为学校的中英文并行教育，提供了有力的图书资料支持。

更为重要的是，金陵女子大学的学生在中西文化冲突中，并没有被外域文化所淹没，其爱国热情依然高涨。1926年，"大沽案传来，本校（金陵女大，笔者注）学生分会全体通过，设立爱国团，为根本救国之策。计分国货调查部、制爱国歌部、平民教育部、管理阅报部"[3]。爱国团成立后，学生或撰词呼吁外抗强权内除国孽，强调巾帼不让须眉；或创办平民学校，捐物捐款，抵制外货，提倡国货救国。每两星期周五定期举行的爱国礼拜，更是将金陵女大的爱国情节常规化和制度化。

---

[1] 编辑部.卷头语.满意不满意[J].金陵女子大学校刊，1925(4)：1.
[2] 朱峰.基督教与近代中国女子高等教育——金陵女大与华南女大比较研究[M].福州：福建教育出版社，2002：243.
[3] 编辑部.校闻概录.[J]金陵女子大学校刊，1926(7)：21.

## 二、性别文化冲突与金陵女大

中国传统思想强调"男尊女卑""女子无才便是德",女子根本没有受学校教育的权利,顶多只能接受以培养贤妻良母为目的的家庭教育,教育的基本内容为"三从四德"。1904年,以裨治文(Bridgeman)学院为基础,建立了专门招收女生的华北女子联合学院(The North China Union College for Women);1908年,在一所女子教会学校的基础上,又出现了华南女子学院。1911年,几个外国传教团体经过几年的酝酿以后,在南京建立了金陵女子学院。直到1919年北京高等女子师范学校成立,妇女才开始正式进入中国的公立大学。① 不难看出,正是私立的教会女子大学率先为中国女性打开了接受高等教育的大门,同时也直接或间接地影响到公立大学向女学开禁。金陵女大因地处南京,作为诸多女校中的翘楚,引领着中国近代女子高等教育的发展,这无疑是对中国传统男权社会的一种挑战。

针对女性特点,学校设置特色系科,培养社会所需人才。社会学、家政学、医预科、护预科等是金陵女大女性特色专业,这些专业迎合了当时女性的选择倾向和就业需要。金陵女大于1923年开设了社会学,自开办以来,一直都是学生选修人数最多的专业。社会学专业的培养计划,除有专业基础课、专业课、专题研究之外,还有实习和论文等环节,其规范与严谨程度不亚于现代社会学专业的培养计划。社会学系的学生发挥自身学科优势,结合实际需要,在乡村设立服务处,为邻里提供帮扶,比如1944年在成都办校时期设立儿童福利实验所,招收临近失学的学龄儿童。此外,他们还针对社会现实问题,进行专题调查研究,撰写调查报告。严格的理论学习和实践锻炼,培养了切合社会需要的既精通理论又掌握专业技能的实用人才,深受社会欢迎。与此同时,学校积极开展社会调查,并得到政府的认可和支持。家政系开设于1940年,虽开办较晚,但发展很快。金陵女大的家政系划分为儿童福利、营养、应用艺术三个组,课程有儿童发展、儿童健康、托儿所管理、普通心理学、营养学、膳食与疾病、

---

① [加]许美德.中国大学:1895-1995 一个文化冲突的世纪,许洁英,译[M].北京:教育科学出版社,2000:62-72.

烹饪学、应用艺术、生理学等。①家政系并不是为了培养一个懂得处理家事的"家庭太太"，而是希望培养学生服务社会的能力。因而家政系的毕业生大多数在医院任营养师，或者在幼儿园、中小学工作。通过与北京协和医学院合作办学，金陵女大分别于 1924 年设立医学预科、1933 年设立医护预科。当时社会上适合女生的工作不多，相对而言，医生、护士职业对女生接纳度较高，所以金陵女大在设置系科时充分考虑到女性特点，比较重视医学预科、医护预科的专业建设和发展。

金陵女大从校长、教导主任到系主任，基本都是由女性担任，仅个别系科是由男性担任，教师队伍中女性也具有绝对优势。据《金陵女大教师名录》中统计，学校先后共聘用 488 名教师，其中女教师占 73.4%，男教师仅占 26.6% ②；并且男教师在校工作时间一般不会超过 3 年，超过 10 年教学的仅有 4 人。金陵女大无论是教授、普通教师，还是学校管理人员，都以女性为主体，这是区别于其他国立大学和教会大学的特点之一。与金陵女大办学情况相似的华南女大，学校将男女授受不亲当作戒律，国学课程不得不聘请男性教师时，会尽量选聘科举出身又受过教会洗礼的老先生担任，并且规定女教师的专用备课室和休息室，男教师不得入内，男教师也不能进膳厅和女教师、女学生一同用饭。③金陵女大中男女界限虽然没有华南女大森严，但对男女教师的管理也十分严格。因学生、教师多为女性，未免显得沉闷，所以学校会积极开展一系列文体活动来丰富课余生活。新年晚会、迎新晚会、毕业晚会、话剧表演等文娱活动使学生的业余生活丰富多彩，春游、野营、运动会等体育活动也体现了学校对女生身体素质的高度重视。为加强学生间的情感联系，特别是使刚入学的新生快速地适应学习生活，学校安排一年级和三年级的学生组成姐妹班，不同年级的学生之间以姐妹相称，新生宿舍里会有一个高年级的"姐姐"同住，以便在各方面照顾新生。在高年级同学的关心照顾下，低年级同学能够很快习惯新生活，对于培养同学之间互助友爱的精神大有裨益，以致学生毕业后多年

---

① 吴贻芳.回顾金陵女子大学，管仲伟，编 [C].江苏文史资料集萃：教育卷.江苏省政协文史资料编辑部，1995：61.
② 徐海宁.中国近代教会女子大学办学研究——以金陵女子大学为个案 [D].南京师范大学高等教育学博士学位论文，2008：165.
③ 王奇生.教会女子高等教育的历史演变 [J].华中师范大学学报（哲社版），1996，2：63.

也相互保持着亲密联系，对母校有着很深的感情。抗日战争后学校在迁回南京的过程中，得到了各地校友的大力帮助，校园重建的费用有很大一部分便来自校友捐赠。

不管在办学方面做得如何出色，在男权思想的教育体系中，金陵女大仍不可避免地遭受排斥。社会上很多声音在质疑金陵女大，就连基督教联董负责人克雷西（Earl Herbert Cressy）都说，金陵女大的学生"独来独往""不太符合大学生的标准"[1]。金陵女大和金陵大学是在同一城市中的教会大学，两校在发展过程中经常合作，但也发生过多次合并风波，每一次合校动议都遭到金陵女大上下一致的坚决抵制。金陵女大的师生认为，女子大学有着男女合校中不会有的优势[2]：首先，女子大学可以让女教师自己管理学校，处理学校各项事务，这样可以增长女性的管理经验，有助于训练妇女领袖人才。而在男权思想为重的男女合校中学校行政领导多为男性，女性的意见难以得到重视。其次，现时的男女合校实质上不能为女性提供对等机会。尽管男女合校也希望增加女教员，但是很少有女性能够符合大学任教的学历，并且男生的数量总会多于女生数量，因而不能保证一些课程设置不会偏向男性学生的需求。最后，男女合校不利于女性人格的塑造和良好师生关系的建立。金陵女大中女教师多，方便关心女生各方面的生活，而在以男教师居多的男女合校中难以做到这一点，不利于女生自信心的培养，反而会抑制女生健康人格的养成。所以金陵女大一直坚持办学独立，力图在男性主宰的社会体系中创设一个不受男性干扰的可以让女性决定自我的教育机构。

金陵女大办学 36 年的过程中，始终伴随着来自社会多个方面的批评，其中批评最多的是金陵女大毕业生的独身问题。据统计金陵女大 1919—1927 年毕业的 9 届 105 人的婚姻，发现已结婚的仅占 16%。[3] 而 1947 年一位毕业生的毕业论文调查显示，在 164 位金陵女大毕业生中，已婚者 74 人，占 44.8%；

---

[1] Dr. Wu. Luncheon Speech[Z].UB Archives Box 148 Folder 2922, 1943：1045.
[2] 黄洁珍. 从吴贻芳与金陵女子大学看基督教教育理念的实践 [D]. 香港中文大学研究院宗教及神学学部硕士毕业论文，1996：73.
[3] 王晓慧. 文化霸权、教育控制与女性解放——对近代中国教会女学的历史考察 [J]. 华东师范大学学报（教育科学版），2012(1)：90.

订婚者 11 人，占 6.6%；未婚者 80 人，占 48.4%。[①] 可见金陵女大学生的独身率还是相当高的，这在仍有封建思想残留的社会中激起了强烈的非议，甚至认为金陵女大的教育是一种"畸形教育"。对此，第一任校长德本康夫人毫不客气地予以辩驳。她指出女大学生不嫁，不是女子的错，而是"那些喜欢在家庭关系中有优越感的男士并不愿意选择受过新观念教育的妇女"，并且"浪漫的爱情观至今也没有出现在中国的婚姻关系中，而且婚姻本身并没有特别吸引对知识更感兴趣的女性"[②]。换言之，女子受高等教育之后就有了追求独立的思想，一方面不愿屈从于无爱情基础的男子霸权主义的婚姻生活，另一方面也有追求实现自己的人生价值、为社会服务的权利和自由，独身仅是对男权文化的一种反抗姿态。无论学生选择独身还是结婚，学校也从来不施加外部压力。对于选择结婚的学生和教师，学校和校长都会报以衷心的祝福。

## 三、古今文化冲突与金陵女大

金陵女大由美国教会创办，其大学运作模式基本全部引进西方现代教育制度。因此，金陵女大在中国教育的近代化中起着一定的示范作用。在此过程中，中国的传统文化与近代文化也产生了激烈的冲突。

首先，在教育观念上，我国传统教育重人文轻科技、重道德轻功利，不注重学生的实践锻炼，而金陵女大开设了各类近代课程，并且冲破传统界限，按近代学科的类别设置系科。不仅如此，女大还通过实验、社会实践等方式使理论与实践相结合，培养出理论知识扎实、应用能力较强的学生，如引进了物理、化学、生物学等近代学科，这些学科都安排了相应的实验训练，"对学生进行综合性的通才教育，从根本上改变了中国旧教育体制空疏迂谬、陈腐狭隘的面貌"[③]，培养了学生科学的学习态度，扩展了学生的知识领域。此外，金陵女大还注重学生的身体素质锻炼，重视体育，不仅设有固定的体育课，更于1925 年开设了体育系，这也是中国近代唯一一个由教会兴办的四年制本科女

---

① 王奇生．教会女子高等教育的历史演变 [J]．华中师范大学学报（哲社版），1996(2)：59-66.
② Mrs. Lawrence Thurston, Miss Ruth M. Chester. *GinLing College*[M].United Board for Christian Colleges in China Printed in the USA，1955：71.
③ 郭卫东．基督新教与中国近代女子教育 [J]．历史档案，2001 第 4 期．

子体育专业系科。体育系的办学宗旨明确，就是为了发展与振兴女子体育事业，培养学科基础扎实、技术水平较高的中小学女性体育教师和体育行政管理人员，以培养现代良好公民。在每周四节的体育课上，"体育教师不仅教体育技术，对学生站立、走路、坐的姿势都很注意。学生的凹胸凸腹、弯腰驼背等不正姿势都需纠正"①。经过如此训练的金陵女生坐姿、站姿都十分优美，身体素质也有一定程度的提高，气质提升、富有朝气，这与中国传统教育中的"文弱书生"形象形成了鲜明对比。

其次，在师生关系模式上，金陵女大引进或独创了许多先进的教育管理模式，对中国高等教育的近代化产生了较为深远的影响。在建立各项规章制度、实行严格管理的同时，金陵女大还十分强调情感的投入，注重学生之间的互动以及师生之间的互动。加强学生互动的范例则是前面所述的姐妹班，注重师生互动的范例就是实行导师制。金陵女大早期实行的是类似导师制的顾问制，之后吴贻芳校长对此加以完善形成导师制。关于导师制，吴贻芳认为："学校实行过导师制。每个学生可以找一位教师当导师。一位导师带八九个学生，用小组活动或其他方式帮助学生解决学习上、生活上及其他方面的问题。导师制密切了学生与学校的联系。"②金陵女大对导师的职责做了明确规定，导师要通过个别谈话和团体指导等方式，掌握学生的思想动向，了解所指导学生的学习成绩、身体状况，与学生家长保持联系，在学生毕业时导师也要准备训导证书，以作毕业时获取学位的必要证明。导师制的实行加强了学校与学生之间的联系，营造了金陵的家庭氛围，使学生在求学过程中找到了心灵的依托，从而在学业、生活、体质、心理等各方面都得到健康发展。不管是导师制还是姐妹班，"这些措施使学生对教师和同学不仅有师生之情、同窗之情、还有亲情之感，毕业后仍然对母校有着浓浓的眷恋之情"③。这种情感与中国传统"一日为师，终生为父"的师徒思想相似，但感情程度上又加深了一层。

最后，在人才培养模式上，金陵女大实施学分制、积点制（Point

---

① 吴贻芳.金陵女大四十年.孙岳，等，编.吴贻芳纪念集[C].南京：江苏教育出版社，1987：110-111.
② 吴贻芳.金陵女大四十年.孙岳，等，编.吴贻芳纪念集[C].南京：江苏教育出版社，1987：113.
③ 程思辉，孙海英.厚生务实巾帼楷模——金陵女子大学校长吴贻芳[M].济南：山东教育出版社，2004：142.

System）、弹性学制，采用主辅修制度，有着严格的考试评分制度和学籍管理制度，这与中国传统单一的教学管理模式形成鲜明对比。金陵女大实行学分制，规定学生在修完一定的学分后才能准予毕业。金陵女子大学对学业成绩实行学分制，学分计算标准为：（1）一二年级每一学分是指每周上课一小时外加课外预习一个半小时；（2）三四年级每一学分是指每周上课一小时外加课外预习两小时；（3）每周实验三小时为一学分。为了提高学生的学习质量，20世纪30年代，学校还实行学分制和积点制相结合，即学生不仅要修够一定的学分，而且每门课要达到一定的分数才能达到规定的积点，积点的标准是根据各门课的学分多少和考试分数多少而定，这反映了学校对学生成绩要求的严格性。学校的学分制较为灵活，譬如学生若因健康或他种关系，宜少读学分者，校方可减少其功课，准许于4年以上修毕大学课程。这样对于一些经济困难的学生，可以离校工作一段时间再返校读满规定的学分，不会因为离校而失去学籍。另外，对于一些成绩良好的学生，可以在富裕的时间里选修其他课程。弹性学制的实施效果很好，很多学生在毕业时的学分总数都超过学校规定。金陵女大从1925年起实行了主辅修制度，即设立主修科和辅修科。由于后来教育部强调学科的高度专业化，主辅修制于1939年被取消，但主辅修制的积极作用却不容忽视。实行主辅修制，扩展了学生的知识面，增加了学生接触多学科的机会，在当时战事频繁、时局动荡的社会中，不失为适应社会需求的一项积极举措。学校对考试制度非常严格，以此考查学生掌握知识的程度。考试分数采用百分制，分数低于50分的学生只能选择重修该课程。每门课程的成绩由平时成绩和期考成绩两部分构成。期考成绩占1/3，平时成绩占2/3。毕业生还要参加毕业考试。这种严格的考试制度有助于学生注重平时的学习，而不能只在考试前临时突击，对于提高办学质量、促进人才的培养起到了积极的作用。金陵女大在当时中国高校中是为数不多的、以严格学籍管理制度而闻名的学校。对于学生注册、更改选定课程、转学、休学、缺席、旷课等方面都有着细致的规定。这些规定详细、严格，又不失灵活性，例如学生要更改已选定课程，须先得主修学系顾问之签字许可，取得学程更改单，再至课程指导员处得其签字许可后交至注册组，方能实行更改。凡未经正式注册之课程，不得随意听讲，凡不能按时入学注册上课之学生，每课课程第一堂缺席做双倍缺席计算，其余缺席按照正常计算，缺席至三星期之久者，须少读若干学分，如果缺席五周以上者，则该学期所读课程一律不给予学分。<sup>①</sup> 正是这些严格的管理制度，才使金陵女大学生形成了严格自律的习惯。学校既培养出了一大批女性社会精英，也赢得了在教学管理上以严格著称的声誉。

（原载于《华东师范大学（教育科学版）》2014 年第 4 期，第 112-117 页）

---

① 张连红. 金陵女子大学校史 [M]. 南京：江苏人民出版社，2005：131-135.

# 解析印度国立开放大学：模式移植的视角

由于沦为殖民地长达两百年之久，印度高等教育深深地烙有英属时期的遗传印记。正如美国教育学者伯顿·克拉克（Burton Clark）所言："在许多第三世界国家中，最基本的变革——即现代系统的建立——是在殖民主义统治下移植国外模式而引起的。"[1]独立后的印度仍为英联邦成员，在与英国交往日益紧密的背景下，英国对印度高等教育的影响既是普遍现象，也是必然趋势。移植英国开放大学（UK Open University）模式创建的英迪拉·甘地国立开放大学（Indira Gandhi National Open University）便是英国教育影响下的成功典范。但由于动力各异、环境不同，印度国立开放大学逐渐发展成与英国开放大学风格迥异的组织机构，并在当今世界开放大学中拥有非凡的影响力。本文将英国开放大学作为模式原型，从移植视角剖析印度国立开放大学如何促进外来模式与本土环境的融合，以期对我国高等教育发展中的模式借鉴问题有所裨益。

## 一、印度国立开放大学模式移植的动力

英国学者大卫·菲利普斯（David Phillips）在研究教育移植的跨国引力时曾引入内生动力与外化潜力两个概念，并将跨国引力归结为内生动力与外化潜力相互作用的结果。[2]对接受国而言，内生动力是指环境因素对大学变革导向所起的推动力，换言之，是当国内教育与社会需求呈现不和谐状态时所引发的对国外教育的兴趣。外化潜力则是别国教育中那些可资借鉴的因素，包括教育

---

① 伯顿·克拉克. 高等教育系统—学术组织的跨国研究 [M]. 杭州：杭州大学出版社，1994.
② David Phillips. Neither a Borrower nor a Lender Be? The Problems of Cross-national Attraction in Education[J]. *Comparative Education*，1989，25(3)：267-274.

政策和教育实践等。据此观点分析，英迪拉·甘地国立开放大学是印度社会环境刺激下移植英国开放大学模式的产物。

## （一）内生动力——印度远程教育之起源

独立后，尼赫鲁总理强调大学在实现经济、社会和文化变革中的强大力量。有鉴于此，印度政府大力发展高等教育。此后数十年时间，印度高等教育枝蔓纵横，其扩展速度即使与发达国家相比也毫不逊色。然而，在大规模扩张背后，80%的学额被有固定收入家庭中的30%上层部分所占据。[①]显然，这种"精英教育"无法满足大多数渴望接受高等教育的普通民众需求。与此同时，现有的庞大规模使既得利益集团之间相互扯皮，很难在改革上有所突破。传统高教系统变革的阻力催生了新的组织形式——函授教育。根据1961年中央教育咨询委员会以及由科萨里博士（D.S.Kothari）任主席的专家委员会的建议，印度于1962年在德里大学首设函授和继续教育学院。大学拨款委员会就在德里大学开设函授课程的适切性提出的理由是：为满足由于多方面因素无法接受高等教育的多数印度人的需求，通过采用函授方式鼓励半脱产学习和自学，相对于传统大学，函授教育具有更大的灵活性和经济可行性。这对印度民众而言确有一定的吸引力，而且在一定程度上也缓解了高等教育系统的压力，函授教育在此后的20年间大量涌现。

虽然函授教育取得了一定成就，但因袭旧套，其所隐含的弊端随着时间的推移不断暴露。首先是函授教育各专业设置的比例并不完全匹配就业市场需求的规模，这一点从专业修习人数中可略见一斑。如尽管印度有70%的人口从事农业生产，但在高校中学习农业相关专业的人数极少，在5000多万学生中，只有4万多人学习农、林、畜牧等专业。虽然授课形式不可同日而语，但函授课程多限于人文学科的倾向与传统大学课程极为相似。[②]造成的结果是在一个以农业为基础的新兴工业化国家，专业教育被忽视，人文教育受到过度青睐。其次，与传统大学相统一的严格招考制度并未真正解决教育公平问题，这是因为在看似公平的招考标准背后隐藏着由社会阶层差距造成的资本积累不平等，

---

① 埃德蒙·金.别国的学校和我们的学校—今日比较教育[M].北京：人民教育出版社，2001：459.
② 吴文侃，杨汉青.比较教育学[M].北京：人民教育出版社，1989：391.

致使处于落后阶层的绝大部分普通民众被拒之门外。最后，传统模式的桎梏使函授教育质量陷入危机。由于长期依赖政府拨款，经费紧缺势所难免，大学通过函授课程拓宽融资渠道的问题时有发生，市场收益成为衡量课程设置的标准。加之由于缺乏必要的师资配备，大部分教材常由其他学院教师代为编写。结果是函授课程学费大幅增加的同时办学质量难以保证。

在社会发展初期的语境下，教育的发展在根本上是一个国家问题，离开社会环境背景根本无法奏效，来自社会各界的压力使高等教育系统内部任务盘根错节、日趋复杂。正因如此，与社会环境相适应是国家建设初期高等教育系统频频改革，或扩张规模，或增设函授教育的一个重要内生动力。然而，当诸多环境因素凝成一股合力使高等教育备受羁绊时，改革者势必要寻求更灵活的革新模式以适应国家发展教育的需求。

### （二）外化潜力——英国开放大学之影响

虽然面对独立初期印度的满目疮痍，英国难辞其咎，但从辩证的角度考察，英国所做的某些贡献同样不容抹煞。毋庸置疑，英国确实对印度的方方面面形成了潜移默化的影响。因此致力于积极探索高教改革的有识之士，将目光投放在英国开放大学身上也就不足为奇了。

于 1969 年创办的英国开放大学以"人的开放、地点的开放、方法的开放和理念的开放"①作为自身的办学理念，这一全新模式似乎正为印度改革者提供了解决问题的突破口。1974 年，印度政府专门任命了一个学术委员会就英国开放大学及本国高教现状进行调查论证。该委员会日后就调查结果提交了在印度创办开放大学的可行性报告。

1982 年，安德拉邦通过本邦议会立法建立了印度第一所开放大学，即安德拉·普拉迪什开放大学（Andhra Pradesh Open University），现更名为阿姆贝德卡博士开放大学（Dr Bhim Rao Ambedkar Open University）。学校于 1983 年首次招收 1631 名学生，此后 3 年里学生人数稳步增长。虽然这所邦立开放大学未能在国家政策框架内开启一种全新的教育模式，但在满足本邦民众教育需求方面的成功，却坚定了政府创办开放大学的信念。1985 年 9 月，印度议

① 韦润芳.英国开放大学再认识：理念篇 [J].中国远程教育，2010（4）：15.

会通过立法成立英迪拉·甘地国立开放大学，并于同年 11 月在新德里 Maidan Gardhi 校园举行了盛大的奠基仪式。拓本清源，由议会法案赋予的法人地位使英迪拉·甘地国立开放大学自建校伊始就扎根于独立、自治的大学框架之内，并以相同标准自行颁授学位。较之在传统体制下的函授教育而言，英迪拉·甘地国立开放大学的建立显然开启了印度远程教育的新篇章。

## 二、印度国立开放大学模式移植的策略

在伯顿·克拉克看来，国际间高等教育的模式移植主要有两种类型：一是外部强加的移植；二是自愿引进的移植。[①] 前者一般指殖民主义统治下被强制推行的全部意义上的移植，而后者通常采取渗透方式进行，也就是说接受国根据本国需求略带取舍地逐步引进国外先进模式。印度对开放大学模式的移植不是通过逐步改革大学体制下的函授教育来实现的，而是将其作为一种独立于传统大学的单一模式直接输入，并与函授教育并存。时任学术委员会主席的帕塔萨拉蒂（G.Parthasarathy）认为："在高等教育大扩展但人力、资金资源尚有限的背景下，既要保证质量又要满足不同群体对高等教育的需求，显而易见的解决办法是引入单一模式的开放大学体系。"[②] 因此，从某种意义上看，印度对英国开放大学模式的移植虽属自愿，却带有某些外部强加类型的特点，即形式上的全部移植。

从生态学角度分析，大学模式的移植如同植物生长一样是一个进化的过程，应遵循拓适性原则，英国教育家埃里克·阿什比 (Eric Ashby) 认为，大学的移植是开拓和适应的动态平衡过程。[③] 如果机械照搬，会出现一种矛盾现象。抛开具体操作层面的种种失误，对比英国，开放大学在印度的举步维艰可想而知，究其实质是两国环境背景的差距，仅靠单纯模仿实难逆转——后者是种子，前

---

① 伯顿·克拉克. 高等教育系统—学术组织的跨国研究 [M]. 杭州：杭州大学出版社，1994.

② Santosh Panda, V. Venkaiah, Suresh Garg and Chambi Puranik.Tracing the Historical Developments in Open and Distance Education[C]S.Garg et al (Eds.).Four Decades of Distance Education in India:Reflections on Policy and Practice[M]New Delhi:Viva Books, 2006.

③ Eric Ashby. *Universities: British, Indian, African—A Study in the Ecology of Higher Education*[M]. London: The Weldenfeld and Nicolson Press, 1966:3.]

者是土壤。恰如英国教育家埃里克·阿什比(Eric Ashby)所言:"当一种基因(教育模式)进入新环境时,它的表现形式必然发生改变。"①面对挑战,富于远见卓识的筹建者拉姆雷迪(G·Ram Reddy)教授将学校的总部选在首都新德里——印度政治、经济和文化中心,扎根于这片富饶的土壤,其深厚的社会经济文化背景为英迪拉·甘地国立开放大学的成长提供了丰足的养料。

### (一)开放大学理念

以模式移植为背景,英国开放大学之理念与印度时代发展之需求的相互交融,促成了英迪拉·甘地国立开放大学独具本国特色的开放教育观。肩负时代重任的英国开放大学自襁褓中就形成了充满个性的办学理念:人的开放、地点的开放、方法的开放和理念的开放。从这一理念出发,以开放性为办学灵魂,英迪拉·甘地国立开放大学将办学目标定位于通过采取适于远程教育的各种方法,积极开设各类证书、文凭及学位课程并努力使之多样化;为渴望接受高等教育的民众提供机会,尤其是农村和偏远地区的弱势群体;与此同时,通过制定全国远程教育系统的标准,引导并协调各邦立开放大学和其他远程教育机构。为达到这一目标,学校敏锐地把握社会发展脉搏,一方面广泛增设适应社会需求的各类专业与职业导向课程。成立之初,学校仅设有管理学与远程教育两门证书课程,截至 2012 年,从甘地国立开放大学官方网站上获悉,学校提供的短长期课程、证书、文凭以及学士、硕士和博士学位已达 129 种,囊括 1300余门课程。另一方面又致力于为学习者敞开大门以实现教育民主化。目前,学校拥有学生多达 180 万,自称为世界上最大的开放大学。不仅如此,印度远程教育系统的学术领导地位使得英迪拉·甘地国立开放大学不断开拓创新,逐步走在了世界开放大学队伍的前端。

### (二)组织结构

作为以育人为基本职能的特殊社会组织,大学一般由行政管理体系和教育运行体系构成。在此建制内,继承了英国高等教育体制决策与运行相分离的双轨模式,英国开放大学通过庞大的委员会机构进行决策与治理。在运行体制方

---

① Eric Ashby. *Adapting Universities to a Technological Society* [M]. San Francisco:Jossey-Bass Publishers,1974.

面，考虑到师生时空间隔的高等远程教育教学特征，以伦敦大学体系为模板，英国开放大学建立起在校本部课程研发与管理体系的总领下，以多地区和学习中心支持系统作支撑的创新教育运行体系。无独有偶，采用伦敦大学模式搭建的印度附属学院制的历史经验使得英迪拉·甘地国立开放大学对这一运行模式的移植驾轻就熟。不可否认，两所开放大学的运行模式大致相同，但仔细分析，印度传统教育体制的治理框架及社会环境的影响依然十分强大。

诚如拉姆雷迪所言："由于对传统大学治理方式应用自如，加之管理者不愿尝试未经验证的结构变革。在进行开放大学权力结构建设时，人们可以清晰地看到传统大学的影响。"[1] 与其他中央大学相适应，英迪拉·甘地国立开放大学的管理委员会（相当于传统大学的执行委员会）为监管主体。在其领导下，学术委员会、计划委员会、财务委员会及远程教育委员会各司其职、相辅相成，共同构成权力体系，为学校发展献计献策。从运行体制上看，英迪拉·甘地国立开放大学总部可划分为21个相对独立的学院及22个辅助部处。与此同时，印度复杂的社会环境造就了学校庞大的校外学习支持服务系统。据甘地国立开放大学官方网站2012年的统计，目前学校的学习支持系统网络覆盖58个地区中心，1804个学习中心以及46个海外中心。总部的五大委员会，21个学院和各部处以及地区中心和学习中心共同构成了英迪拉·甘地国立开放大学完整的组织结构。

## （三）教学运行模式

区别于传统大学，英国开放大学的教育体制更具开放性、自由性、灵活性以及不确定性。譬如课程内容的选择、媒体的使用、学习的时间、地点及方式方法等。正是这些因素，致使传统教学模式在开放大学的运作中产生了本质变化。在开放式教学运作模式中，传统的教师从"幕前"转移到"幕后"，从教学实施者转变为课程开发设计者，学生由接受式学习者变为自主式学习者，在"以学生为中心"的理念指导下，多媒体技术与学习支持服务系统则将教师与学生的时空分离完美地连接起来。显而易见，基于多媒体技术手段的课程研发

---

[1] G. Ram Reddy. *Open Universities:The Ivory Towers Thrown Open* [M]. New Delhi: Sterling Publishers，1988：11.

和学习支持服务系统的建立是英国开放大学教学运作模式的关键所在。立足于本国国情，与英国开放大学相比，英迪拉·甘地国立开放大学在课程研发、媒体应用和学习支持服务系统等方面既有共同特点，又有自身的特殊性。

英迪拉·甘地国立开放大学对印度的贡献，不仅在于为数以万计的普通民众提供教育机会，还在于通过提供高水平教育使受教育者成长为适应社会动态发展需求的高质量人才。这个目的的实现，主要通过学校提供的以课程形式表现的优质教育资源。由于使用范围覆盖全国，受众群体纷繁多样，因而课程资源的灵活多样与质量保证至关重要。学校仿效英国开放大学课程组模式，结合本土需求有的放矢地进行课程资源开发。目前，英迪拉·甘地国立开放大学不同层级课程多达上千余门，除一般开放大学常规开设的课程外，还独具匠心地开设了诸如妇女权利与发展、印地语创作等贴有"印度标签"的课程。本着平衡相关专业领域课程有限性与人们无止境需求的初衷，以学校本科物理专业为例，我们可以看到英迪拉·甘地国立开放大学在课程组合上相当灵活。物理专业按照基于弹性学分制的三级结构组合课程，分为基础必修课程（24学分）、核心选修课程（56—64学分）和应用导向课程（8—16学分）。[①]基础课程阶段，要求学生全面了解自然科学领域中的相关基础知识。核心选修课程阶段，不受学科界限的限制，学生可根据自身特点和需求自由组合课程，物理课程只需修满48学分，其余学分可用化学、数学、生命科学、植物学及动物学中的同级课程替换。需特别指出的是，选修学分中的25%需靠修习实验课程获得，以此鼓励学生参与实践操作。最后阶段的应用导向课程则通过提供社会活动的基本技能提高学生的就业率。

作为课程主要依托的多媒体技术在两国的使用情况也不尽相同。随着信息技术的发展，以互联网技术为主要特征的开放教育得以在英国开放大学推广。作为软件大国的印度同样十分重视网络资源的开发利用，但这并不意味英迪拉·甘地国立开放大学已进入网络课程时代。被誉为"人民的大学"的英迪拉·甘地国立开放大学面向全印公民，尤其关注社会底层的弱势群体。学习者不仅包

---

① Arundhati Mishra,Vijayshri,Suresh Garg. Evaluation of the Undergraduate Physics Programme at Indira Gandhi National Open University:A Case Study [J]. *The International Review Of Research in Open and Distance Learning*，2009(6)：107-110.

括在职人员、家庭主妇、残障人士、服役军人等，更多的是来自偏远地区和部落的农民。基于学习者特点与媒体匹配的考虑，调频收音机和卫星电视在教学应用中仍占据支配地位。

此外，寻求规模化教学与学生个性差异的平衡点，真正体现教与学的互动特性，学习支持服务系统在开放大学教学实施过程中占据重要位置。从服务维度出发，以消费者需求为导向，英国开放大学强调"以学生为中心"的学习全过程支持，并据此标准建立起总部、地区中心和学习中心权责分明、相互配合的三级支持服务管理模式，目前设有 13 个地区中心和 300 多个学习中心。单靠数字对比，我们便可发现印度国立开放大学学习支持服务系统的规模之庞大。为提高管理效率，英迪拉·甘地国立开放大学建立起学习支持服务网，连接所有的地区中心及学习中心，各部门之间可通过数据传输和资源共享，及时进行沟通并反馈信息，流程运作更为规范有效，从而确保远程教育的质量标准。与此同时，学校为各地区中心和学习中心配备了齐全的基础设施和大量的全职兼职咨询辅导教师，真正做到对学生学习过程提供全方位的支持。

## 三、印度国立开放大学模式移植的创新

印度特有的民族特点孕育出英迪拉·甘地国立开放大学与众不同的创新特色。古老的印度文明为这片广袤的土地带来了不同的人种和文化信仰，从政治角度看，古代印度是一个以土邦为单位的多样化国家。虽然强大的英帝国统治机器为印度带来了"大一统"的概念，但这种国家概念的背后则是 600 多个土邦各自为政。独立时为保持民族特点以消解矛盾，中央政府将国家划分为 16 个邦。在之后的发展中，因为语言的差异所引起的权益纷争使得印度继续分化，至今印度共有 27 个邦和 10 个中央直辖区。受其政体影响，印度远程教育的特征为典型的联邦式系统结构，即中央和邦政府分权管理开放大学群，邦政府有权控制本邦开放大学的具体运作。在这种趋势和背景下，英迪拉·甘地国立开放大学体现出的创新特色为：旗帜鲜明地将协调和引导远程教育系统作为自身的责任，以及成为系统的资源中心。

## （一）领导职能：制定标准，协调和引导远程教育系统

目前，全印设有 13 个邦立开放大学，它们与英迪拉·甘地国立开放大学、双重模式学院及私立函授学院共同构成了印度的远程教育系统。当中，全国性的英迪拉·甘地国立开放大学发挥着不可或缺的统领作用，这完全归功于其在行政机构设置方面的大胆创新。英迪拉·甘地国立开放大学于 1992 年设立了远程教育委员会（Distance Education Council，简称 DEC），它从大学拨款委员会中接管部分权责职能，专门致力于远程教育的协调、引导与认证评估工作。

为了获得人们的认可，大学拨款委员会下设的国家评估与认定委员会通过制定共同质量标准使远程教育运行于国家高等教育框架内。但问题的关键在于如何将统一标准灵活运用于远程教育。为应对挑战，远程教育委员会根据共同标准的要求具体制定针对远程教育课程行之有效的评估标准，用以不断敦促相关院校提高质量，使其在社会上享有良好声誉。此外，远程教育委员会还通过在全国范围内推广开放和远程教育，保持现有开放大学办学自主权的条件下为其提供设备师资支持及专业化咨询帮助，使得人们以往印象中同类性质大学间的激烈竞争不复存在，取而代之的是机构间的相互合作和资源的优化配置。

## （二）资源中心：统筹调配，开发与共享远程教育资源

无数实践证明，一所大学要想取得成功，物质资源、人力资源及教育资源缺一不可，远程教育院校自然也不例外。而在国家资源有限的情况下，合理的统筹调配十分重要。英迪拉·甘地国立开放大学通过网络联盟形式巩固自身资源中心的地位，从而确保印度远程教育系统在资源共享的条件下得到最优发展。

秉承优秀教师的教学理念是一流大学办学的灵魂，对于以教学为中心职能的开放大学而言，师资资源的开发尤显重要。这是因为开放大学作为一种全新的教育形态，打破了亚里士多德时空同一性的限制，而教学活动的内在逻辑又要求在时空分离状态下保持教与学的双向互动。毫无疑问，在这一过程中，媒体技术成为影响教学活动顺利进行的重要因素，但它并不具有决定性意义，因为教学成功与否还要充分考虑到教师对技术的应用情况，即教师能否针对不同教育环境对相关技术游刃有余地加以应用。因此，开放大学必然要求一支专业性极强的教师队伍。这里不得不提及英迪拉·甘地国立开放大学完善的远程教

育师资和行政人员培训体系——师资培训与研究所。它不仅承担全印远程教育的师资培训及相关的研究工作，更是面向亚欧地区开设远程教育专业的学位课程。目前，该研究所已成功培训了大批远程教育界的优秀师资，并在远程教育专业研究方面取得了显著成绩。

## 四、印度国立开放大学模式移植的经验总结

同为亚洲发展中大国，从古至今的诸多相似之处使得我国和印度具有较强的可比性。我国于 2010 年颁布的《国家中长期教育改革与发展规划纲要（2010年—2020年）》中明确将"办好开放大学"作为进一步推进广播电视大学改革的一项重要发展策略，在这方面英迪拉·甘地国立开放大学模式移植的经验无疑带给我们诸多启示。作为我国远程教育的核心和典范，成立于 1979 年的中国广播电视大学是由中央电大、省级电大、地市级电大和县级电大教学点组成的具有统筹规划、分级办学、分级管理的远距离教育系统。自成立之日起，建设具有国际一流水准的开放大学体系一直是我国政府和相关专业人士的共同理想和奋斗目标。从 1999 年至 2007 年间中央广播电视大学开展"人才培养模式发展和开放教育试点"项目的全面展开，到 2010 年"以现有电大为基础组建开放大学"的国家战略部署，我国高等远程教育系统正在由电大向开放大学转型的道路上有条不紊地前进。但与此同时，特殊环境下造就的独具我国特色的电大系统在向开放大学转型的过程中，必然存在着电大自身发展内在逻辑与开放大学模式一定程度上不可消弭的冲突，而印度国立开放大学移植英国开放大学的策略经验似乎正为我国开放大学建设过程中亟待解决的诸多问题提供了一定的突破口。

首先，在办学理念上，印度国立开放大学紧抓英国开放大学理念中的开放性这一灵魂性原则，结合印度时代发展之需，独具匠心地提出了印度的开放教育观，进而将此理念上升至法律高度，即赋予学校独立的法人资格，并以相同标准自行颁授学位。就我国建设开放大学而言，要准确把握何谓"开放大学"，这恰恰就是开放大学的办学理念问题。我国应在充分理解现行电大系统性质与任务的基础上，结合外域开放大学模式的核心理念来确定我国开放大学的发展

目标。具体而言，应以开放性为基本原则，在赋予开放大学完整意义上办学自主权的基础上努力提高现有电大系统的办学标准，为其成功转型与发展打下坚实的办学基础。其次，在组织结构上，印度国立开放大学根据本国人口与资源分布的特点，独具创新地设立了远程教育委员会，通过制定针对远程教育系统的评估标准，协调和引导印度庞大的高等远程教育系统，有效避免了外域模式与本土环境的排异反应。我国电大拥有悠久的历史，现已建立了覆盖面广泛的全国性电大系统，因此，应当发挥电大系统的整体优势，正确处理中央与省、市、县级电大开放教育的关系，建成以中央电大为核心领导与基本支撑，各级电大在相对独立的基础上相互协调、各司其职，以达到资源优化配置的现代开放大学系统。再次，在教学运行模式上，根据印度基于多媒体技术手段的课程研发和学习支持服务系统建立的经验，我国应建立新型开放大学运行机制，以达到统筹调配，开放与共享全国远程教育资源。

## 五、结束语

大学自源起之日是作为一种国际性机构而传承至今，所以基于本土环境下的外域模式借鉴将是世界范围内高等教育发展的必然趋势。诚如阿什比所言："大学是继承西方文明的机构。它保存、传播和丰富文化。与动植物进化相似，任何一所特定大学的模式都是遗传与环境的结果。"[①] 对印度来说，受殖民时期宗主国遗留高教传统的影响，英国俨然已经成为可资借鉴的理想模式。但由商业文明创造的高等教育移植到农耕文明的土壤上必然会出现排异反应，归根结底是生存环境的差异。总结英迪拉·甘地国立开放大学模式移植的经验，我们可以看出，借鉴国外先进模式，关键是必须处理好大学发展内在逻辑、外域模式和本土环境需求三方面的关系，以达到彼此间的动态平衡。借用物理学上的"三力平衡"概念进行分析，借鉴外域模式的本土大学处于 0 点上，此时有三种力加在它的身上。第一种力是外域模式，也就是本土大学要借鉴的对象；第二种力是本土环境需求，有时指的是政府，有时指的是社会；第三种力为大

---

① Eric Ashby. *Adapting Universities to a Technological Society* [M]. San Francisco:Jossey-Bass Publishers，1974.

学发展内在逻辑，包括本国文化传统和大学自身规律。只有这三种力均匀作用于本土大学上，达到动态平衡才能使本土大学获得最优发展。因而，针对我国开放大学建设过程中的问题与挑战，在开放大学模式植入本土方面，应注重和而不同，即在对模式原型继承的同时，基于本土环境需求和电大发展内在逻辑进行适当调试，使其真正融于本土环境；在本土环境需求方面，市场需求与刺激是电大系统向开放大学转型的根本动力，政府干预权力与执行力则是转型成功与否的主导力量；在大学发展内在逻辑方面，应注意开放大学模式之于电大系统的体制保障与创新，使得中国特色电大系统的固有逻辑与外域大学模式相结合，从而得以互生共进。当然，外域模式与本土环境和大学发展内在逻辑存在着一定程度不可消弭的冲突，但当三者处于可控范围时就会表现为冲突的消解、融合。所以，从这一角度说，我们应积极促进外来模式与大学自身内在逻辑和本土环境需求的融合，并通过超越创新彰显其在本国土壤滋养下的强大生命。

（原载于《中国电化教育》2013 年第 9 期，第 47-52 页）

# 第二编

## 资本转化与大学发展

# 高校社会资本论

20 世纪 90 年代以来，随着我国高等教育大众化进程的推进以及高等教育管理体制的转轨，物质资本、人力资本在高等学校发展中的作用受到人们的广泛关注，围绕如何加强和改善高等学校的物质资本和人力资本的文章和著述亦不断出现，然而，对于社会资本在我国高等学校发展中的作用却被忽视，有的甚至将其曲解为"拉关系""走后门"等不良行为。从国内外关于社会资本的研究中可以看出，高校社会资本是高等教育的一种重要资本形式，在高等教育的发展过程中起着重要的作用。我们认为，在当前适时提出高校社会资本不仅必要，而且也是可行的，高校社会资本的重要功用将会受到人们更为广泛的关注。

## 一、高校社会资本的界定

20 世纪 60 年代，美国经济学家 T. W. 舒尔茨和加里·贝克尔率先把"人力资本"概念引入经济学的分析中，使古典经济学的"资本"概念开始向广义拓展。在此基础上，社会学家布迪厄、科尔曼等人又将被经济学家惯于忽视的社会关系和网络结构纳入分析范畴，提出"社会资本"（Social Capital）的概念。而后，社会资本的分析由社会、经济研究领域迅速扩展到政治、文化、教育、管理等不同的研究领域。

### （一）社会资本的界定

社会资本的概念是由法国社会学家皮埃尔·布迪厄于 1980 年首先提出来的。他认为，社会资本"是那些实际的或潜在的、与对某种持久网络的占有密切相关的资源的集合体，这一网络是一种众所周知的、体制化的网络，或者说是一种与某个团体的成员身份相联系的网络，它在集体拥有的资本方面为每个成员提供支持，或者提供赢得各种各样声誉的'凭证'"①。当代美国著名社会学家詹姆斯·科尔曼对社会资本的概念作了进一步研究。他认为，社会组织构成社会资本，社会资本为人们实现特定目标提供了便利。如果没有社会资本，目标难以实现或需付出极高的代价。"社会资本的形成，依赖人与人之间的关系并按照有利于行动的方式改变。物质资本是有形的，可见的物质是其存在形式；人力资本存在于个人掌握的技能和知识中；社会资本基本上是无形的，它表现为人与人的关系。物质资本和人力资本为生产活动提供了便利，社会资本具有同样的作用。"②我们认为，所谓社会资本，是指个人或组织通过长期交往、合作互惠，并在良性的行为规范约束下形成的一系列网络关系。这里，社会资本不单单是指人际关系，同时也涵盖组织之间、组织与个人之间的关系。社会资本是在良性的行为规范约束下形成的网络关系。在不好的行为规范指引下形成的网络关系，如裙带关系、犯罪团伙等，不属于社会资本的范畴。与物质资本不同的是，社会资本是一种无形的、可增值的、能再生的，但长期不用也会枯竭的资源。

### （二）高校社会资本

高校社会资本强调高等学校是国家和社会不可或缺的一类组织部门，是与政治、经济、文化等领域有着密切联系的网上之结。高等学校通过这些网络关系，能够获取自身发展所需的资源。高校社会资本一般分为高校外部社会资本和高校内部社会资本两大类。

高校外部社会资本是指高等学校在与外部联系时所产生的社会网络关系，它包括高校的垂直网络关系和水平网络关系。高校的垂直网络关系，主要是指高校与上级政府部门特别是上级教育行政主管部门之间的关系；高校的水平网络关系，是指高校与不存在直接或间接隶属关系的组织和个人之间的关系，如与其他学校、科研院所以及校友、捐助者等之间的关系。高校的外部社会资本影响高校获取各种稀缺资源的能力。这些稀缺资源既可以是资金，也可以是科

---

① 皮埃尔·布迪厄. 资本的形式 [A]. 薛晓源，曹荣湘. 全球化与文化资本 [C]. 北京：社会科学文献出版社，2005：14.
② 詹姆斯·S·科尔曼. 社会理论的基础 [M]. 北京：社会科学文献出版社，1999：356.

研项目，还可以是信息、人力资源等。我国高校外部社会资本的多少取决于高校同上级部门之间的联系能力，如资金的划拨、科研项目的争取等。但是，高校与其他学校和机构、组织以及个人之间的联系亦不容忽视，例如横向联系数量多、范围广的高校，就会比横向联系数量少、范围窄的高校能获得更大的发展机遇。

高校内部社会资本是指在高等学校内部有利于高校管理人员、教师、学生、各管理部门以及各院（系、所）之间相互交流与合作，促进高等学校自身协调发展，进而增强其内部凝聚力的人际关系网络。由于高等学校内部组织的复杂性，所以高校内部社会资本表现出不同的形式。如高校领导之间的社会资本、高校领导与院系以及管理部门之间的社会资本、管理部门与院系之间的社会资本、管理部门之间的社会资本、院系之间的社会资本、教师之间的社会资本、教师与学生之间的社会资本、院系以及各管理部门成员的社会资本等。高校内部社会资本是高等学校长期形成的内部凝聚力和向心力，它是一所高校能否健康发展的无形资产。内部社会资本丰富的高等学校，往往会增加高校外部社会资本的积累。而外部资本丰富的高等学校，反过来也会促进高校内部社会资本的增长。

## 二、高校社会资本提出的必要性及可行性

中华人民共和国成立后，我国的高等教育管理体制长期受计划经济体制的影响，政府对高校的拨款、招生等实施严格的计划管理，高等学校无需为经费担忧，也无需担心学生的就业，只管按部就班地培养人才。20世纪80年代以后，随着计划经济体制向社会主义市场经济体制的转轨，高等教育的管理体制也随之发生改变。

1985年颁布的《中共中央关于教育体制改革的决定》指出，高等教育体制改革的关键，就是改变政府对高等学校统得过多、统得过死的状况，强调在国家统一的教育方针指导下，扩大高等学校办学自主权，加强高等学校同生产、科研和社会其他各方面的联系，使高等学校主动适应经济、社会发展的需要。1998年颁布的《高等教育法》进一步将高等学校办学自主权纳入法律条文之中，

明确建立以国家拨款为主、其他多种渠道筹措高等教育经费为辅的财政制度。高等学校坐等国家统包、统管的时代已经一去不复返了。与此同时，国家连年持续扩大高等学校招生规模，1999 年全国普通高校招生人数由 1998 年的 101 万人增长到 156 万人，增长率为 46%，2001 年全国普通高校实际招生 260 万人，2002 年实际招生 320 万人，2003 年实际招生 382 万人，2004 年各类高等教育机构在学人数已达 2000 万人，我国大学生在学人数在全世界位居第一，高等教育毛入学率达到 19%。[①]高校连年扩招，高等教育规模的持续扩大，使高等学校的发展面临着经费不足、毕业生就业困难、在校贫困生增多等诸多问题。

为满足扩大办学规模对资金的需求，在国家对高等教育投入不足的情况下，各高校纷纷采取多种渠道筹措资金，其中银行贷款已成为解决资金困难的主要渠道之一。但是，受高校贷款数额大、还贷周期长、贷款利息低等因素的影响，许多银行已经不愿意对负债累累的高校继续贷款，经费问题成为当前制约我国高等教育发展的重要"瓶颈"。另外，根据教育部估算，2001 年全国大学本科毕业生初次就业率为 70%，待业率为 30%，约 34 万人待业，2002 年待业人数为 37 万人，2003 年为 52 万人，2004 年为 69 万人，2005 年为 79 万人。2003 年仅 50% 左右的签约率表明，大学生就业难已经超出了人们的预料。[②]此外，贫困生增加、实验设备陈旧、图书资料缺乏等，也极大地制约着我国高等教育的持续健康发展。

面对诸多困难，高校要生存和发展，必须发挥自身的积极性、主动性，与社会建立密切联系。因此，当前在高校物质资本严重不足的情况下，开发高校社会资本是非常必要的。詹姆斯·科尔曼认为，社会资本就像其他形式的资本一样，它是生产性的，能够达到特定目标。按照肯尼思·纽顿的观点，社会资本作为后果，可以"把事情搞定（getting things done）"[③]。当然，我们强调高校社会资本的必要性，并不否认国家对高等教育事业的主要支持作用。高等教育毕竟属于非营利性的组织，国家是高等教育的最大受益者之一，高等教育

---

[①] 数据是根据历年《全国教育事业发展统计公报》以及教育部部长周济的讲话材料整理而得出的。
[②] 周天斌.信息化就业 迎战大学生就业难 [N].光明日报，2004-04-25.
[③] 肯尼思·纽顿.社会资本与现代欧洲民主 [A].李惠斌，杨雪冬.社会资本与社会发展 [C].北京：社会科学文献出版社，2000：165.

发展的水平直接关乎民族兴衰，因此政府在发展高等教育中具有不可推卸的责任和义务。

我们认为，在我国提出高校社会资本的概念，不但是必要的，而且是可行的。儒家文化是中国传统文化的主流文化，重视人际关系是它的一个重要特征之一，而"关系"是社会资本形成和发展的基础。梁漱溟在论及中国社会的"本位"问题时指出，中国社会既不是个人本位，也不是社会本位，而是关系本位。在一个关系本位的社会系统中，"不把重点固定放在任何一方，而从乎其关系"①。费孝通将中国深层结构概括为"差序格局"模式，认为中国传统社会中的关系本位基本上是以自我为中心，自我与他人的关系不像一捆一捆扎清楚的柴，而是好像把一块石头丢在水面上所产生的一圈圈推出去的波纹。"每个人都是他社会影响所推出的圈子的中心。被圈子的波纹所推及的就发生联系。"②在中国传统文化中，人情、面子、报答等行为规范在维系社会关系方面也起着非常重要的作用。"桃花潭水深千尺，不及汪伦送我情""海内存知己，天涯若比邻"等说明人世间友情的浓厚；"士可杀而不可辱""脸面贵似金"等说明"面子"在人际交往中的重要性；"受人滴水恩，当以涌泉报"则强调人要懂得知恩图报。尊师重教是儒家文化一贯遵循的传统。在中国，学生与教师之间的感情、同学之间的感情、学生与学校之间的感情，也上升到亲情的高度。例如，学生与教师之间的关系可以表述为"一日为师，终身为父""师徒如父子"等；同学之间则以"同窗""师兄弟""同门""学友"等相互称谓；学生离校后，则将学校亲切地称之为"母校"，这种"母校情节"一直在中国具有很强的影响力。一届届学生在高校同窗就读若干年，奔赴社会的各行各业，他们把在学校内建立的"亲情""友情"等带向社会，形成一个个"波纹"，不断向周围辐射。高等学校如果能够及时建立、保持这些关系网络，无疑会形成巨大的社会资本。

---

① 梁漱溟. 中国文化要义 [M]. 上海：学林出版社，1987：93.
② 费孝通. 乡土中国·生育制度 [M]. 北京：北京大学出版社，1998：26.

### 三、高校社会资本的功能

#### （一）社会融资功能

利用关系对学校进行融资的，首推创办私学的孔子。据史料记载，子贡是春秋时期著名的儒商，也是孔子最为得意的弟子之一，曾经商于曹、鲁之间，家系千金。他跟随并资助孔子周游列国。有学者认为，子贡为孔子实现其理想提供了必要的经济基础，否则孔子难行其道。[①] 唐宋以后，私人捐资助学不断兴起，其中出现了由民间设立的读书治学场所——书院。经费是书院维持生存的经济基础，由于书院长期在国家整体教育部署中没有任何地位，所以书院主要是靠自身的社会影响和社会关系筹措经费，这包括私人捐赠的田产、书籍、资金等。近代以后，大学尤其是私立大学社会融资的力度和广度不断加大，从筹款的范围看，既来自国内，又来自国外；从筹款的对象看，在国内主要有政府与政界要人、军阀、工商界人士、士绅、校友等，在国外主要是财团、华侨、社会各团体和热心公益事业的人士等；从筹款的策略看，既接受捐赠，也以学校作为名与利的交易场所，损有余以补不足，实现社会资源的重新分配。[②]20世纪90年代以来，长期依靠政府出资的公立高校，也开始认识到社会资本在高校融资中的巨大作用和潜力。例如，2000年1月至2001年7月，中南大学引进社会资金2.2亿元。2001年2月，湖南大学引进社会投资3000万元共建生物技术学院和法学院。在几年内，已有数亿社会资金涌入湖南高校之中。[③]可见，高校社会资本可以使高校自身赢得更多的资金援助。

#### （二）信息获取功能

当今社会已由传统的农业经济时代、工业经济时代进入知识经济的时代。信息是现代社会中与物质、能量同等重要的一种资源。同样，信息对高等学校的发展定位、办学特色的形成、教育教学质量的提高以及促进大学生就业等方面产生着重要影响。教育部的统计数字表明，截至2004年6月全国共有普通高等院校1683所。如果高校自身不能够及时通过社会网络（包括互联网），

---

① 汤恩佳 . 也谈"儒商"[N]. 人民日报海外版，2000-08-23(003).
② 宋秋蓉 . 近代中国私立大学研究 [M]. 天津：天津人民出版社，2003：165.
③ 陈银峰 . 社会资本抢滩湖南高校 . 长沙晚报，2001-7-18.

了解相关学校的发展信息，那么就很难在如此众多的高等院校发展中准确定位，容易形成办学模式趋同、办学特色缺乏的现象。在高等学校的教育教学过程中，教师需要及时了解学生的学习信息，校内管理部门需要了解教师和学生的教育教学信息，从而进一步改进教育教学工作，提高教育教学质量。社会资本对大学毕业生求职就业的作用，是近年来国内学者深入研究的课题之一。一般认为，在同等条件下，拥有较广泛的社会网络和信息网络的求职者，在择业中具有明显的优势。虽然国家规定大学毕业生"面向市场，自主择业"，但我们认为，高等学校作为培养人才的部门，仍然承担着大学毕业生就业的主要责任。这是因为当前就业市场尚未发育成熟，毕业生供求信息还没有完全制度化，缺乏一定的公开性、易得性。大学毕业生就业时普遍感到最缺少的是及时有效、真实可靠的需求信息。高等学校应利用自身的社会网络资源为大学生就业建立信息的平台，以帮助毕业生获取更多的就业信息和就业机会。

### （三）合作创新功能

随着经济、社会的迅猛发展，科技创新出现了新的发展趋势。如：创新的步伐逐步加快，创新成果的周期不断缩短；创新的难度逐渐增大，创新的成本越来越高；创新的跨领域特征日益彰显。面对这些新的发展趋势，科技创新呼唤合作研究。高等学校作为科学研究和科技创新的重要基地，同样需要合作研究。高校科技创新不仅需要高校内部科研人员之间的合作研究，还需要校际科研人员和机构的合作研究。目前，一种跨国界合作研究的态势，开始逐步为众多科学家所重视。2003 年全球 24 名科学家联名在美国《科学》杂志"政策论坛"栏目发表文章倡议：启动全球性艾滋病疫苗开发计划。这些科学家称，在艾滋病疫苗开发上，不能再按部就班，各自为战，而应该形成一个全球性的合作网络，探索更多的研究路线，推动和协调候选疫苗的临床试验等。他们列举了医药界的一个成功合作范例：20 世纪 50 年代，儿童急性淋巴细胞白血病 (ALL) 的治愈率仅为 10%，到 2002 年则超过 80%，治愈率的大幅度提高，主要归功于一系列的合作研究。通过合作网络，研究人员对一些部分有效的药物不断进行系统调整，最终研制出了有效性和安全性都相当高的药物。[①] 简·弗泰恩和罗伯

---

① 李虎军. 艾滋病疫苗开发廿载未果　科学家联名倡议全球合作 [N]. 南方周末，2003/07/03.

特·阿特金森认为，在新经济中，社会资本表示的是在一个组织网络能够进行团结协作、相互促进生产收益的情况下形成的"库存"，"它已经成为科技创新的关键因子"[①]。同样，高校社会资本作为高等学校进行合作研究的"库存"，是其科技创新的动力之一。

## 四、高校社会资本的积累

### （一）政策法规是高校社会资本积累的制度保障

高校社会资本的积累与国家的宏观政策支持有着密切的关系。在计划经济时代，高校的经济来源、人才培养、科学研究等均受国家严格控制，高校社会资本是在有限的范围内形成和发展起来的。在由计划经济体制向社会主义市场经济体制转轨的过程中，国家为高校社会资本提供了更为灵活多样的发展环境，但是国家政策干预和法制建设仍然十分必要。现代大学是国家的智囊和民族的灵魂，高等学校必须在国家政策约束和法律规范下构建自身的社会资本。政策和法律对高校社会资本的有效渗透，能够促进我国高等学校管理逐步由人治走向法治的轨道，为高校社会资本提供稳定的制度背景和制度激励，有效调节不同高校社会资本之间的矛盾和冲突。

### （二）团体机构是高校社会资本积累的组织保障

高校社会资本的形成是一个长期的历史积淀过程，高校的办学历史越长，其拥有的社会资本也越丰富。无论是高校校长、管理人员，还是高校教师、学生，在高校工作和学习的时间都是有限的，因此高校社会资本的长期积累，必须依靠制度化的团体机构的建设。譬如成立由学校领导、校内外知名学者、政界、商界、企业界等各界名流组成的高校董事会，负责高校与外界之间的联系，吸引外部社会资源；成立校友办公室，与校友经常保持联系，鼓励他们反哺母校；成立各地区的校友联谊会，利用这些组织，形成向社会辐射的关系网络等。

### （三）高校领导是高校社会资本积累的主导力量

高校领导拥有的社会资本比一般学校成员所拥有的社会资本更加容易获

---

① 简·弗泰恩，罗伯特·阿特金森. 创新、社会资本与新经济 [A]. 李惠斌，杨雪冬. 社会资本与社会发展 [C]. 北京：社会科学文献出版社，2000：212.

取，也更加重要。目前我国高校管理体制实行的是党委领导下的校长负责制，学校党委书记和校长拥有的社会资本的多少，会直接影响到高校社会资本的积累。因此，高校领导的文化程度、社会影响力、社会交往能力等是高校社会资本积累的关键因素。纵观国内外著名大学的成长历程可以看出，到学校发展的辉煌阶段，必定有一位影响力很强的大学校长主政。当然，高校社会资本的积累远不限于学校领导，事实上，高校的其他管理部门、教师乃至学生都有可能在形成、发展、运用高校社会资本的过程中发挥重要作用。作为学校领导，要利用自身的优势积累高校社会资本，还要将全校人员的社会资本凝聚在一起，从而形成更加强大的高校社会资本。

### （四）社会责任是高校社会资本积累的内在诉求

一所高校要想得到社会的承认，与社会建立良好的合作关系，必须承担相应的责任和义务。高等学校如果不能认真履行培养人才、发展科学、服务社会的职能，那么势必影响到高校自身的社会声誉，从而影响到社会资本的积累。以校友捐赠为例，如果一所学校的社会声誉较差，那么毕业生会羞于提及毕业的学校，更不会对自己的母校捐款。因此，高校的管理者、教师以及学生都应该履行各自的责任和义务。教师要承担起教书育人的义务，在科学研究中，要遵守相应的道德规范。学生要履行尊敬师长、刻苦学习、团结同学的责任，严格遵守校风校纪。管理者、教师和学生之间，应该建立起相互信任、团结协作的良好关系。只有这样，高校社会资本才能够得以持续积累。

（原载于《高等教育研究》2005 年第 9 期，第 46-50 页）

# 社会资本视角下中世纪大学之源起

　　哈斯金斯( Haskins, C. )认为，所有先进文明都需要高等教育培养精英人才，古代中国、印度、希腊、罗马等都存有这种组织，但它们与大学绝非同义；虽然孔子、苏格拉底等学徒众多、论述丰硕，然而他们都不能为学生提供哪怕是一份毕业文凭。因此，像教堂和议会一样，大学是中世纪的产物。①作为现代大学组织生发的原点，中世纪大学在高等教育研究中无疑占有重要位置。在当下高等教育发展遭遇困境之时，回溯组织发展源头，探究大学产生原因，无疑具有较强的理论和现实意义。与以往学者分析中世纪大学产生原因多从政治、经济、文化等层面入手有所不同，我们将从社会资本②的视角进行剖析。也就是说，相对于原子化的个体而言，我们更强调网络关系运作在大学产生中的作用；相对于制约网络关系的、成文的正式制度而言，我们更强调非正式制度在大学产生中的影响；相对于有形的物质资本而言，我们更强调无形的社会资本在大学产生中的要义。

## 一、中世纪大学内部网络关系及运作

### （一）University：从行会业缘关系到大学

　　探寻大学称谓源流，需从 Studium generale（高级学校）和 Universitas（学者行会）两个拉丁文词汇入手。Studium 早在 12 世纪就已出现，除有学习的含义外，还可指代教育机构。Studium generale 是从 Studium 派生而出的，是

---

① Charles Homer Haskins. *The Rise of Universities* [M]. New York: Henry Holt and Company，1923：3.
② 所谓社会资本是指个人或组织在非正式制度的影响和制约下，通过长期交往、合作互惠，进而在形成的一系列互动的关系网络基础上，积累起来的资源综合。参见胡钦晓. 大学社会资本研究 [D]. 南京: 南京师范大学，2007：13-34.

与 Studium particulare 相对的一个概念。关于高级学校的含义，学者们强调的侧重点各不相同，瑞德 - 西蒙斯（Hilde De Ridder-Symoens）强调，它是经由教皇或世俗皇帝（很少）委任、拥有特权的高等教育机构：该机构一经认可，其教师和学生均可受到庇护，所授学位头衔超越城镇、教区、国家等地域限制普遍有效，亦即"教授通行权"（jus ubique docendi）。[①] 彼得森（Pedersen, O.）认为，generale 是指具有以下三种特征的学校：（1）学生来源于整个欧洲；（2）不仅设有文科教学，而且还要教授法学、神学、医学三门高级学科中的至少一门；（3）应有多名教师任教。[②] 这正如科班（Cobban A. B.）所言，对于中世纪高级学校的准确构成，或许不存在一致认可的最终界定，但就其本质而言，它是指拥有一定特权、学生来源广泛、能够教授高级学科的众多师生组成的行会组织。[③] 换句话说，尽管对高级学校界定的侧重点不同，但是由师生所组成的行会组织，却是其最基本的主体性质。

事实上，在中世纪尤其是 13 世纪，文本中常见的词汇是 universitas，而非 studium generale。珀金（Perkin, H.）认为，universitas 仅仅是指一个社团或行会，就像当时中世纪众多手工业或商业行会一样。大学最初之意并非学校，而是教师行会（巴黎和北欧）和学生行会（波隆那和意大利）。[④] 在中世纪欧洲，学者们虽无需护照和签证，便可自由跨越边境，但是在没有使领馆保护的情况下，也存有种种风险。为应对法律诉讼、保障经济安全、获得市民权益，作为外地人的学者自发组织起来，互相帮助共同对外也就成为情理之中的事了。[⑤] 最初，学者行会和高级学校并没有必然联系，学者行会在高级学校出现之前就已存在，当时也有许多学者行会并未演变为高级学校。波隆那和巴黎这两个学者行会，将其紧密连接起来。而后所有高级学校的建立，都受到这两所"母大学"

① Hilde De Ridder-Symoens. *A History of the University in Europe, Volume I. Universities in the Middle Ages* [M]. Cambridge：Cambridge University Press，1999：35-36.

② Olaf Pedersen. *The First Universities: Studium generale and the origins of university education in Europe* [M]. Cambridge：Cambridge University Press，1997：133.

③ A. B. Cobban. *The Medieval Universities: their development and organization*[M]. London: Methuen & Co. Ltd，1975：32.

④ Harold Perkin. History of Universities[A]in James Forest and Philip Altbach. International Handbook of Higher Education[C]. Dordecht: Springer，2006：163.

⑤ Olaf Pedersen. *The First Universities: Studium generale and the origins of university education in Europe* [M]. Cambridge：Cambridge University Press，1997：137-138.

的直接或间接影响。<sup>①</sup>到了 15 世纪，universitas 逐渐演变为 studium generale 的同义语，而后 universitas 逐步彰显，studium 则渐被弃而不用。最终，拉丁文 universitas 被英文化为 university，学者行会也就演变为大学组织。由此看来，见证中世纪大学之源流，不在于校园内的宏伟建筑，也非学者们的著书立说，而是师生行会业缘关系的网络聚合。

## （二）Nations：由学者地缘关系到同乡会

地缘关系是社会资本表现出来的一个重要的客观形态，中世纪大学同乡会（nations）恰恰就是这种社会资本的充分利用。

早在 1191 年，波隆那就成立了伦巴第同乡会（Lombard），而后不断发展壮大，其成员是由出生在外乡的法学学生组成，不包含波隆那籍学生。因教师拥有波隆那籍，所以亦不涵盖教师。所有同乡会按地域组成两大学生团体：由意大利以外学生组成的山外学生行会（universitas ultramontanorum）；由意大利学生组成的山内学生行会（universitas citramomanorum）。1265 年，山外学生行会设有 14 个同乡会，1432 年发展为 16 个；山内学生行会起先设有 4 个同乡会，后来演变为伦巴第、托斯卡纳和罗马 3 个。这些同乡会下面又设有数量不等的分支。<sup>②</sup>除罗马和西西里同乡会拥有两个代表（consilarius）外，每个分支选举一位代表，每个代表拥有一张投票权，参与选举各自的校长（rector）和对重大事情进行投票表决。

与波隆那不同，巴黎大学包括法兰西、诺曼、皮卡德和"英—德"四个同乡会，是由文科学院的教师组成的，既包含外乡人，也包含巴黎当地人。虽然说同乡会中不包含学生，但是他们可以通过各自的老师与同乡会发生连带关系，获得权益保护。尽管说法学、神学和医学没有同乡会，但由于文科是进入这三个学科的前提，文科教师通常也是这些学院的学生，即使他们获得高级学位后也必须忠诚于进入同乡会的誓言，因此它们的学者也与同乡会保持着连带关系。此外，巴黎不存在拥有两个代表、两张投票权的个案同乡会，四个同乡会相对自治，各自拥有自己的章程、档案、书籍、集会场所、斋日和印章等，每个同

---

① Hastings Rashdall. *The Universities of Europe in the Middle Ages*: Volume I : *Salerno-Bologna-Paris*[M]. Oxford: The Clarendon Press，1936：15-17.

② Lowrie J. Daly. *The Medieval University 1200—1400*[M].New York: Sheed and Ward，1961：31-33.

乡会选举出一位学监（proctor），轮流担任校长。[1]

尽管说巴黎大学与波隆那大学的同乡会，在组织运作方面存有诸多不同，但是通过学者间的地缘连带关系，来争取生存发展资本却是共通的。在波隆那，同乡会旨在成为团结友爱、和睦共处、慰藉病患、接济贫苦、举行葬礼、化解纷争的社团实体，是异乡学生社会联系、交际聚会、休闲娱乐的精神家园。同乡会代表应当探访病患，如需帮助，要为他们进行特殊的募捐甚至动用公共资金；如无需物质帮助，也应为他们提供缓解压力的精神鼓舞。[2]同乡会运用集体力量，先后争得了自治权（选举校长）、免服兵役权、免税权和市民权（民事权益）等。在巴黎，同乡会的功能主要体现在集体保护和教学管理两个方面。譬如，1329年皮卡德同乡会召开会议，声称如果有人遭到伤害，其他成员必须共同为其复仇，直至获得公正裁决；如果伤害来自内部，那么相关责任教师将被逐出同乡会。巴黎四个同乡会在号称"麦秸街"（Straw Street）的都弗奥拉路(Rue du Fouarre)上有着各自的学校，同乡会每次集会的重要内容，就是讨论学校维护、修缮以及购置等事宜。法兰西同乡会，每年都要指定一个由五名教师组成的学校审核委员会，除审查并报告学校日常维护外，还要核清谁在使用学校、谁将使用学校、谁是主讲教师、谁不是主讲教师等事宜。[3]后者的查明对于同乡会而言是非常重要的，因为只有支付了租赁费用的主讲教师，才有资格使用学校。

同乡会对后世大学影响是巨大的。作为大学内部组织，巴黎和波隆那大学的同乡会一直持续到法国大革命时期；莱比锡大学（Leipzig）和维也纳大学（Vienna）的同乡会一直持续到19世纪时期；直到1936年，同乡会作为选举大学校长的基本组织单位，在阿伯丁郡（Aberdeen）的苏格兰大学仍然发挥着重要作用。

### （三）Faculties：由学者学缘关系到分科学院

如果说同乡会是以地缘关系为纽带，将学者聚合在一起的话，那么教授会

[1] Pearl Kibre. *The Nations in the Medieval Universities*[M]. Cambridge, Mass: Mediaeval Academy of America, 1948: 15-21.
[2] Hastings Rashdall. *The Universities of Europe in the Middle Ages*: Volume I: *Salerno-Bologna-Paris*[M]. Oxford: The Clarendon Press, 1936: 160.
[3] Lowrie J. Daly. *The Medieval University 1200—1400*[M].New York: Sheed and Ward, 1961: 89-93.

（faculties）则是以学缘为链接，将学者们整合为一体。

在中世纪欧洲，faculty 最初是被用作与学问（knowledge）相当的一个概念，尤其是专门学问之研究，后来进一步扩展为可用于任何一个研究学科（subject），并最终被指代为大学内部一个特殊的社团。汉密尔顿（Hamilton, S. W.）将其界定为，在某一知识领域，拥有讲授和考试特权的教师团体；康热（Du Cange）做了进一步修正，将其界定为在同一群体内进行教学研究的学科部门。[①]由 faculty 的词意演进简略分析，不难看出"知识学问→学术团体→学科部门"的基本发展路径。如果从辞典中查询该词的涵义，它至今仍然保留着能力技巧、全体教员、院系部门等丰富意涵。我们将其译介为"教授会"，只是采取了折中的说法，旨在强调以学缘关系为纽带的学者聚合。但是按照词源学路径，反过来进行推论，提出当下分科学院，是由中世纪以学缘关系为纽带的教授会演进而来的，这一说法应该是成立的。

除导致后世大学分科建制外，中世纪大学教授会，在一定程度上也打破了基于同乡会组织的排他性和分割性。同乡会在中世纪大学固然发挥着重要作用，但是由于以地缘关系为特征的先天性组织缺陷，不可避免地为大学发展带来诸多不利。每个同乡会都坚守着各自国家或地域的方言习惯，都有着各自不同的利益庇护人，这就限制了同一大学内部不同种族学者之间的交流融合。同乡会之间缺少理解沟通，更多的则是敌对谩骂。如英格兰人被称作"醉鬼、懦夫"，法兰西人被形容为"妄自尊大而又女味十足"，德意志人被称作"暴躁、贪吃和下流"；诺曼人被责骂为"招摇撞骗的自大狂"，勃艮第人被责骂为"野蛮无知的家伙"等。[②]以知识为纽带的教授会出现后，这种割裂和对立现象开始缓解，因为一个学者同时具有同乡会和教授会的双重身份，而教授会成员的身份，又促使各同乡会之间连接为一个整体的大学。中世纪时期，一般设有文科、教会法学、世俗法学、神学和医学五种教授会组织，几乎没有大学能够拥有全部类型的教授会，但是作为初级形式的文科教授会却是必需的，因为它是进入

① Simon S. Laurie. *The Rise and Early Constitution of Universities*[M]. New York: D. Appleton and Company，1892：203-204.
② Gabriel Compayré *Abelard and the origin and early history of universities*[M]. New York: C.Scribner's Sons，1910：106-107.

其他职业性高级教授会的必经阶段。由文科教授会选出的校长，迅速成为整个大学的领导后，不但加强了各同乡会之间的统合，而且也促进了各教授会的整合，因为宣誓服从校长，是中世纪学术组织的重要基石。[①]校长在听取各教授会的具体意见后，根据服从多数的原则宣布最终决定，并要求大学内的每一个成员必须服从，最终使同乡会、教授会融为一体。

### （四）College：由慈善捐建寄宿到教学组织

就教育层面而言，当下学院是指为了研究或教学而组织起来的学术团体，但早期学院并不提供教学指导，而仅仅是指学生食宿的地方。[②]换句话说，教学及其研究功能，仅仅是学院逐步演变的结果。

在中世纪，背井离乡、负笈求学的莘莘学子，起初年龄也就在 15 岁左右。他们远离父母，来到诸如巴黎这样的"大都市"，一边感受着中世纪城市的繁华，一边也面临着赌博色情等诸多诱惑，以及打架斗殴乃至抢劫杀人等安全隐患。比较谨慎的学生就联合起来，共同租用一处寓所，在巴黎称之为招待所 (Hospicium)，在牛津称之为会堂 (Hall)。一般说来，有两类学生是不住这种寓所的：一是很富有者，他们拥有自己的住所和私人教师；一是很贫穷者，每天沿街乞讨，最多只能住在条件极其简陋、被称之为"鸟窝"的阁楼上。[③]1180 年，英国教士龙德（Jocius de Londoniis）去耶路撒冷朝圣，返回途经巴黎圣玛丽医院，出资为 18 名贫穷学生在医院内提供安居之所。免费入住者生活不但颇为清苦，而且还要轮流为医院运送十字架和圣水等。1231 年，在医院之外建成了独立寓所，遂命名为"十八人学院"（Collège des Dixhuit），是中世纪最早的学院。[④]而后，这种学院建制迅速在各地产生。1257 年，圣·路易斯牧师索邦（Robert de Sorbon）出资建成的学院，改变了那些仅是提供住宿的学院风格。该学院入住对象是那些已经拥有文科教师资格、致力于经过长期艰苦学习，以

---

① Hastings Rashdall. *The Universities of Europe in the Middle Ages*: Volume I : *Salerno-Bologna-Paris*[M]. Oxford: The Clarendon Press，1936：329-330.

② Lowrie J. Daly. *The Medieval University 1200—1400*[M].New York: Sheed and Ward，1961：182.

③ Nathan Schachner. *The Mediaeval Universities* [M]. London: George Allen & Unwin Ltd，1938：140-141.

④ Lowrie J. Daly. *The Medieval University 1200—1400*[M].New York: Sheed and Ward，1961：183-184.

求获得神学博士的人员。①索邦学院起初设计资助 16 人，各从巴黎四个同乡会资助 4 人，不久便迅速扩大到 36 人。除全额资助者外，还配有为他们服务的勤杂人员。稍后，每位全额资助者都带有一个这样的"贫穷人员"作为他们的随从。②可见，与早期学院相比，索邦学院不但强调为神学服务，而且其生活条件也得到较大改观。

哈考特学院（Collège de Harcourt）是第一所付费入住的学院，而后其他学院纷纷效仿。相比于招待所或会堂，学院作息时间规律，日落关门可以确保安全；其纪律相对完善，好学者受到鼓励，偷懒者遭到训诫；学院长或其助手，能够充当部分导师角色，可以帮助学生复习功课、挑选导师等。这些无疑成为吸引学生家长出资的重要原因。后来，许多课程讲授也开始在学院中进行，使其更加具有吸引力。到了 15 世纪，学院基本能够开设大学全部课程；及至 16 世纪，以学校居多而闻名的"麦秸街"近乎荒废，大批学生涌入学院。③1379 年，英国温彻斯特大主教威克姆（William of Wykeham）在牛津开设新学院（New College）。其特点就是将资深人员分开指导学生，从学院基金中给予额外补贴，同时允许他们收取学生一定费用，从而开创了导师制先河。④导师制密切了师生关系，对后世大学影响深远。弗莱克斯纳（Flexner, A.）认为，牛津和剑桥在学生与导师之间确立的人际关系，尽管可能存在着某种个人有限性，但却是世界上最为有效的教学关系。不再是群体授课，师生每周面对面交谈，这种非正式的关系有时延伸至漫长的假期，促使学生在教师的言传身教下不断提高。⑤换句话说，这种师生亲和性永远都应该是大学培养人才所坚守的基本法则。

---

① 在中世纪大学中，神学博士学位的获得，是最为漫长和艰苦的，一般需要十五六年的时间。
② Hastings Rashdall. *The Universities of Europe in the Middle Ages: Volume I : Salerno-Bologna-Paris*[M]. Oxford: The Clarendon Press，1936：507-508.
③ Lowrie J. Daly. *The Medieval University 1200—1400*[M].New York: Sheed and Ward，1961：144-145.
④ Lowrie J. Daly. *The Medieval University 1200—1400*[M].New York: Sheed and Ward，1961：216.
⑤ Abraham Flexner. *Universities: American English German* [M]. New York: Oxford University Press，1930：275.

## 二、中世纪大学外部网络关系及运作

### （一）中世纪大学相互关系

按组织模式，中世纪大学可划分为两种：一是以巴黎为代表的先生型大学，是由教师社团管理，其学生相当于工商业行会中的学徒。一般来说，北部欧洲的大学归属于该类；另一种是以波隆那为代表的学生型大学，是由学生行会领导，集体决议教师聘任、教学考核、薪金发放等事宜。一般说来，南部欧洲的大学归属于该类。

按产生方式，中世纪大学可以分为三类，即自然生成型、迁移衍生型和威权创建型。自然生成型是指像巴黎、波隆那和萨莱诺（Salerno）这些最为原初、非经创办而自然生成的大学。由于波隆那和巴黎大学的辉煌成就，很快波及其他各地，其中学者迁移成为新办大学的一个重要因素。1167年，因英王亨利二世（Henry Ⅱ）与教皇和法兰西国王之间发生争吵，使在巴黎学习的一些英格兰学生返回，促成了牛津大学形成；1209年，因"市民与学者"纷争，致使部分牛津学者迁至剑桥，从而促进了剑桥大学的产生；1229年，因巴黎学者与市政当局发生冲突，大学宣布罢课，学者分散各地，直接导致奥尔良、安格斯（Angers）等大学的形成。像巴黎大学一样，先后从波隆那迁移衍生出来的大学有维琴察（Vicenza，1204）、阿列佐（Arezzo，1215）、帕多瓦（1222）、比萨（1343）和佛罗伦萨（1349）等；从帕多瓦大学又相继衍生出维切利（Vercelli，1228）、锡耶纳（Siena，1246）等大学。按照巴黎大学模式，1208—1209年，阿方索八世（Alfonso Ⅷ of Castile）创办了帕伦西亚大学（Palencia），被认为是第一所根据明确计划建立的大学。按照波隆那大学模式，1224年，弗雷德里克二世（Frederick Ⅱ）创办了那不勒斯大学，是第一所帝国大学；1229年，图卢兹大学则成为由教皇直接创办的首所大学。① 由此可见，无论迁移衍生型，还是威权创建型的大学产生，都与巴黎和波隆那这两所"母大学"有着千丝万缕的关联。

事实上，沿着大学发展史继续向下推延，哈佛、耶鲁等北美大学是英国新

---

① Alan B. Cobban. *Universities in the Middle Ages*[M]. Liverpool: Liverpool University Press，1990：14.

教徒直接按照牛津剑桥模式而创建的；包括中国在内的，亚洲近代大学产生又无不受欧美大学的影响；可以说当今世界各大学，大都可以从中世纪欧洲大学中寻找到历史发展的痕迹。更为重要的是，这种亲缘关系为当时大学之发展创造了丰厚的外部社会资本。所谓独木难成林，巴黎等大学正是依靠这种天然的连带关系，游刃于教权与皇权之间，成为一支重要的社会力量。这正如拉斯达尔（Rashdall, H.）在其三卷本《欧洲中世纪大学》开篇所讲的那样，教权（Sacerdotium）、皇权（Imperium）和学权（Studium）被中世纪作家描述为三足鼎立的神秘力量，他们的和谐相处才使得基督教世界得以维持生存。[①] 事实上，这里所指的学权就是以巴黎大学为代表的中世纪大学。

### （二）中世纪大学与世俗力量

大学与世俗之间，主要表现为大学与皇权或王权之间，以及大学与城镇市民、地方当局之间的关系。

面对着学者行会的迅速崛起，罗马皇帝以及各封建王权争相介入，试图拉拢这支以知识为业的新生力量。1158 年，巴巴罗萨（Barbarossa, F.）颁布敕令（Habita），诏谕各地学者，前往他所管辖的领地游学。敕令宣称，凡是为学问（尤其是神学和法学）而游历的学者，在其领地可安然往来居住，不会遇到任何阻碍。任何人不得以任何方式坑害游学者，如有违反，则对其处以四倍惩罚偿还。沙赫纳（Schachner, N.）分析认为，罗马皇帝之所以颁布这一敕令，主要原因有三：其一，数千计的外国学者聚合并长期生活在他所管辖的领地，会带来丰厚的物质收入；其二，吸引这种以知识为业的学术组织，无异于在其皇冠上增添了更多明珠；第三，出于对皇恩感谢，学者们也会极力为皇权辩护。[②] 事实上，并非所有世俗权力都对学者如此优厚。1229 年，巴黎几名学生与酒吧老板发生冲突，学生遭打后，次日结集同伙持械报复，市民反遭重创。市民上告至摄政女王布兰奇（Blanche of Castile）。女王出动军队镇压，数名学生被杀。教师们在上诉教皇使节和皇家法庭无效后，4月16日集体投票表决关闭大学六年，并宣誓如得不到补偿绝不返回。[③] 随之学者们四处分散，其中一部分在英王亨

---

① Lowrie J. Daly. *The Medieval University 1200—1400*[M].New York: Sheed and Ward，1961：2.
② Nathan Schachner. *The Mediaeval Universities* [M]. London: George Allen & Unwin Ltd，1938：46.
③ Lowrie J. Daly. *The Medieval University 1200—1400*[M].New York: Sheed and Ward，1961：191-192.

利三世（Henry Ⅲ）的邀请下，来到英格兰，壮大了牛津和剑桥的力量。直到 1231 年，教皇颁布大学《大宪章》（Magna Carta），赋予大学罢课权、结盟权、学位授予权，以及设置特别法庭等权益后，学者们才陆续返回巴黎。

中世纪大学居于城市，其直接的利益相关者是当地城镇居民。对居民来说，面对众多异乡学生蜂拥而入，其心态是异常矛盾的。一方面，从城市经济繁荣发展来看，他们希望更多学者到来，从而拉动工商业需求。中世纪城市不比当今之大城市，动辄数百万人。那时所谓的城市，仅是对于乡村而言人口相对集中的地方，因此学者群体的去与留，对于城市的发展影响甚大。另一方面，从城镇治安稳定来看，他们往往又把这些桀骜不驯的青年学生视为重要的不安定分子。伴随行会组织的兴起，这些青年学生的背后是同乡会、教授会这些利益共同体，因此一旦与城镇居民发生摩擦或冲突，最终损失较大的往往是那些居住固定、关系分散的市民。就师生群体来说，当他们面临与市民的冲突时，往往采取以下措施：其一，诉诸教皇，譬如 1217 年，发生在波隆那的市民与学生之争，教皇完全站在了学生这边；其二，诉诸王权，譬如剑桥大学就是巧妙地利用王权，来对付市政当局进而获取诸多权益的；其三，群体性迁移，如果教皇或世俗统治者处理纠纷不当，那么学者们就进行群体迁移。学者们的教授通行权，中世纪大学有限的固定物资，同乡会、教授会等紧密的网络链合，都使群体迁移极为便利，随着罢课权的认可，更使群体迁移合法化。然而，群体迁移无论对于当地城镇来说，还是对于城镇所在的世俗王权而言，都是极为不利的。因此，每一次群体迁移的结果往往伴随着大学特权的不断被认可。

## （三）中世纪大学与宗教组织

大学与宗教，主要表现在与教区校长（Chancellor）、主教（Bishop）以及教皇三个方面的关系。

中世纪大学产生之前，教区校长一直充当教堂学校的领导角色，他拥有颁发教师许可证（licentia docendi）的特权，巴黎教师行会形成后，其地位受到严重威胁。因为按照惯例，中世纪行会具有授予从业证书的权利。教区校长不但在授予许可证时收取费用，而且还要求教师宣誓效忠于他本人，此举激起巴黎大学的强烈抗议，向教皇提出诉求。1213 年，教皇谕令，教区校长具有无偿授予许可证的义务；一经神学、法学、医学高级教授会或经 6 人组成的文科教授会多数认可，他必须授予申请者证书。①1227 年，教皇认可了圣·吉纳维芙（St Genevieve）修道院的神父，同样具有授予教师许可证的权利，至此教区校长，授予教师许可证的特权不复存在。为制约主教对大学过多地插手管理，教皇一般直接派遣特使干预主教的权力。有时候教皇也借助其他地区的主教势力，进行跨地域干预。个别情况下，教皇会直接撤换不服从命令的主教。譬如，1212 年初，在多次更换巴黎主教尚不尽意的情况下，教皇直接任命巴黎大学神学教师高冈（Robert de Courcon）为红衣主教和驻法教皇特使。②

结合中世纪大学与世俗力量之关系的论述，可以看出，在大学与外部发生冲突时，教皇多数站在大学一方。这是因为：（1）虽然由基督教统治的中世纪欧洲，教皇作为最高代言人，没有任何可以惧怕的刀量，但是他却认为大学神学的研究导向，将会直接关乎基督教信仰的价值传播，所以帮助巴黎等大学摆脱困境，也就是帮助基督教教义更有效地推广和普及。在教皇看来，巴黎等大学是他本人和整个基督教的大学，而不应该由当地的教区校长，或者是由主教来管辖和控制。（2）在中世纪大学产生之际，也正是教宗和皇权争夺最高权力的时期，双方都需要大学作为意识形态工具，为其至高权进行合法性辩护。一定意义上，帮助大学摆脱困境，也即是帮助教皇本人，确保其最高权威的稳定性。（3）教皇与大学之间的学缘关系。如果分析 13、14 世纪教皇的教育背景，就会发现他们与大学之间有着密不可分的连带关系。从英诺森三世（Innocent Ⅲ）1198 年继任教皇，到 1404 年英诺森七世登位，历任教皇或为大学毕业，或为大学教授，或为大学的直接监护人。在 20 任教皇中，有 10 任曾在巴黎大学学习，有 10 任曾在各大学任教。③

尽管说中世纪大学与教皇之间存在着如此紧密的连带关系，但是学者们并没有完全成为教皇的附庸。事实上，当争端发生时，教皇也并非一直站在大学一边。当面临教皇威胁时，大学一方面可以充分发挥同乡会、教授会等丰厚的

---

① Hastings Rashdall. *The Universities of Europe in the Middle Ages*: Volume I : *Salerno-Bologna-Paris*[M]. Oxford: The Clarendon Press，1936:308.

② Olaf Pedersen. *The First Universities: Studium generale and the origins of university education in Europe* [M]. Cambridge：Cambridge University Press，1997：167.

③ Lowrie J. Daly. *The Medieval University 1200—1400*[M].New York: Sheed and Ward，1961：211-212.

内部社会资本形式，另一方面可以利用与世俗统治者、与各"母子"大学，以及无数国际化的显赫毕业生的强大力量，来共同对抗教皇的干涉。一定意义上，正是这些内外部社会资本的综合利用，才使得中世纪大学没有演变为一个宗教机构，大学基业才得以常青。

## 三、中世纪大学产生中的非正式制度作用

正如哈斯金斯所言，与现代大学不同，中世纪大学最初形成时，没有图书馆等有形建筑，也不存在董事会等正规建制。巴黎、波隆那等古老大学，具体何日开办已无从考证，它们并非计划性创建，而仅仅是自然生成（just grew）的结果。[①] 在缺失成文的正式制度运作下，不成文的非正式制度在中世纪大学产生中发挥了重要作用。

### （一）宗教信仰

基督教是西方世界宏大的文化背景。作为中世纪主流意识形态的基督教精神，也就成为大学产生的丰厚土壤。

基督教宣扬，人性本堕落且皆有原罪，涤清罪恶得以救赎的重要方式就是通过教育。众所皆知，公元 476 年，西罗马灭亡后，整个西部欧洲，被语言各异、文化蒙昧的蛮族所割据统治，伴随希腊语教师的流散，文化经典濒临灭绝。为培养教会人士，发扬宗教教义，以卡西奥多斯（Cassiodorus）、博埃修斯（Boethius）为代表的教会人士，相继建成修道院及抄书室，复制、纠错、注释经典文献。它们就像处于愚昧野蛮海洋中的岛屿，使学术在西欧得以栖息。从流传史料来看，这些文献绝非仅是《圣经》和神学论文，还包括历史、七艺、宗教历法、百科全书、学术纲要等。其中，百科全书涵盖了文法、修辞、数学、几何、天文、音乐、医学、法律等众多领域。[②] 可以说，没有这些经典文献的传承和积淀，中世纪大学就不可能形成文、法、神、医等学问分支。换句话说，正是这些基督教精神，在客观上促成了中世纪早期的文化传承，也正是这些星星之火，为

---

① Charles Homer Haskins. *The Rise of Universities* [M]. New York: Henry Holt and Company，1923：7.

② Olaf Pedersen. *The First Universities: Studium generale and the origins of university education in Europe* [M]. Cambridge：Cambridge University Press，1997：51-55.

后世大学形成燎原之势，奠定了坚实的知识基础。

基督徒认为，人生短暂如过眼云烟，接受教育之目的不在于拥有尘世金钱与权势，而在于死后能否升入天国。为了洗清原罪取得救赎，教徒们多热衷于慈善事业。因此，捐资教育在中世纪蔚然成风。如前所述，在中世纪大学，学院最初出现，就是私人为家境贫困者提供的膳宿之所。据不完全统计，在整个中世纪时期，仅巴黎就有这种慈善性质的学院达 67 所之多。<sup>①</sup>这种捐赠之风，后来伴随清教徒的迁徙，越过大西洋传到了北美大陆。哈佛、耶鲁等大学的创办主要得益于此。如果说，私人捐赠是出于基督徒宗教信仰的个人行为，那么1179 年，第三次拉特兰宗教会议（The Third Lateran Council）则是将这种个人行为扩展到整个宗教组织精神。会议不但为教士，也为贫困学生作出了免费接受教育的规定。因此，一定程度上正是宗教信仰为中世纪大学之形成，提供了基本的物质保障。

### （二）组织精神

当下学者在研究大学组织精神时不可绕过的两个议题，便是民主自治与学术自由。拷问其源流，则不可不上溯到中世纪大学。

相对于近世大学，中世纪大学除前期稍稍依附于宗教，后期渐次转向世俗权力外，它们是名副其实、近乎独立的自治团体。这主要表现为：（1）不但对于外部而言，大学是一个整体意义上的拥有高度自治的社团，而且就大学内部而言，教授会和同乡会之间，也各自拥有分工明显的教学领域、日常事务以及管理组织等。（2）大学及次级组织的管理者产生，表现出高度自治性和民主性。这里仅以波隆那大学同乡会代表选举为例。该选举完全是按照多数决定的原则，表决可以采取投票的方式，也可以采取"黑白豆"（black-and-white-bean）的方式进行。所谓"黑白豆"的选举方式，是指参加人员每人一白一黑两粒豆子，白豆代表同意，黑豆代表反对，每人只能掷出一粒。整个选举过程从验票、投票、监督、检票到最终确定，都安排得极其严密，暗箱操作和仪式民主毫无生存空间。<sup>②</sup>（3）大学内部管理职位，表现出高度流动性。以巴黎大学为例，直到

① A. B. Cobban. *The Medieval Universities: their development and organization*[M]. London: Methuen & Co. Ltd，1975：128.

② Lowrie J. Daly. *The Medieval University* 1200—1400[M].New York: Sheed and Ward，1961：40-41.

1266年，校长的产生都是每月或每6周选举一次，如果校长在任期内功绩显赫，则可以延长任期至3个月。后来，尽管说校长任期又有所延长，但是最多不能超过1年或2年的时间。（4）无论是大学整体，还是次级组织，其真正的权力掌握在集体层面，而非管理者个人层面。大学校长最初的主要职责，仅仅是学位授予仪式队伍中走在最前面的领路人，他们的职责侧重于"统"（reign）而非"治"（govern）上。换句话说，中世纪大学内部管理是基于群体参与性的民主模式，而非权力集中、等级分明、个人独裁式的官僚模式。

中世纪大学的学术自由主要表现在教和学两个层面。教师日常教学，除运用讲授法（lecture）、读书法（reading）之外，还有另外一种重要的方法——辩论法(disputation)。所谓辩论法，主要是指双方或多方围绕一个问题进行讨论，以证明或反驳某种观点的教学方式。这种独特的教学方法，结合大学民主管理的组织特征，成为展示中世纪大学教师学术自由的重要体现。持续不停的争辩、对问题是与否的探究、师生之间的群体参与，这些因素交织在一起，促使大学将问题探讨引向了所有领域。辩论法运用于学生考试，则直接促成了学生"学什么"的自由。起初，由于巴黎大学同乡会之间发生争执，其余三个同乡会曾拒绝各自的学生到法兰西同乡会所开设的学校学习。1249年，冲突协议解决，自此以后，学生可以在所有同乡会开设的全部学校内，任意选择教师学习。[①]波隆那大学因其学生行会管理的特征，学生在"学什么""何处学"以及"跟谁学"等方面，则拥有更多的自主空间。

## （三）习俗惯例

因早期大学是逐步生成而非计划创设的结果，所以制约大学行为规范的，往往表现为自觉性的习俗惯例，而非强制性的法律章程。因大学组织的复杂性，这里仅以学生为例加以阐释。

彼得森考证认为，在整个13世纪，大学几乎不存在明确的生活纪律方面的要求。最初，为了公共治安，只有少数大学规定，不得举行诸如摔跤等对抗性的比赛。[②]而后，尽管在教会、国家以及大学层面，都曾先后制定了一些明

---

① Lowrie J. Daly. *The Medieval University 1200—1400*[M].New York: Sheed and Ward，1961：57.

② Olaf Pedersen. *The First Universities: Studium generale and the origins of university education in Europe* [M]. Cambridge：Cambridge University Press，1997：238，239.

确的生活纪律，但是制约学生日常行为的，仍然是他们入学所做的誓言。如前所述，中世纪学生拥有充分的学习自由，如果不考虑路途遥远和行程艰辛，他们进入大学事实上是相对容易的。大学对入学者，在国别、社会地位、智力程度以及语言上没有特殊要求。入学者可以在一年内的任何一天申请入学。但是，入学宣誓则是必不可少的环节。一般说来，新生应宣誓维护校长的任职资格；遵守大学已经制定和今后要制定的规则章程；为促进大学的福祉而尽其所能，即使获得学位，取得社会地位后也不改变；为维持大学校内外的和平与秩序，新生还应宣誓放弃任何形式的私人报复等。[1] 我们知道，在中世纪宣誓的权威性是至高无上的，学生一旦宣誓，必须忠诚于誓言，自觉约束行为规范。

在学生学习方面，不成文的惯例也同样占有支配地位。尽管早在 1252 年，巴黎大学文科学院英格兰同乡会，就制定了文科学士在四旬斋（Lent）期间考试之章程，但无论从形式来看，还是从内容来说，充其量只能是描述性的宏观规定，远不似当下繁文缛节式的规则条款，其约束机制，仍然是手抚《圣经》宣誓。所有阶段的辩论考试通过后，大学要为博士学位获得者，举行隆重的授予仪式。当他们接过主持教师递给的方形帽和书本，接受团体成员一一祝福之吻后，便可以坐在教师的椅子上。授予仪式结束后，博士获得者为表示感激之情，要举行学术宴请。学术宴请是中世纪大学学生毕业的一个重要环节，但该惯例只是到了 1467 年才有了正式制度规定。[2] 尽管说与法律法规相比较，习俗惯例的运行似乎存有诸多不足，但是就发自群体成员内心的自觉遵循，节省讨价还价带来的交易成本，避免成文规则背后的私下交易等方面来说，不成文的习俗惯例却拥有不可比拟的优势。

（原载于《教育学报》2010 年第 1 期，第 117-124 页）

---

[1] Hilde De Ridder-Symoens. *A History of the University in Europe, Volume I. Universities in the Middle Ages* [M]. Cambridge：Cambridge University Press，1999：171-182.

[2] Lynn Thorndide, *University Records and Life in the Middle Ages* [M], New York: Columbia University Press，1944：353.

# 社会资本视角下 19 世纪柏林大学之崛起

柏林大学模式是高等教育研究中一个无法绕开的"热点"问题。这不仅因为，它使德国成为 19 世纪世界高等教育的中心，对当下强势的美国大学制度和北大蔡元培理念都产生了重要影响，而且还因为它是在德国及其大学内忧外困、岌岌可危的境遇下创办的。18 世纪末，德语范围内的多数大学，被认为是学究们死记硬背、机械辩论的场所，许多真正的学者对其极为蔑视。负责普鲁士高等教育的司法大臣马索（J. von Massow）认为，大学作为一种机构应该被彻底取消，取而代之的，应该是与其毫无关联的、服务于特别需求的专业院校。[①]1806 年，普鲁士—萨克森联军与法国之间爆发战争，联军的惨败迫使普鲁士与法国缔结了"梯尔西特和约"，在付出巨额战争赔偿后，还失去了易北河以西所有地区。[②] 割地赔款不但使哈勒、耶拿等大学纷纷关闭，导致德国大学危机加深，而且也使德意志民族处于生死存亡的边缘。正是在这个时候，柏林大学产生了。

柏林大学产生后，迅速超越了英、法等国大学的发展。针对柏林大学的崛起，学者们多从洪堡及其倡导的学术自由、教授治校、教学与研究相结合等方面进行探讨，运用社会学方法进行分析的还为数不多。社会资本概念提出后，为我们研究柏林大学模式提供了一个理论视角。那么，在 19 世纪，柏林大学的内外部关系网络以及制约这些关系网络的非正式制度是如何运作的？它们是如何为柏林大学的产生和发展提供支持的？是哪些因素促使柏林大学超过英、法等国高等教育的？柏林大学社会资本的运营为我们今天的大学发展提供了哪

---

① Daniel Fallon. *The German University: A Heroic Ideal in Conflict with the Modern World*[M]. Colorado：Colorado Associated University Press，1980：5-8.
② 维纳·洛赫. 德国史 [M]. 北京：三联书店，1976：205-207.

些理论借鉴？这是本文所要讨论的重点话题。

## 一、柏林大学外部关系网络及其运作

### （一）大学融入国家网络

主要表现为：（1）大学为国家发展而设置。1807 年 8 月，原哈勒大学校长施玛茨（H. Schmalz）带领教师代表团，前往普鲁士东部小城麦莫尔（Memel）拜谒主持政务的弗列德力克·威廉（Frederick William），请求在柏林重开他们的大学。国王欣然应允，并认为国家应该用智慧的力量来弥补物质资源的损失。① 柏林大学建立后，为国家服务一直是其长期坚守的办学宗旨，教授们忠诚于国家，并视国家利益高于一切。（2）大学经费主要来源于政府。尽管早在中世纪后期，德意志各世俗政权便开始筹建或资助大学，但是直到 18 世纪，大学还没有被邦政府正式纳入财政预算之中。1807 年 9 月，威廉三世将拨给哈勒大学的所有经费，全部转拨给柏林大学；1809 年 7 月，又将其弟——亨利王子（Prince Henry）的豪华宫殿作为柏林大学的校舍，同时拨款 15 万塔勒作为新建大学经费。伴随柏林大学的发展，政府对其投入不断增加。普鲁士给柏林大学的拨款 1820 年为 8 万塔勒，1870 年达到 24.8 万塔勒，其中拨付的研究经费 1830 年为 1.5 万塔勒，1870 年则高达 12.5 万塔勒。② （3）大学非学术事务纳入政府管理。这主要表现为大学正教授以及从正教授群体中产生的大学校长和院长的任命权，都掌控在教育部长的手中。政府对大学的直接参与，从柏林大学校长的更替中便可见一斑。从 1810 年到 1914 年，柏林大学的校长更替频繁且极为规律：84 位校长，每届任期均为 1 年，多次任职者均非连任。由此可以推断，如果不是政府的插手管理，这种现象是不可能发生的。

德国大学虽然融入国家网络，但就学术事务而言，其自治权限还是较大的。教授们之所以能够拥有充足的学术自由，主要得益于与政府建立的"利益商谈机制"。当德国大学内教授职位出现空缺时，大学院务委员会将为教

---

① Daniel Fallon. *The German University: A Heroic Ideal in Conflict with the Modern World*[M]. Colorado：Colorado Associated University Press，1980：9.

② Charles E. McClelland. *State, Society, and University in Germany,1700-1914*[M]. Cambridge：Cambridge University Press，1980：211-212.

育部提供一份三人候选名单。虽然政府可不考虑建议名单，另行聘任，但在通常情况下，是会按照大学意愿进行聘任的。教育部确定教授后，会就其薪水、配备人员、设备以及研究经费等与教授协商。协商分为两种：就任协商（Berufungsverbandlungen）和中止协商（Bleibeverbandlungen）。当其中一名候选人收到教育部的教授身份认可后，便进入"就任协商"；当已经是教授的人员转入另外一个邦大学任职时，他要与原大学所在邦的教育部进行"中止协商"，并与聘请他的那个邦的教育部进行"就任协商"。尽管这种协商事无巨细，且非常冗长，但仍不失为发展教授权力的一条良策。丹尼尔·法伦（Daniel Fallon）认为，在19世纪，政府与教授间的磋商，是推动德国大学发展唯一的有效途径。[1]19世纪初，法国大学同样也融入了国家网络，但是像德国这样的"利益协商机制"是不存在的。1808年，拿破仑对法国大学进行了全面整顿，并为大学制定了严格的规章制度，使大学教育完全置于中央政府自上而下的掌控中。法国大学教师的主要任务是做好工作量很轻的教学和考试，即使教授也很少拥有研究资源。授课之外，他们多干或少干一点，可随心所欲，不受国家约束。[2]教学研究的相互割裂、行政管理的机械僵化、教师活动的散漫自由等，都使法国一步步丧失了世界科学发展的中心地位。

### （二）大学摆脱宗教束缚

早期的德国教育机构是在教会的严格控制下产生和发展起来的。1763年，普鲁士颁布初等教育法规，标志着教育机构开始脱离宗教控制。1787年，威廉二世建立了高等学务委员会，管理普鲁士全境的中等学校和高等学校，但其成员多为牧师或教士，因此高等教育仍直接或间接地受到教会影响。1807年，威廉三世宣布解散这个机构，在内务部下专设一厅，主管宗教和教育；1817年又将教育厅改组为教育部。至此，普鲁士的教育组织已经完全脱离教会控制，成为国家机构。[3]柏林大学脱离教会束缚，主要表现为国家拨付经费并管理大学、哲学院代替神学院成为大学的中心等方面。柯林斯（Randall Collins）认为，

① Charles E. McClelland. *State, Society, and University in Germany,1700-1914*[M]. Cambridge：Cambridge University Press，1980：37-38.
② 约翰·范德格拉夫，等. 学术权力——七国高等教育管理体制比较 [M]. 杭州：浙江教育出版社，2001：55.
③ 滕大春. 外国近代教育史 [M]. 北京：人民教育出版社，1989：186.

柏林大学改革使哲学成为成熟的高级学科，它摆脱了以前由神学家设立最高级课程的限制。这意味着理性的练习只需凭借自身，而不受教义和正统的指导。①虽然柏林大学从创设起就设了神学院，但是在1914年之前的84位历任校长中，神学专家只有13位，并且此时的神学已经演变为同其他学科一样的一门学科，一切教学规章都要遵循教会教规的现象已不复存在。

从外部关系来看，大学摆脱宗教束缚、融入国家发展意义重大。众所皆知，15至18世纪的欧洲，是一个思想变革和社会变革激荡的时代。文艺复兴、宗教改革、启蒙运动等相继发生；人文主义与神本主义、宗教内部各教派、教权与王权等冲突不断，宗教裁判、王权镇压、民族纠纷、国家战争等此起彼伏。处于风雨飘摇中的传统大学，宛如航行在波涛汹涌的大海中的叶叶小舟，时而成为基督教的神甫，为宗教马首是瞻；时而成为世俗权力手中的羔羊，遭受欺凌和宰割。面对教权和王权的双重挤压，传统大学时而被推向矛盾斗争的核心，时而被抛弃在生存的边缘。大学摆脱宗教、融入国家后，一方面脱离了夹缝生存的困境和信仰危机的尴尬，另一方面也使大学获得了较为稳定的经费来源。与德国相比，英国国会到了19世纪中后期（1863年）才开始通过法案，取消传统大学中不利于发展科学、推动学术进步和有害于国家利益的某些宗教方面的规定，使牛津、剑桥开始面向世俗阶层，逐步打破固步自封的局面；到了19世纪末期（1889年），英国政府才首次对牛津和剑桥大学进行直接财政拨款，鼓励两所大学进行工学和医学方面的教学研究。②摆脱宗教束缚和政府直接资助的滞后性，不能不说是牛津、剑桥等英国传统大学发展缓慢的一个重要因素。

## （三）大学与社会保持适当距离

洪堡倡导教学与研究相结合，但是他反对大学传授实用的专门化知识，要求大学应当致力于不含任何实用目的、所谓"纯粹知识"的探究。柏林大学的教授们也深信纯粹科学的价值，注重追求科学本身的目标，反对将任何实用的思想渗透到学术研究之中。为适应社会发展，德国在大学之外新建了其他的高等教育机构——工业高等学校和专门学院。工业高等学校是从比较低级的工业

---

① R·柯林斯. 哲学的社会学：一种全球的学术变迁理论 [M]. 北京：新华出版社，2004：782.
② 黄福涛. 外国高等教育史 [M]. 上海：上海教育出版社，2003：150.

技术学校发展起来的，到了 19 世纪的下半期，已逐渐获得与大学相等的地位。它们最初是在实际教学上与大学相同，后来在组织和编制上也取得与大学相等的地位。在工业高等学校之后，又有采矿学院、林业学院、农业和兽医学院相继出现，所有这些学校都是按照大学的编制建立的。这样，农业、工业、商业三种主要经济事业也和神学、法学和医学等昔日的"学术"专业一样，跻身于高等教育的行列了。①面对实用性学科发展的需求和外部高等教育机构的冲击，以柏林大学为首的德国研究型大学并没有成为社会的"风向标"，也没有退化为技术性教育机构，而是与社会保持一定距离，坚持不含实用目的的真理探究。这与 19 世纪法国高等专科学校过于功利性和实用性的特点，形成了鲜明对比，同时，这也不能不说是使法国丧失欧洲科学发展优势地位的又一重要因素。

不以功利为目的的柏林大学，在 19 世纪创造了辉煌的成就。在第一次世界大战前 42 名诺贝尔自然科学奖获得者中，有 14 名是德国学者且全部都是大学教师，其中仅柏林大学就占 8 人。此外，有些诺贝尔奖获得者虽然不是德国人，但是也曾就读于柏林大学，如 1901 年化学奖获得者、荷兰的范特霍夫 (Jacobus Hendricus Van't Hoff)；1908 年物理奖获得者、法国的李普曼 (Gabriel Lippmann) 等。由于德国研究型大学在科学领域中的卓越贡献，因此吸引了来自世界各地的学子求学于斯。到了 20 世纪初期，德国大学中外国学生占到学生总数的几近 9%，其中又以美国学生居多。大批在德国留学的美国学生学成回国后，按照德国大学模式新建或重组了他们的大学。此外，德国大学模式对其他国家，尤其是对日本、希腊、荷兰、比利时、俄国、丹麦、挪威、瑞典等国家的高等教育系统都产生了深远影响。1870 年普法战争再次爆发，结果以法国惨败而告终。法国史学家瑞南 (Ernest Renan) 认为，是德国大学赢得了战争胜利。起初，法国国内对高等教育不满的议论较多，但却较少落实到行动。最终，在强烈呼声下，法国于 1896 年按照德国大学模式改组了他们的大学。同时，工业革命的策源地——英国，也缘于德国大学的卓越成就，被迫对他们的高等教育系统进行实质性重组。②由此可见，柏林大学的外部影响是世界性的，

---

① 弗·鲍尔生. 德国教育史 [M]. 北京：人民教育出版社，1986：133.
② Willis Rudy. *The Universities of Europe, 1100—1914*[M]. London：Associate University Press，1984：127-130.

大学及其学者致力于"纯粹知识"的学术理念，至今仍是世界研究型大学以及诸多学者不懈追求的目标。

## 二、柏林大学的内部关系网络及其运作

在整个 19 世纪，德国大学内部的网络关系并没有发生较大变革。但是，较之于 18 世纪及其以前，这段时期大学内部的网络关系已经明显出现了底部（研究所和研究班）科层化现象，同时大学内部还存在着顶部（学院和大学）非等级制现象。

在德国大学，研究所和研究班是其最基层的、也是最具权力的教学科研单位。研究所（institute）一词在自然科学领域使用得最为普遍；而在人文和社会科学领域，则称为"研究班"（seminar）。研究所是一个独立的研究和教学单位，拥有全部必要的人员和设备，如实验室、资料室、教室和讨论室等。在传统上，德国大学教授是他的研究领域中唯一的讲座持有者，同时也是研究所的唯一的负责人，与大学校长和各院院长不同，学有专长的研究所负责人无需频繁变更，且与政府有着密切的关系。研究所中的人员是分等级的，不同的人具有不同的地位和作用。在教授下面有两类教学和研究人员：其一，编外讲师（privatdozenten）。他们通常需要取得一种称之为"大学授课资格"（habilitation）的博士后资格，能够在大学中独立授课，很少或常常不拿薪水。他们能否使用研究所的设施要取决于教授的意见。其二，助教（assistenten）。他们没有"大学授课资格"，有时甚至没有博士资格。他们的任职需由教授推荐，并与教育部长签订短期合同。助教的工作完全服从于教授工作的需要，他们通常不被看作是大学中的正式成员。需要特别指出的是，在 19 世纪，看似科层制度严密的大学研究所，其实并非死水一潭，这主要得益于编外讲师制度的施行。取得授课资格后的编外讲师，即为得到教授群体承认、同意他作为同僚加入、可以受雇于任何一所大学的学者。正教授作为国家官吏、拿国家薪水，从而受到国家意识形态的严密控制；但是编外讲师不拿国家薪俸，靠学生缴纳的学费维持生活，因而他是作为独立的个人站在大学的讲台上的，在大学内他可以自由宣讲自己的学说和世界观。因此，日本学者上山安敏研究认为，编外讲师实质上

是教授在学术上的竞争对手。从这个意义上来说，编外讲师制度也是把竞争原理引入大学体制并促使大学学术研究活跃的一个源头。这种积极性，从柏林大学正教授黑格尔（Georg Wilhelm Friedrich Hegel）与编外讲师叔本华（Arthur Schopenhauer）之间的争执，便可见一斑。因为编外讲师依靠学生的学费维持生活，所以听课人数的多少不仅能反映出他们的学说能否在同时代人中引起共鸣，而且也决定着他们的生活水准。就连黑格尔也曾将自己的学生数与宿敌康德学派的费利斯（Friedrich Jakob Fries）的学生数相比后忧喜交加，由此可见编外讲师对正教授的学术冲击力。①

在研究所和研究班的上面是大学学院。在柏林大学创立时，就设有哲学、神学、法学和医学四个学院。学院一般很少集合，其权力也是咨询性质的。学院的唯一真正决策机构是院务委员会（inner faculty），对于教授而言，它"既是一个议会又是一个俱乐部"，是一个由地位相同的高级人员组成的松散的大学组织。学院负责人由每年轮流从院务委员会中选出的教授担任。在学院的上面是大学，其主要决策机构是大学评议会（senate）。大学评议会的权力更小，且各学院在其内部的组成人员人数相当。大学评议会的主席——大学校长是由全体教授选出的、一个德高望重的学者担任。推选校长的目的与其说是出于他的行政管理能力，还不如说是想以他来象征大学的崇高的学术地位。②费希特、黑格尔等蜚声世界的哲学大师都曾担任过柏林大学的校长。

德国大学的内部网络关系凸现了大学"为科学而生活"的精神理念。科学活动的主体、大学权力的重心——研究所和研究班在国家的扶持下不断发展壮大。柏林大学在 1820 年有 12 个研究班和研究所，1820—1849 年又创办了 6 个，而后的 20 年中又增加了 9 个。1882—1907 年，阿尔特霍夫（Friedrich Althoff）在普鲁士主管高等教育期间，先后在柏林、波恩等 9 所大学中设置研究所和研究班多达 176 个。研究所和研究班的迅猛发展，改变了大学尤其是学院成员的生活和学习方式。教授们无需像从前那样坐在家中的书斋里，而是来到研究所工作。学生也充分利用研究所的图书和设施，并在这里得到在课堂

---

① 马克斯·韦伯. 韦伯论大学 [M]. 南京：江苏人民出版社，2006：122-123.
② 约翰·范德格拉夫，等. 学术权力——七国高等教育管理体制比较 [M]. 杭州：浙江教育出版社，2001：22-25.

上得不到的与教授交谈的机会，从而避免了由于大学迅速发展所造成的干扰。概言之，研究所成为教师和学生共同生活和学习的第二家园。①在研究所内部，大学教师和学生的关系已经不同于低层次教师和学生之间的关系。在这里，教师不再是仅仅为学生而存在，他们都有正当理由共同探求新知，大家都是探索者，教师和学生完全是科研的伙伴关系。②一定意义上来说，正是这种科研的伙伴关系，为德国大学的发展创设了良好的内部环境。

### 三、影响柏林大学内外部关系网络运作的非正式制度

#### （一）民族意识形态的觉醒与柏林大学的产生

马丁·路德发动宗教改革后，德意志神圣罗马帝国内部因信仰不同，冲突不断。1618—1648年，新、旧教派之间的"三十年战争"使德意志民族分崩离析，帝国名存实亡。受启蒙思想影响，18世纪的德意志知识分子率先开始在意识形态领域觉醒，他们的宗教信仰开始动摇。莱辛 (Gotthold Ephraim Lessing)、席勒 (Friedrich von Schiller)、歌德 (Johann Wolfgang von Goethe) 等一大批学者发出了批判封建宗教神学和建立民族国家的呼声。1789年，法国资产阶级革命爆发，更唤起了德意志知识分子的民族意识。德国史学家维纳·洛赫认为，法国革命的榜样唤醒了德意志古典作家克服本民族分裂状态的愿望，他们用语言和作品从根本上促使分离的德意志民族各部分之间互相联系起来，使构成民族的一个决定性特征——共同的文化，成为现实。但是，正如洛赫所说，这些知识分子的革命热情只限于理论的范围，并没有继之以革命的行动。③1806年，普法之间"耶拿战争"的爆发，丧权辱国的和约签订，在德意志内部引起强烈震撼。德意志文化上的民族意识被拿破仑的刺刀唤醒后，很快转化为政治上的民族意识。

1807年12月13日，哲学家费希特开始在柏林科学院圆型大厅作"告德意志民族书"（*Addresses to the German Nation*）的系列演讲，从而吹响了德国

① 贺国庆, 等. 外国高等教育史 [M]. 北京: 人民教育出版社, 2003: 205-207.
② 伯顿·克拉克. 探究的场所——现代大学的科研和研究生教育 [M]. 杭州: 浙江教育出版社, 2001: 19.
③ 维纳·洛赫. 德国史 [M]. 北京: 三联书店, 1976: 202-203.

知识分子公开反抗拿破仑政权、倡导民族精神的战斗号角。费希特宣称，正是恶贯满盈的利己主义招致了德意志的惨败。他劝告那些在失败面前痛心疾首、垂头丧气的人们要正确了解当前的处境，振作起来，积极投入新的生活，致力于复兴德意志民族的伟大事业。他认为，要在尘世建立理性的王国，一个民族首先必须获得文化素养，教育水准必须得到提高，而德意志民众不但可以教育，而且最适合于他所倡导的民族教育。为了德意志民族的复兴，新教育计划的实施，费希特认为国家必须承担起历史责任。他强调，唯有实施民族教育，才能摆脱压迫德意志的一切灾难。费希特的系列演讲极大地激发起了德意志的民族意识。历史学家黑格维什（D·H·Hegewisch）认为，这给那些垂头丧气、忧心忡忡的德意志人鼓舞了勇气，让他们认识到，不管命运如何多舛，他们依然是一个值得尊敬的民族，甚至会成为一个卓越的民族。文学家鲍尔（J·Paul）认为，费希特把教育仿佛定为告别沮丧的过去与走向光辉的未来的向导，这不仅是正确的，而且也是合乎逻辑的。①反观1807年原哈勒大学校长拜谒普鲁士国王，请求在柏林重开他们的大学时，威廉所回答的话语不难看出，运用教育的力量来恢复国家的昌盛也符合当时当权者的兴趣和意愿。就这样，在19世纪早期的德国，民族意识形态和当权者的兴趣有力地结合在了一起，它直接导致了柏林大学的产生。民族意识形态的觉醒，使德国的大学"教授们是如此直接和广泛地接受国家的控制和期望，以至他们认为自己与整个国家共命运，同兴亡"②。同时，民族意识形态的觉醒，也促使国家大量投资于公共教育事业，进而促使国家对大学提供的经费以惊人的速度不断增加。

### （二）唯心主义思想的力量与柏林大学的发展

德国唯心主义的开创者是大学改革运动的领导者。③康德、谢林（Friedrich Wilhelm Joseph von Schelling）、施莱尔马赫、费希特等人的思想，对柏林大学形成和发展发挥了重要的引领作用，并为德国大学奠定了坚实的哲学基础。

唯心主义的内容是支持学术自主的诉求，并以哲学学科为主导。康德的批

---

① 梁存秀. 论费希特《对德意志民族的演讲》[C]. 北京大学哲学系. 哲学门，（第2卷，第1册）[M]. 武汉：湖北教育出版社，2001：180-181.
② 约翰·范德格拉夫，等. 学术权力——七国高等教育管理体制比较[M]. 杭州：浙江教育出版社，2001：20.
③ R·柯林斯. 哲学的社会学：一种全球的学术变迁理论[M]. 北京：新华出版社，2004：786.

判哲学一开始就提出要摧毁神学，认识终极现实的诉求。因此，唯心主义思想始于康德，同时18世纪末、19世纪初德国思想家们关于大学理念的论说也是始自康德。康德的道路是把哲学提升为科学之王，同时把当时被神学控制的领域归属于哲学学科。他认为，哲学的进步要借助严密系统的研究而不是随意的观感，要借助理论而不是朴素的经验主义。[①]1798年，在其生前出版的最后一部著作《学院之争》中，康德又集中论述了他的大学理念。针对当时德国的大学以神学院、法学院、医学院为"上级学院"，以哲学院为"下级学院"的做法，康德提出了批判。在康德看来，这种"上级"与"下级"之分并不是因为学问，而是依据政府对学问知识的关心程度。事实上，在四种学院之中，哲学院应该处于统领的地位，因为真理是最为重要的。大学以哲学院为中心，不但体现在19世纪初德国大学的改革实践之中，而且也贯穿于19世纪德国大学的发展之中。

谢林是继康德之后第二位发表有关大学理念的那一时代的德国思想家，1803年出版了《论大学学习的方法》一书。他认为，大学中的研究源于对所有学问的真实追问，不应像法国那样学科"专门化"、学校"单科化"。在培养"贯穿学问全体的哲学精神"、实施"一般教养"的大学教育中，谢林突出了教师的重要作用，批判了当时普遍存在的将大学仅仅作为传授知识的场所之现状，认为在大学中富有精神的知识传授必须具有能够正确、全面理解过去和现在他人所创造知识的能力。而要达到这种能力，教师必须要参与到知识的创造之中。只会单纯传授知识的人，实际上在多数情况下、在许多学问领域是无法传授知识的。在论述了大学中的教育者必须是研究者的基础上，谢林进一步指出了大学中应该采取的教学方法。他认为，大学教学具有发生意义上的特殊使命，教师不能像著作者那样只是提供研究要达到的结果，而应该向学生展现达到研究结果的方法。[②]从谢林的论述中，我们可以清楚地看出在19世纪至20世纪初期德国大学"教学与研究相统一"的办学理念的思想渊源。

施莱尔马赫曾任柏林大学校长、神学教授和第一任神学院院长，无论是洪

---

① R·柯林斯. 哲学的社会学：一种全球的学术变迁理论 [M]. 北京：新华出版社，2004：786.
② 胡建华. 思想的力量：影响19世纪初期德国大学改革的大学理念 [J]. 清华大学教育研究，2004(4).

堡时期，还是此后的舒克曼时期，他都是柏林大学方案的四人起草委员会成员之一，因此有学者甚至称柏林大学模式为施莱尔马赫模式（Schleiermacher's model），可见其思想对柏林大学的发展影响之深远。① 施莱尔马赫强调要保持个人某种程度上的自由和独立，认为个体的自我好像是嵌入普遍的实体中、在宇宙间彼此关联的成员，其本性必定同宇宙相符合。因为每个自我都有其特殊的才能或天资，并在事物整体中占有绝对必要的地位，所以只有个性充分表现出来，整体的本性才能得以实现。② 从他的哲学思想出发，施莱尔马赫极力倡导学术自由的办学理念。他认为，学生的目的不在于简单的学习，训练记忆，而在于获得一种科学精神，而这种精神的获得，只有在完全自由的氛围中才有可能达到，任何微乎其微的强制或权威，都会危害极大。同时，他强调大学教师在教学上的自由，认为制定各种课程顺序的规定，把一学科划分给不同的教师，这都是愚蠢的做法。③ 施莱尔马赫学术自由的大学理念对柏林大学及德国其他大学的发展产生了极大影响，弗莱克斯纳认为，德国的教师无论是编外讲师还是教授，都可以不受限制地走自己的路，在准备讲题、决定讲授方式、组建研讨班和考虑生活方式等方面，他完全有选择的自由；德国的学生，由于证书的字面价值得到广泛的承认，他可以想到哪儿就去哪儿学习。他可以自己选择教师，可以从一所大学游学到另一所大学，从他被大学录取的第一天起，他就被当作一个成人对待。④

费希特把一切实在建立在自我的基础上，虽然他并不否认一个心外的世界，即个体的个人意识以外的实在存在，但是他认为这个世界不是按时、空、因果秩序来安排的无生命事物的世界，时、空、因果秩序是绝对的基质在人类意识中的显现，如果没有普遍的自我，它就不能存在。⑤ 费希特的这种主观唯心主义倾向同时也表现在他的大学理念之中。1807 年，应普鲁士国王的枢密顾问

---

① Daniel Fallon. *The German University: A Heroic Ideal in Conflict with the Modern World*[M].Colorado：Colorado Associated University Press，1980：32-36.
② 梯利著伍德，增补. 西方哲学史（增补修订版）[M]. 北京：商务印书馆，2004：503.
③ 陈洪捷. 德国古典大学观及其对中国的影响（修订版）[M]. 北京：北京大学出版社，2006：40-41.
④ 亚伯拉罕·弗莱克斯纳. 现代大学论——美英德大学研究 [M]. 杭州：浙江教育出版社，2001：277-280.
⑤ 梯利著伍德，增补. 西方哲学史（增补修订版）[M]. 北京：商务印书馆，2004：484.

拜姆（Karl Friedrich Beime）的邀请，费希特完成了《在柏林创立一所与科学院紧密联系的高等教育机构的演绎计划》。仅从标题便可看出，费希特的大学论说不是对已有大学办学经验之归纳，而是由他的大学基本理念出发演绎、推理而成的。费希特的演绎始自大学存在的目的和理由。在他看来，大学的存在理由，必须是它拥有其他机构所不具备的功能，亦即训练学生掌握探寻学问的方法。他认为，在众多探寻学问的方法中，哲学方法是最根本的。他把大学中进行的法学、医学、神学的教学内容分为学问知识和实务知识两类。他强调，大学所传授与学习的应是学问知识，实务知识应该从大学中剥离出去。大学应当尽力做到纯粹，脱离实务知识，集中精力于自我。那些实务知识应当另外设立机构来承担。[①] 纵观 19 世纪德国大学发展史，不难看出，大学一直致力于"纯粹科学"的研究，而实用的科学技术则是由大学之外的其他高等教育机构来承担。

**（三）德国传统大学的习俗惯例与柏林大学的继承**

在 19 世纪至 20 世纪初期，德国柏林大学引领世界高等教育的发展百余年，柏林大学模式已成为世界研究型大学发展的典型范式。拷问柏林大学的崛起以及缘何在英国、法国没有产生如此深刻的大学变革，必然涉及政治、经济、文化等诸多方面的影响，但是德国传统大学习俗惯例的影响，尤其是 18 世纪德国大学改革运动（哈勒大学和哥廷根大学）的影响，无疑是重要的因素之一。

事实上，就柏林大学的组织机构而言，它与德国 18 世纪时期的大学相差无几。柏林大学建校伊始，设有哲学院、神学院、法学院、医学院等四个学院，传统大学的组织模式在柏林大学得到了彻底继承。不同的是，在传统大学中，哲学院（亦即中世纪大学的文学院）在地位上不能够与神学院、法学院和医学院等同视之，它一般被视为进入其他学院的预备学院。但是，大学哲学院与神学院、法学院、医学院争取平等地位的斗争则在哥廷根大学就开始了。一定意义上说来，柏林大学哲学院之所以能够取得高于其他学院的地位，得益于现代哲学和现代科学的精神已经渗透到柏林大学之前的传统大学的教学领域中。哲学学院主导地位的合法性，已经得到了之前大学的习俗性认可。作为柏林大学

---

① 胡建华. 思想的力量：影响 19 世纪初期德国大学改革的大学理念 [J]. 清华大学教育研究，2004(4).

教学与研究的主体机构——研讨班和研究所也不是其首创。早在 18 世纪中叶，哥廷根大学的海涅（Chr. G. Heyne）就开始了他的古典语言学的演讲，从而使演讲逐步代替了阅读教规文本。如果说系列演讲尚不能称之为接纳新知识的固定的组织机构，那么语言研究所的成立无疑是海涅任职期间的重要突破。同期，哥廷根大学的格斯纳（J. M. Gesner）也开始采用了崭新的研究教学方法，他抛弃了以前强制学生模仿西塞罗文体而练习拉丁文写作的方法，取而代之的是，引导学生对古典文献进行分析批判和历史探寻，从而赋予古典著作以新的意义。[①] 这种研讨班的教学形式，实质上已经开启了"教学与研究相结合"的先声。伯顿·克拉克认为，分析德国大学在 19 世纪前半期和中期所发生的变化，可以看出，它是在前一个世纪就已经开始的一个更长时期发展的一部分。起始，阅读教规文本部分地被系统的、可改变内容的讲演所取代；而后，系统的讲演逐渐演进为论坛、学生和教授的小型集会，对批评性的讨论和学生的主动性更加开放；最后，这种私人性质的小型集会逐步合法化为国家资助的大学单位——研讨班和研究所。"这种机构的产生，在很大程度上是自下而上生成的。"[②] 换言之，德国大学内研讨班和研究所的产生，不是国家外部正式制度强制的结果，而是大学内部习俗惯例自然演进的产物。

新的教学机构的产生，导致了教学方法的变革，而这种教学方法的逐步演变，在客观上又造成了首创性研究的产生，这是洪堡"教学与研究相统一"的大学理念的根源之一。另外，洪堡"学术自由"的原则早在哈勒大学时期就开始出现。德国教育家鲍尔生（Friedrich Paulsen）认为，1694 年成立的哈勒大学，不但是德国第一所现代大学，而且是欧洲的第一所具有现代意义的大学。哈勒大学之所以声名卓著，由于它有两个特点。其一，它采纳了现代哲学和现代科学；其二，它以思想自由和教学自由为基本原则。在哈勒大学教师托马西乌斯（Chr. Thomasius）、弗兰克（A. H. Francke）、克·吴而夫（Chr. Wolff）的影响下，哈勒大学成为了学术自由的第一个发祥地。在当时，"研究自由和教学自由已经成为人所公认的原则，除偶尔发生过倒退情形之外，已经政府认可为大学的

---

[①] 弗·鲍尔生. 德国教育史 M]. 北京：人民教育出版社，1986：83.
[②] 伯顿·克拉克. 探究的场所——现代大学的科研和研究生教育 [M]. 杭州：浙江教育出版社，2001：30-31.

基本法权"①。哈勒大学和哥廷根大学为柏林大学的产生，在办学理念、组织机构、教学方法等方面夯实了基础。相比较而言，在同时期最先发生工业革命的英国高等教育，一直处于牛津大学和剑桥大学的垄断之下，机构僵化、教学保守、宗教氛围浓厚。在法国，传统大学遭受到了致命的打击，包括巴黎大学在内的22所传统大学被强行关闭，则标志着法国高等教育与本土大学传统的根本断裂。英国高等教育的过于因循守旧和法国高等教育的过于激进变革，都是使他们失掉世界高等教育中心的原因之一。

应当承认，在政治生活上特别强调按法律规章办事的德国，正式制度无疑也渗透到大学组织之中。在整个19世纪到纳粹统治之前的一段时间里，德国大学法令虽然不断增多，但是实际上变化却很小。另外，法令之间留有许多空白，所以大学越来越多地依靠那些未见诸文字的惯例和人们共同遵守的做法行事。②而德意志民族意识形态，康德、谢林、费希特、施莱尔马赫等唯心主义大师的思想力量以及传统大学的习俗与惯例等，无疑是影响柏林大学产生、发展和变革中的重要的非正式制度因素。

## 四、几点启示

20世纪80年代以降，我国进行了新一轮的大学制度改革。改革发展到今天，一方面，其成绩是有目共睹的，另一方面大学发展也面临着诸如理念迷茫、学术不彰、经费短缺、就业紧张等多重困境。构建一流大学，实现教育强国，是国人为之奋斗的共同目标，审视19世纪柏林大学之崛起，反思当下中国大学之发展，我们可以得出以下几点启示：

第一，大学应为国家服务，国家应为大学提供支持。伴随大学民族化、国家化进程，正确处理大学与国家的关系对于中西方大学之发展，都是至关重要的因素。身处国家网络之内的大学，必须树立为国家服务的信念，唯有此，大学才不至于失去合法性存在的前提。同时，作为公益性质、非营利组织的大学，

---

① 伯顿·克拉克. 探究的场所——现代大学的科研和研究生教育 [M]. 杭州：浙江教育出版社，2001：79-83.
② 约翰·范德格拉夫，等. 学术权力——七国高等教育管理体制比较 [M]. 杭州：浙江教育出版社，2001：21.

也理应由国家提供必要的运营经费和政策支持。就目前而言，高校规模的急剧扩张与政府投入的相对滞后，高等学校的负债运营与基础建设的持续投入，高校招生的计划管理与学生毕业的自主择业等矛盾，都预示着中国当下大学已经走到发展的边缘：高校持续负债经营，将面临破产和倒闭的窘境；大批学生无处就业，国家将面临巨大的稳定隐患。这就要求，国家在增加高等教育投入、实施宏观调控的基础上，与高校建立必要的协商机制，给予高校应有的自治权限。19 世纪德国大学教授之所以能够保持充分的学术自由，一定程度上得益于与政府建立的"利益商谈机制"。一旦这种机制被破坏，大学的学术自由也将面临严重威胁。20 世纪初期的"贝恩哈德（Ludwig Bernhard）事件"①，一方面证明了这种协商机制开始出现断层，另一方面也证明了普鲁士政府对大学学术团结和独立的肆意践踏。"窥一斑而知全豹"，该事件也预示着德国大学从此要走向衰落。

第二，注重高深知识追问，淡化大学名利意识，整合大学内部关系。当今大学已经告别昔日的"象牙塔"，步入社会的中心，成为社会发展的"孵化器"和"轴心机构"。关注社会发展，将教学科研与社会实践相结合，已经成为大学基业常青的必要条件和责无旁贷的社会责任。但是，对高深知识的追问和探求，仍然是大学区别于其他组织机构的一个重要条件。探求高深知识，发掘客观真理，有其自身内在的逻辑。一定程度上，它需要研究者以寂寞与沉思为伴。这就需要大学尤其是研究型大学，与社会保持一定的距离，不为社会表面现象而随波逐流，不为个人名利而涉于浮浅。唯有此，世界一流大学的梦想才有可能成为现实，教育强国的理想才能更有根基。高等教育机构在发展中，更应该注重办学分类，而不是为大学名利而单纯注重分层。只有让大学和技术性高等教育机构拥有同等的地位，追求"纯粹知识"者和服务社会需求者才能各安其所、相得益彰，高等教育办学才不至于出现趋同化现象，高校毕业生才不至于出现结构性失业。大学不是名利场，在为名利而追逐的态势下，高深知识必然

---

① 1908 年，贝恩哈德被普鲁士教育部大学事务部门负责人阿尔特霍夫擅自任命为柏林大学经济学正教授。这一任命并未与该大学的相关院系进行协商，从而破坏了整个 19 世纪形成的、大学与政府建立的"利益商谈机制"惯例，遭到马克斯·韦伯（Max Weber）等人的强烈批判。参见 [ 德 ] 马克斯·韦伯. 韦伯论大学 [M]. 南京：江苏人民出版社，2006：1-6.

会被世俗利益所蒙蔽，大学的良性发展和内部关系整合也只能是纸上谈兵。所谓大学内部关系整合，无外乎竞争与合作两个方面。失去了竞争，大学的学术发展也就失去了鲜活性，20 世纪初期德国大学编外讲师制度的全面崩溃就是一个明证；缺失了合作，大学也就不可能成为学者们教学研究的乐园，同时也有悖于学科互涉、边界跨越的知识发展客观规律。

第三，坚持弘扬民族精神，发掘中国近代大学传统，实现大学变革中的继承与发展。当大学面临生存危机时，必须要实施变革，只有变革才能实现发展转向，为大学带来生机。但是，面对变革措施，高等教育管理者及研究者多把目光转向高等教育发达国家的大学体制和中世纪传承下来的大学理念，倡导移植或借鉴，而往往忽视吸收本土大学传统的继承以及大学发展背后民族精神的张扬。前者变革理路固然重要，但是，缺失了民族精神的发扬和本土大学传统的继承，移植来的大学制度就有可能出现"南橘北枳"的恶果，引进来的大学理念也就有可能只是流于形式。十年"文化大革命"的摧残，改革开放后拜金主义的侵蚀，不但使"自强不息，厚德载物""天下兴亡，匹夫有责"等民族精神遭到毁灭性打击，而且也使中国近代大学形成的"捐资助学"传统、"兼容并包"思想、"教授治校"惯例等丧失殆尽。审视当下中国大学，学生功利性学习普遍存在，教师学术不端时有发生，大学办学理念严重趋同，社会捐资助学尚未成风，这些都表明弘扬民族精神，发扬近代大学传统，仍然任重而道远。但是，只要中国的大学制度改革在学习和借鉴西方大学理念和制度的基础上，注重民族精神的恢复和弘扬，注重本土大学传统的发掘和坚守，大学必将会走向"在继承中发展、在发展中创新"的良性运营轨道。

（原载于《华东师范大学学报》（教育科学版）2008 年第 1 期，第 58-67 页）

# 从文艺复兴到启蒙运动：
# 欧洲传统大学的社会资本①

　　中世纪以降，大学作为高深学问机构，现今已经走过近千年历程。历史是阶段性的，大学发展亦然。从目前研究成果来看，中世纪大学作为现代大学源头，是学者们竞相关注的一个研究"热点"；以 19 世纪柏林大学改革为起点，围绕近代大学转型与变革进行论述，又是一个研究"高峰"。相比之下，介于两者之间的大学研究却一直没有得到足够重视。事实上，这段时期是欧洲思想和社会变革激荡的时代，也是传统大学面临危机的时刻。文艺复兴、宗教改革、启蒙运动相继发生；人文主义与神本主义、教权与王权、封建主义与新兴资本主义冲突不断；宗教裁判、王权镇压、民族纠纷、国家战争此起彼伏。本文拟从社会资本的视角入手，阐释欧洲传统大学走向没落的原因。所谓社会资本，是指个人或组织在非正式制度的影响和制约下，通过长期交往、合作互惠，进而在形成的一系列互动的关系网络基础上，积累起来的资源总和。它在客观层面上表现为网络因素（内部和外部）；在主观层面上表现为"黏合"网络关系的非正式制度因素。

---

① 关于社会资本的概念，自布迪厄以降，就有不同学科的众多学者进行阐释。我们在前人研究的基础上，结合"社会"一词的辞源学分析，得出所谓社会资本，是指个人或组织在非正式制度的影响和制约下，通过长期交往、合作互惠，进而在形成的一系列互动的关系网络基础上，积累起来的资源总和。所谓社会资本的视角，就是客观层面的关系网络视角和主观层面的非正式制度视角；就组织而言，关系网络视角又可分为内部关系网络视角和外部关系网络视角。参见胡钦晓. 大学社会资本研究 [D]. 南京：南京师范大学，2007：13-34.

## 一、大学的外部网络关系

### （一）传统大学在社会发展中的边缘化

纵观从文艺复兴到启蒙运动的欧洲大学，可以看出，除宗教改革外，传统大学在思想变革中一直处于被动、防守、抵制的状态。即使大学引领了宗教改革，但由于引发了教派纷争，在自身受到前所未有打击的同时，也遭到了世人抨击。

中世纪被普遍认为是由神统治的"黑暗时代"，14世纪中期以后，人们逐步发现古代以人为本的灿烂文化，故称文艺复兴。事实上，文艺复兴的重大意义不在于复古，而在于创新，其诸多成果已远远超过前人，并对后世产生深远影响。但是，人文主义思想进入大学却异常艰难。在文艺复兴的发源地意大利，人文主义课程在大学仅能作为选修课；在法国巴黎，众多墨守成规的教授对"新知识"进行抨击，从而被意大利的人文主义学者讥讽为"北方的野蛮人"（northern barbarians）；在德国，文艺复兴虽最初产生于大学，但是却遭到多数教授的怀疑、嘲笑和敌对。1511年，莱比锡大学教师约翰尼斯（Johannes）在保守教授的抨击、排挤和压制下，不得不提出辞职。[①] 在后期，虽然人文主义课程通过不同方式进入大学，但总体而言，如火如荼的文艺复兴运动并没有真正撼动传统大学。换言之，在这段时期，传统大学在思想以及社会变革等方面只能称作是袖手旁观的"局外人"。

与文艺复兴不同，宗教改革肇始于大学内部。1517年，德国威丁堡大学（Wittenberg）马丁·路德（Martin Luther）拉开了宗教改革的序幕，同时也使欧洲大学陷入宗教纷争，其发展受到严重阻碍。首先，伴随16世纪爆发的一系列宗教战争，大学入学人数急剧下降。其次，宗教改革导致了诸多大学经费危机。在许多新教国家，教会给予大学的地产或私人给予大学的捐赠被世俗政权强行没收，一些由教会资助的教师职位被取消，教士居住场所被迫关闭，教师薪金被一再削减或拖欠。再次，宗教改革正值"教权与王权"激烈争战之时，因此不同宗教信仰使大学左右摇摆、无所适从。一方面，

① Willis Rudy, *The Universities of Europe, 1100—1914*[M]. Associate University Press, 1984: 41-45.

教皇设置宗教法庭，迫害宗教异端。大学教科书遭到严格审查，脱离天主教信仰的教师受到拘押。在德国，著名的数学家和天文学家开普勒 (Johann Kepler) 因信仰新教，被迫离开他任教的格拉茨 ( Graz) 大学；在波兰，克拉科夫大学 (Cracow) 的学生亚历山大·祖克塔 (Alexander Zuchta) 因被指控犯有信仰异端，不但被取消学籍，而且惨遭流放；在法国，巴黎大学强行关闭所有加尔文派创建的新大学，勒·鲍洛米尔 (LePaulmier) 和格利文 (Grevin) 等许多加尔文派科学家不但被剥夺了博士学位，而且还被驱逐出国。另一方面，政府极力争夺并控制大学。"大学既为世俗政权培养官员，同时也为宗教机构培养教士，其地位对政府而言十分重要。因此政府务必使所有大学内的活动分子服从于行政监督，并且大学内的所有成员都需与官方的'党派路线'（party line）保持一致。"①以英国为例，在 16 世纪初，亨利八世尚不是新教徒，因此对于宗教改革是持压制态度的。后来，亨利八世与教皇决裂，他认为那些支持教皇的人就是叛国者，为此下令没收牛津和剑桥的所有宗教财产。16 世纪中叶，英王玛丽复辟，恢复天主教，主张宗教改革的剑桥院士被烧死，剑桥大学校长诺森伯兰公爵曾因一度支持玛丽女王的政敌而被斩首。16 世纪后半叶，英王伊丽莎白即位后，又恢复了新教。英国政治的动荡反复，几乎使大学无所适从，其政策也跟着左右摇摆。②以上现象在德、法等欧洲国家也以不同形式出现。宗教不容忍，以及随之引发的、频繁的宗教战争，使这些大学陷入了"跋前踬后，动辄得咎"的矛盾斗争核心。为保全性命，大学成员时而成为宗教神仆，唯其马首是瞻；时而成为世俗权力的羔羊，遭受欺凌和宰割，根本无法正常进行教学活动。由于宗教改革肇始于大学内部，大学在自身遭受重创的同时，也备受谴责。英国哲学家弗兰西斯·培根认为：教义争端是对真理、节制或和平的亵渎，而大学则是将这些争端引入其他领域的万恶之源。③由此可见，宗教改革时期的大学成为时人所抨击的"负罪人"。

---

① Willis Rudy，*The Universities of Europe, 1100—1914*[M]. London：Associate University Press，1984：62-73.

② 贺国庆，等. 外国高等教育史 [M]. 北京：人民教育出版社，2003：88-89.

③ Willis Rudy，*The Universities of Europe, 1100—1914*[M]. London：Associate University Press，1984：67.

17—18 世纪，欧洲爆发了反封建、反教权的启蒙运动，与这次波澜壮阔的思想运动形成强大反差的，是欧洲传统大学在思想上日趋保守，其社会功能也日渐衰竭。牛津、剑桥大学的大部分教师并不关注现代科学，虽然牛顿、哈雷等科学家曾为了自身生计偶尔在大学工作，但是这些科学家并未得到大学管理者的支持，并且对大学的教学几乎不产生任何影响。在法国，18 世纪的启蒙运动发展到高潮，但是大学却极其保守，一直处于沉闷、反动和愚昧之中。美国历史学家格肖伊（Gershoy）称当时法国的 22 所大学为"无知的堡垒"。这些大学始终处于反动的宗教组织禁锢和波旁王朝的严密监视之下。他们将孟德斯鸠的《法学精神》、卢梭的《爱弥尔》等视为"颠覆性"（Subversive）书籍而予以禁止。[1]1791 年法国大革命时期，巴黎大学由于政治反动、学术保守、组织封闭、管理僵化，被国民议会和督政府强行关闭。1793 年，法国其他 21 所传统大学也相继被关闭。启蒙运动期间，引领社会变革的著名人士，如伏尔泰、狄德罗、休谟、吉本、孟德斯鸠、卢梭等，都不是大学教师。大学在启蒙运动中一直处于沉默之中。[2]换言之，启蒙运动时期的大学成为当时社会发展的"边缘人"。

### （二）大学国际化的消解

中世纪大学曾经以国际性而闻名于世。在文艺复兴到启蒙运动这段时期，传统大学的国际性逐步丧失殆尽。首先，学生组成已经不再具有国际性。随着文艺复兴、宗教改革、启蒙运动的不断冲击，大学逐步由教会机构演变为世俗机构。世俗政权不但要求大学教授和政府官员一样宣誓效忠于国家，而且学生也处于严格监视之下。1559 年，西班牙国王菲利浦二世规定，除到波隆那、纳普勒斯、罗马、康姆布拉（Coimbra）大学外，禁止西班牙人到国外学习。1570 年，法国政府禁止弗朗什—孔泰（Franche-Comte）居民到"除罗马城和罗马大学之外的、任何不服从本国的大学或公私立学校研究、教学、学习或居住"。艾略特（J.H.Elliott）认为，在这种强制措施下，16 世纪中期的欧洲有

① Willis Rudy, *The Universities of Europe, 1100—1914*[M]. London：Associate University Press，1984：80-83.
② Willis Rudy, *The Universities of Europe, 1100—1914*[M]. London：Associate University Press，1984：98.

80 多所大学从国际性机构转变为国内机构。[①] 其次，大学间的交往和流动不再具有国际性。宗教派别间的对立和冲突，民族国家间的纠纷和战争，以及伴随着基督教会在整个社会生活中地位降低等因素，中世纪大学形成初期那种自由交往和流动的现象已不多见。意大利学生型大学的逐步消失事实上就反映了这一变化。[②]

## 二、大学的内部网络关系

### （一）传统大学内部管理的僵化与混乱

较之于中世纪大学，从文艺复兴到启蒙运动时期的传统大学基本结构并未发生根本改变。大学中的术语、仪式以及职位经过数个世纪几乎没有多大变化。[③]但是，伴随"国家化"发展，大学内"同乡会"（Nations）的作用日益削减，许多"同乡会"甚至被强行取缔。由"同乡会"选举学长、聘任教师或司法权等特权被逐步剥夺，取而代之的，是由国家或地方政府任命管理人员。[④] 传统大学的自由气氛已成过往云烟，大学内部网络关系也日益僵化。

传统大学无视外部社会和思想变革，古典学科和经院哲学始终在课程中占据着主导地位。如果说经院哲学在中世纪时期一定程度上促进了大学产生，那么在文艺复兴到启蒙运动这段时期，其僵化趋势已经成为大学发展的羁绊。宗教改革家路德认为，经院式教育使学校像地狱，教室如囚室，教师好比暴君和狱吏。由于只推行拉丁文法的研究，又加上教法不当，致使学生浪费了二十多年光阴，只不过教出一批"驴子或呆头呆脑的笨瓜"。[⑤] 虽然大学迫于外界压力，先后设置了一些新兴学科，但由于教学大纲不变，这些学科也很难真正纳入实际教学。传统大学对新兴学科的管理极为松散，不少学

---

① Willis Rudy, *The Universities of Europe, 1100—1914*[M]. London：Associate University Press，1984：65.

② 黄福涛. 外国高等教育史 [M]. 上海：上海教育出版社，2003：121.

③ Walter Rüegg, *A History of the University in Europe*，VolumeⅡ. *Universities in Early Modern Europe (1500-1800)*[M]，Cambridge University Press，1996：154.

④ 1908 年，贝恩哈德被普鲁士教育部大学事务部门负责人阿尔特霍夫擅自任命为柏林大学经济学正教授。这一任命并未与该大学的相关院系进行协商，从而破坏了整个 19 世纪形成的、大学与政府建立的"利益商谈机制"惯例，遭到马克斯·韦伯（Max Weber）等人的强烈批判。参见 [德] 马克斯·韦伯. 韦伯论大学 [M]. 南京：江苏人民出版社，2006：1-6.

⑤ 林玉體. 西洋教育史 [M]. 台北：文景出版社，1985：197.

科近乎虚设。1764 年被任命为剑桥大学化学教授的沃森（Richard Watson）尽管在 15 个月的时间里开设了该门课程，但据考证，他对化学一无所知，从未阅读过该门课程的只言片语，更未做过任何实验。更令人难以置信的是，教师经常转换教学领域，且跨度极大。譬如，格利森（Francis Glisson）在 1625 年成为剑桥大学的希腊语讲师，而在 1636 年又被王室钦定为解剖学教授。1771 年，沃森则用剑桥大学化学讲座教授职位交换钦定神学讲座，并占据此位长达 34 年。[①]

## （二）大学内部关系的激化与割裂

僵化混乱的教育教学，导致学生对大学强烈不满。曾于 1752 年就读于牛津大学的著名历史学家吉本曾言："我并不认为自己欠下牛津大学什么恩情；牛津大学也会乐于不承认我做儿子，因为我愿意不承认她为母亲。我在莫德林学院呆了 14 个月；这 14 个月是我一生中最闲散和最无效益的时期……院士们消极地享受着创建人的馈赠；他们一天天过着刻板的生活：教堂和食堂，咖啡店和公共活动室，最后力乏意懒，长长地睡一大觉。他们已经告别读书、思考、写作的苦差事而不感到内疚；学问和智慧的嫩枝枯萎倒地，未为出资人或社会结出任何果实。"[②]与之相伴，学生与大学的矛盾日趋激化。1545 年 1 月 1 日，波隆那大学校长朱塞佩·帕拉维奇诺（Giuseppe Pallavicino）曾上书当时的红衣主教莫洛恩（Morone），言及由于感到性命之忧，他请求主教插手管理暴乱的学生，以起到"杀一儆百"的作用。[③]矛盾激化程度，由此可见一斑。

伴随世俗机构对大学宗教财产的没收，那些依靠宗教资助且居住于修道院的贫困学生逐步消失。在英格兰，越来越多的富家子弟进入大学。爵士、贵族和律师的子弟逐渐取代了早先在大学中占主要成分的贫穷职员、纺织业者和屠夫的子弟。富有子弟的宿舍日趋豪华，他们可以坐在"高桌"（High Table）旁与教师一起用餐。小商贩或小乡绅的子弟居住条件就简单多了，而"赊欠膳

---

① 贺国庆，等.外国高等教育史 [M].北京：人民教育出版社，2003：100.
② 裴克安.牛津大学 [M].长沙：湖南教育出版社，1986：42-43.
③ 朱塞佩·帕拉维奇诺.帕拉维奇诺致红衣主教莫洛恩 [A].李瑜，译.文艺复兴书信集 [C].上海：学林出版社，2002：35-36.

宿费者"（battelers）则必须靠每日分发啤酒、在餐厅或厨房帮忙来维持营生。① 与此同时，大学教师们却越来越贪婪地要求大学生为听课付钱。他们增加关于赠礼的规定，这些赠礼是学生为了通过考试必须送给教师的。他们对大学里所有可能增加他们负担的开支都作了限制。可以无偿听课和攻读学位的穷苦学生的数量，一再予以削减。15 世纪初在帕多瓦（Padua），每个学院只象征性地设有一个这样的大学生。② 在这种情况下，大学内部活力逐步丧失，师生及同学交往越来越被金钱和地位割裂开来。

## 三、影响大学内外部网络关系的非正式制度

### （一）意识形态的冲撞与纷争

传统大学遭遇意识形态纷争，主要表现在宗教意识形态内部分离以及宗教意识形态与国家意识形态之间的冲突两个方面。

一方面，宗教意识形态内部开始分裂并不断产生冲突。在中世纪欧洲，神本主义是占有绝对统治地位的主流意识形态。中世纪后期，伴随西欧各国封建统治者之间的争权，天主教内部的统一性开始动摇。1377 年，因与法王菲利普六世争斗，阿维亚农（Avignon）教皇将教廷由法国迁回罗马，其继任者乌尔班六世（Urban Ⅵ）力图消除法国对教廷的影响，引起主教团内占多数的法国人强烈不满。这些法国人离开罗马，回到阿维亚农，宣称乌尔班六世职位无效，另选教皇克雷芒七世（Clement Ⅶ）。从而形成"天主教会大分裂"（Great Schism of the Catholic Church）。这种教会分裂局面直到 1418 年康斯坦茨会议（Council of Constance）才告结束，前后延续达 40 年之久。分裂其间，教皇均宣称自己属于正统，相互攻讦并开除对方"教籍"，它使欧洲众多国家以及巴黎大学卷入其中，暴露了天主教会内部的尖锐矛盾，使教皇的威信和权力大为下降，同时也使人们的信仰发生危机。虽然康斯坦茨会议在组织上统一了教

---

① Willis Rudy, *The Universities of Europe, 1100—1914*[M]. London：Associate University Press，1984：71.
② 雅克·勒戈夫. 中世纪的知识分子. 张弘，译. 商务印书馆，2002：108.

会，但是教皇的"大一统"地位已不复存在。随后的宗教改革运动，又进一步激化了这种纷争。从此，欧洲大陆众多教义不断产生，不同教会斗争不断。"新教"与"旧教"之间，"新教"内部之间（如路德教和加尔文教等），"旧教"内部之间（如耶稣会和兄弟会等）各自为政、阐发教义，进而使欧洲的宗教意识形态四分五裂。

另一方面，宗教意识形态和国家意识形态之间的冲突和纷争加剧。在中世纪时期，虽然世俗政权与宗教权力之间存在矛盾，但受八、九世纪时期"政教合一"文教活动影响，世俗权力与宗教权力在大部分时间里是能够相安无事、和谐相处的，况且那个时期的世俗力量，还不足以与教皇相对抗。伴随文艺复兴、宗教改革和启蒙运动的兴起，民族国家不断形成并逐步强大，世俗与宗教之间的关系发生了逆转，宗教意识形态和国家意识形态之间开始冲突不断。天主教大分裂后，这种冲突迅速波及整个欧洲。事实上，文艺复兴、宗教改革、启蒙运动等思潮的不断涌现，就反映了世俗权力对教会权力的挑战。是以人为本，还是以神为本；是尊崇古典文学，还是依附于宗教教义；是强调世俗实用，还是注重天国来生；是听从于国王，还是虔信于教皇等多种矛盾理念相互交织，进而使大学的内部意识形态摇摆不定。

### （二）信仰危机、道德失范以及习俗惯例变异

宗教内部意识形态的冲突及其与国家意识形态的冲突，直接导致传统大学信仰危机。涂尔干认为："文艺复兴的独特之处，就在于它是欧洲社会历史上的一场信仰危机。"[1] 中世纪时期，整个欧洲是一个统一而又同质的基督教王国，基督教信仰扮演着极其重要的角色。英格兰、西班牙、德国、法国等世俗政权的确立，使古老的基督教王国趋于瓦解。文艺复兴的强大攻势，进一步使人们的宗教信仰发生危机，它标志着人们在信仰链条上开始与过去发生根本断裂。一方面，保守的传统大学因循于宗教传统，崇尚教父哲学，视人文主义者为寇仇；另一方面，面对人文主义倡导恢复人性、追求美好生活等崭新理念，大学内多数成员心向往之，却不敢为之。在还未从文艺复兴运动中认识自我的时候，随之而来的宗教改革、启蒙运动等，无疑又进一步促使他们陷入价值信

---

[1] 爱弥尔·涂尔干.教育思想的演进.李康，译.上海人民出版社，2003：238.

仰的泥沼。

价值信仰危机又造成了大学内部道德失范，进而影响到传统大学中的习俗惯例。首先，宗教改革促使各种教义相互攻讦，并很快由教义纷争转变为现实对抗。各派教义的师生或因畏惧宗教迫害而躲于一隅，为坚持信仰而卷入论战漩涡，从而严重影响了教师与教师、教师与学生以及学生与学生之间的良性关系，很大程度上影响了大学教学。中世纪形成的团结互助、共同争取特权的"行会式"学者关系已成过往云烟。其次，大学教师的学术道德修养滑坡或缺失。正如在论述欧洲传统大学内部网络关系时所言，不少名不副实的教师开始登上大学讲堂，学生与大学之间冲突不断。伴随世俗观念的不断渗透，大学教师越来越关注学生的学费和考试费。更有甚者，不少教师热衷于投机事业，他们变成了放高利贷者，把钱借给急需的大学生，从而获取丰厚利润。①中世纪形成的"艺徒式"的师生关系已经被金钱所蒙蔽。最后，因价值信仰而导致的传统大学中习俗与惯例的瓦解，还表现在学生入学等方面。在中世纪时期，大学入学几乎不受国别地域、经济状况以及意识形态影响，大学中的入学注册极为简便。到了文艺复兴以后，这种情况开始发生改变：国别地域越来越成为学生求学过程中的严重障碍，大学日渐成为富人子弟的天堂，中世纪时期的"托钵游走者"已销声匿迹。大学为了控制学生宗教信仰，在入学标准上采取了更为刚性的措施，大学入学宣誓的内容不断增多。譬如，鲁汶大学（Louvain）在 1545 年明确规定，入学者必须宣誓反对路德教义以及其他宗教异端，并要宣誓效忠于罗马教会。②不少国家或地区的世俗统治者，则要求本地大学入学者，不但要宣誓效忠于本地教会，还要宣誓向其本人效忠。中世纪大学形成的学术自由氛围，已荡然无存；由学者自己管理事务的大学自治权力，也近乎被剥夺殆尽。

"以史为鉴，可以知兴替。"纵观从文艺复兴到启蒙运动欧洲传统大学之没落，不难看出社会资本的重要性。在当今全球高等教育发展遭遇经费困境的

---

① 雅克·勒戈夫.中世纪的知识分子.张弘，译.商务印书馆，2002：109.
② Walter Rüegg, *A History of the University in Europe*, Volume Ⅱ. *Universities in Early Modern Europe (1500-1800)*[M], Cambridge University Press, 1996：286.

情况下，大学更应当反思自身社会资本的积累和运营。如何进一步扩展外部网络关系，促进内部网络关系和谐发展，发挥制度构建中非正式制度的作用，是摆在每一所大学面前的重要课题。

（原文载于《江苏高教》2011 年第 1 期，第 152–155 页）

# 解读西南联大：社会资本的视角

## 一、何以从社会资本的视角解读西南联大

抗日战争爆发后，中国大学遭到日本侵略者的极大摧残。为躲避战火，保持大学发展命脉，经教育部批准各大学纷纷内迁。1937 年 11 月，北京大学、清华大学、南开大学迁至湖南，在长沙组建临时大学。1938 年 4 月长沙临时大学再度南迁昆明，更名为国立西南联合大学。此前，北大、清华、南开都曾受到日军严重破坏，大学内教学仪器设备、图书资料等损失惨重。三校在内迁途中以及迁至昆明以后，仍然面临日军不断空袭的局面，这使联大办学条件异常艰苦。南京国民政府疲于应付战争困扰，无力对各大学及时进行经费补给，致使西南联大的办学条件雪上加霜。在敌人的炮火威胁下，在物质条件遭受严重损失的情况下，西南联大不但没有被毁灭，反而在困境中茁壮成长，在短短八年的办学历程中，培养出了包括杨振宁、李政道两位诺贝尔奖获得者在内的无数科技、管理以及文化精英。西南联大取得的骄人成绩，一直成为学者们争相解读之谜。如果从创建一流大学所必需的图书资料、科研设备、经费等物质条件来看，联大无疑相距甚远。换言之，从有形的、物质资本的视角，我们很难找到西南联大办学成果辉煌的原因。1980 年，法国社会学家皮埃尔·布迪厄（Pierre Bourdieu）在《社会科学研究》杂志上发表了"社会资本随笔"一文，正式提出了"社会资本"的概念。社会资本概念及其研究范式提出后，引起来自不同地域、诸多学科学者的竞相关注。詹姆斯·科尔曼（James Coleman）认为，社会资本就像其他形式的资本一样，它是生产性的。按照肯尼思·纽顿（Kenneth Newton）的观点，社会资本作为后果，可以"把事情搞定（getting things done）”[①]。笔者认为，社会资本概念的提出，为我们分析西南联大办学之谜提供了一个新的理论视角。

## 二、何谓社会资本的视角

早在布迪厄之前，法国学者涂尔干（Emile Durkheim）就强调了团体生活可以矫正失范和自我绝望；马克思则区分了原子化的自在阶级与动员起来的自为阶级。两者的研究，都不同程度地涉及了社会资本的内涵。只不过布迪厄从关系网络的角度，明确提出了社会资本的概念并对其进行了初步分析。布迪厄之后，科尔曼从结构功能的角度、林南（Nan Lin）从网络资源的角度分别对之作了进一步的研究。同时，社会资本研究迅速从社会学领域波及经济学、政治学、文化学等其他学科。随着研究的深入，“社会资本”概念也开始出现“泛化”的趋向，广义社会资本、狭义社会资本，制度社会资本、关系社会资本，结构型社会资本、认知型社会资本等概念层出不穷。社会资本作为一种“概念时尚”，已经被引入迷途。无论中西方学者，“目前存在一个倾向，即把社会资本的概念扩展得过于宽泛，将其归纳到一个包含所有资产的种类里”。但是，“如果一个概念包含的内容过多，那么实际上它就什么也不能解释”[②]。所以，要明确社会资本这一概念，还需从辞源学的角度来理解。

汉语语境中，“社会”一词是由“社”和“会”演进而来的。“社”本字是“土”，在甲骨文中其形为“冢”（土丘）。《孝经·纬》记载：“社，土地之主也。土地阔不可尽敬，故封土为社，以报功也。”在这里，“社”是指传说中的“土地神”。后来，“社”意指人们聚集在一起，祭祀土地神的地方。所谓“故祀以为社”（《国语·鲁语上》）中的“社”即为祭祀“社神”之所。而后，“社”又被用作“集体性组织”之意，如晋《莲社高贤传·慧远法师》“既而谨律息心之士，绝尘清信之宾，不期而至者……结社念佛，世号十八贤”[③]，即为“集

① 肯尼思·纽顿．社会资本与现代欧洲民主 [A]．李惠斌，杨雪冬．社会资本与社会发展 [C]．北京：社会科学文献出版社，2000：387．

② C. 格鲁特尔特，T. 范·贝斯特纳尔．社会资本在发展中的作用 [C] 成都：西南财经大学出版社，2004：7-8．

③ 汉语大词典编辑委员会．汉语大词典 [M]．上海：汉语大词典出版社，1997：4419．

体组织"之意。在古籍中"社"有时也指志同道合者集会之所，如"文社""诗社"，或指中国古代地区单位，如"二十五家为社"等。"会"在古文中，与"合"（会合）、"彡"（众多）相通。《礼经》中有"器之盖曰会，为其上下相合也"。后来，"会"演变为业务、社交或其他性质的集会，如"赶会""开会""欢送会"等。此外，在中国古代"会"也是民间的一种小规模经济互助形式。一般来说，由发起者聚集若干人，按期等量交款，首次由发起者使用，以后按议定或拈阄决定的顺序轮流使用。如《儒林外史》中就有"正在各书店里约了一个会，每店三两"之说。[①]最后，"会"还有为一定目的而成立的团体之意，如"帮会""学会""同乡会"等。"社会"一词合用始于《旧唐书·玄宗上》（本纪第八）。书中记载："礼部奏请千秋节休假三日，及村闾社会，并就千秋节先赛白帝，报田祖。然后坐饮，散之。"在这里"社会"是指村民集会的意思。在封建私塾时期，"社会"一词用来指教师为收取学生学费而举行的集会活动。如孟元老《东京梦华录·秋社》云："八月秋社……市学先生预敛诸生钱作社会，以致雇倩祇应、白席、歌唱之人。归时各携花篮、果实、食物、社糕而散。春社、重午、重九，亦是如此。"[②]后来，日本学者在明治年间最先将英文"society"一词译为汉字"社会"，近代中国学者在翻译日本社会学著作时，袭用此词，汉语语境中的"社会"才有现代通用的含义。[③]

在西方语境中，英语 society 源于 16 世纪中期，意为"与他人同志式的、朋友式的联合"。该词是从法语 société 和拉丁语 societā 移植过来的，本义为 fellowship（伙伴关系、交情、友谊）和 association（社团、协会、联合）；其形容词 social 源于拉丁文 sociālis 和 socius，意为 allied（联合的、同盟的），companion（伙伴、同事者）。[④]按照《美国传统英语词典》的解释，society 除可解释为"人类社会关系的总和"外，还可解释为"在利益共享、特殊关系参与下，拥有共同的习俗和文化，并与其他团体有着广泛区别的人员组合""独

① 汉语大词典编辑委员会. 汉语大词典 [M]. 上海：汉语大词典出版社，1997：3066.
② 辞海编辑委员会. 辞海 [M]. 上海：上海辞书出版社，1979：3611.
③ 付子堂胡仁智. 论法律的社会功能 [J]. 法制与社会发展，1999(4)：7.
④ Henry C. Wyld. *The Universal Dictionary of the English Language*[M]. London: Routledge & Kegan Paul. 1956：1145.

立的、延续的团体风俗习惯和文化""从事共同的事业、活动或具有共同的兴趣的团体或协会"等。

尽管中西方语境不同，但就"社会"的本义而言还是有诸多相通之处的。首先，它强调可利用的资源不属私人所有，而是存在于社会关系网络之中。个人或团体组织为了公共福祉聚集起来，形成相对稳定的利益关系。"关系网络"是"社会"一词的客观化形态，是其蕴含的最为核心的内容。其次，这种关系网络是在非正式制度影响和制约下自发形成的。无论是汉语语境下的"秋社""帮会"，还是西文语境下的"伙伴""团体"，都是在自发状态下而不是靠外力强制形成的。约束团体成员关系的"游戏规则"，主要是共同认可的意识形态、价值规范和习俗惯例等非正式制度因素，而不是管理部门制定的法律、法规等正式制度。这种非正式制度虽不具有正式制度的强制性，但却是关系网络得以发展的"黏合剂"。对于破坏公众认可的"游戏规则"的内部成员，其他成员会对其采取不信任甚至敌对的态度，使破坏者陷入孤立的境地并最终被排除在"关系网络"之外。最后，无论是"关系网络"还是"非正式制度"，都必须在较长期的、互动的情况下才能够发挥作用。就"关系网络"而言，从不曾相识的"陌生者"到志趣相投的"伙伴"，从单个原子化的"个体"到拥有共同习俗文化的"团体"，都必须经过一个较长时期互动、调整、认可、稳定的过程；就"非正式制度"而言，它是伴随着"关系网络"的演进而不断形成和发展的，不同的"关系网络"会有各自的"非正式制度"安排。

由此，所谓社会资本，是指个人或组织在非正式制度的影响和制约下，通过长期交往、合作互惠，进而在形成的一系列互动的关系网络基础上积累起来的资源总和。它在客观层面上表现为关系网络因素，在主观层面上表现为"黏合"关系网络的非正式制度因素。因此，所谓社会资本的视角，就是客观层面的关系网络视角和主观层面的非正式制度视角；就组织而言，关系网络视角又可分为内部关系网络视角和外部关系网络视角。

### 三、社会资本视角下的西南联大

#### （一）内部关系网络视角下的西南联大

三校协作，教授治校。协调三校之间的内部关系，是西南联大成功的重要因素之一。西南联大成立之前，三校性质各异，清华、北大为国立，南开为私立；经费资源不同，清华有"庚子赔款"较为富庶，北大、南开经费则略逊一筹。因此，如果不能够协调内部关系，必然引起争执。联大办学期间，并不是说相安无事，但是三校校长均能以大局为重，精诚合作。当时教育部规定联大常委会实行合议制，并由一名常委具体负责，如担心偏向，可轮流担任。毫无疑问，如果施行常委轮任制，学校政策就有可能朝令夕改，对学校发展不利。为此，蒋梦麟、张伯苓两位常委主动采取了退让的做法，除重大问题合议外，其余则交由年龄最小的梅贻琦一人管理。为使梅贻琦工作不受束缚，蒋、张二人长期不在学校，而是在外地为联大积极协调关系，为梅贻琦创造良好的治学环境。梅贻琦也尽力维护三校团结，在人事、设备、经费等方面处处努力照顾北大和南开，同时在管理中充分发挥"教授治校"的民主管理风格。只要教授会作出决议，梅贻琦常说的一句话就是"吾从众"。吴泽霖先生认为，梅贻琦之"教授治校"在当时确曾起到过"挡箭牌"的作用，它维护了纷乱政局下学校的独立自主，抵制了外来的政治压力，在一定程度上促进了内部团结。[1]正是常委们的相互宽容，才产生了"维三校，兄弟列。为一体，如胶结。同艰难，共欢悦"[2]的深厚情感。相比较而言，同样是三所著名高校，北平大学、北平师范大学、天津北洋工学院（原名北洋大学），在同期组建国立西北联合大学，却没有协调好内部关系。西北联大成立后不久，由于内部意见不统一，不久便分割开来，其影响远不如西南联大。在同样的外部环境下，西北联大并没有创造出西南联大的辉煌，足见大学内部社会资本之重要。

师生关系，密切治学。梅贻琦在《大学一解》中，就师生关系论述到："学

---

① 吴泽霖. 记教育家梅月涵先生 [C] 中国人民政治协商会议北京市委员会文史资料委员会编. 文史资料选编（18），北京：北京出版社，1983：73.
② 冯友兰. 国立西南联合大学纪念碑碑文 [A]. 西南联合大学北京校友会校史编辑委员会. 国立西南联合大学校史资料 [C]. 北京：北京大学出版社，1986：135.

校犹水也，师生犹鱼也，其行动犹游泳也，大鱼前导，小鱼尾随，是从游也，从游既久，其濡染观摩之效，自不求而至，不为而成。"①西南联大的师生关系，真正体现了梅贻琦的"从游说"。它不但反映在课堂中，而且还反映在课堂之外。曾在西南联大就读、后任教于北京大学的张寄谦教授回忆说：联大生物系的一位教授上课时常将教室搬到学校附近的小饭馆，买上几条活鱼，从鱼头讲到鱼尾，再请厨师做熟后和同学们一边吃一边解释鱼的"五脏六腑"。②当时，在西南联大有一个新名词——"泡茶馆"。所谓"泡"者，必定要坐得很久。为什么师生不在教室或图书馆阅览室，而在茶馆呢？主要是因为当时联大教室紧张，宿舍内灯光昏暗，图书馆位子有限。而当时学校附近如文林街、凤翥街、龙翔街等有许多茶馆，除喝茶外，还可吃些小点心。所以许多师生经常来这里泡杯清茶，兼可看书、讨论问题、写读书报告等。久而久之，"泡茶馆"遂成为联大师生日常生活的一部分。在茶馆内，师生畅所欲言，无拘无束，相互交流、自由辩论，创新火花便由此而生。

学生自治，社团活跃。西南联大并没有按照教育部规定去禁锢学生的思想，而是大力倡导学生自治。1939年春，经进步学生酝酿，征得学校同意后，联大第一届学生自治会宣告成立，并制定了《西南联大学生自治会章程》。学生自治会成立后，为学校和社会做了大量工作，如发起大规模的捐献活动支援前方战线，向政府呼吁增加贷学金，举办"五四纪念周"等。除学生自治会外，联大还有数十个自发组成的学生社团，如"群社""冬青社""阳光美术社""新诗社"等，很多知名教授被聘为学生社团的指导教师。在教师的指导下，各社团纷纷出版自己的壁报，或慷慨正义、鞭辟时政，或赋诗作画、陶冶情操，或学术探索、百家争鸣。形式多样的学生社团让西南联大的校园充满生机和活力。事实证明，学生自治是西南联大教授治校的一种有效补充形式，它不仅有利于师生之间沟通，完善学校的内部管理，而且还有利于学生在自治中养成社会服务意识和公民德性，为将来走向社会做好准备。

---

① 梅贻琦. 大学一解 [A]. 杨东平. 大学精神 [C]. 上海：文汇出版社，2003：48.
② 金以林. 近代中国大学研究：1895-1949[M]. 北京：中央文献出版社，2000：266.

### （二）外部关系网络视角下的西南联大

西南联大与云南当地的社会关系。1938 年 4 月 14 日，梅贻琦关于"滇省环境优良，从事开发大有可为"的话，在全体师生中引起了强烈反响，文、理、工各科纷纷向学校报告自己的研究计划，基本上是针对开发云南而进行研究的。如历史系的"大理拓碑计划"、社会学系的"黔滇苗族调查计划"、工学院的"滇产木材实验室"、土木工程系的"公路研究实验室"等，都对云南当地政治、经济、文化的发展作出了突出的贡献。[①] 由此可以看出，西南联大服务于当地是全方位的。通过学校与当地的合作，抗战期间联大虽面临物质的短缺，但在人才培养、科学研究、服务社会等方面的作用却得到超常发挥。西南联大在为云南当地提供社会服务的同时，也得到了云南当地政府和人民的大力支持，与当地建立了鱼水情谊。譬如，龙云在任云南省政府主席的十多年间，对西南联大的民主运动采取了支持和保护的措施，才使得西南联大在海内外赢得了"民主堡垒"的称号。

西南联大与国内外各团体机构、爱国华侨以及校友之间的广泛联系。翻开《国立西南联合大学校史资料》，不难看出这种互动和联系为学校带来的源源不断的物质支持：中华教育基金董事会补助、"季豪先生纪念奖学金"、"膺白奖学金"、"黄梅美德夫人纪念奖学金"、"檀香山侨胞捐助本校学生贷金"、"朱智仁先生清寒学生奖金"、"本大学孙毓驷纪念奖学金"、"马联荣先生纪念奖学金"、"文池奖学金"、交通银行之"育才奖学金"、全国学生救济委员会之"建国奖学金"、"张西林奖学金"、"士远纪念奖学金"、美国红十字会捐赠、美国援华会捐赠、中国红十字会捐赠，等等。在战争年代，这些捐赠对西南联大而言，无疑是雪中送炭。

西南联大外部网络关系的国际性。据统计，当时联大教授 180 人左右，有 117 人在国外留过学，留学七八年以上者为数不少。其中留美 97 人，留德、法 38 人，留英 18 人，留日 3 人，在其他国家留学和在多国留学的 21 人。联大常务委员会的 3 名常委中两人留美，蒋梦麟是教育学博士，梅贻琦是工学硕士；5 名院长都是留美博士，26 位系主任除中文系系主任外，皆为留学归来的

---

① 杨立德. 西南联大的斯芬克司之谜 [M]. 昆明：云南人民出版社，2005：393-396.

教授。① 他们不但为西南联大带来了西方的学术和文化，而且还为西南联大带来了国际化的办学思想。联大在动荡的环境中，仍竭力聘请了许多外籍教师。如外国语文学系聘请了温德（Robert de Winter）、白英（Payne）、吴可读（A.L. Polland-Urquhart）和贾思培（Jasper）、哈里斯（Michael Harris）、雷夏（E.C. Reicher）；历史学系聘请了教授噶邦福（John Jan Gapanovich）、客座教授陆伯慈（Roberts）、讲师白约翰（J. Gilbert Baker）；地质地理气象学系聘请了米士（Peter Misch），等等。同时，著名学者李约瑟（Joseph Needham）、费正清（John King Fairbank）等都与西南联大有着密切的关系。为加大对外学术交流，西南联大还创办了《科学纪录》、续办了《化学撮要》等在国内外反响极大的学术刊物，招收培养外国研究生（印度），鼓励学术论文在国外发表，支持教师到国外访学、讲学等。由此，联大的办学水平获得极大提高并得到国际同行的认可。在西南联大建校第四年，国外许多大学纷纷发来贺电，其中英美大学电文中就有"中邦三十载，西土一千年"之说。② 意为西方大学从中世纪诞生至现代大学制度建立，经历千年之久才建起世界一流大学，而中国从京师大学堂到西南联大才不过三十余年的时间，可谓世界教育史上的奇迹。

## （三）非正式制度视角下的西南联大

中国传统文化中的意识形态影响。中国近代大学模式虽移植于西方，但中国传统文化中的意识形态成分一直影响着大学的发展历程，这主要体现在各大学所确立的办学理念中。正确的办学理念是一所大学能够成功的精神支柱，也是凝聚学校师生以及管理者的情感纽带。冯友兰先生在《国立西南联合大学纪念碑文》中云："文人相轻自古而然。昔人所言，今有同慨。三校有不同之历史，各异之学风，八年之久，合作无间。同无妨异，异不害同，五色交辉，相得益彰，八音合奏，重和且平。"③ 试想如果没有一个情感纽带相连接，这种"万物并育而不相害，道并行而不相悖"的局面在联大是很难出现的。联大成立后，当时的教育部要求呈报校歌校训。1938 年 11 月 26 日，经联大常委会开会，

---

① 洪德铭. 西南联大的精神和办学特色（上）[J]. 高等教育研究，1997，（1）：12.
② 杨立德. 西南联大的斯芬克司之谜 [M]. 昆明：云南人民出版社，2005：2.
③ 冯友兰. 国立西南联合大学纪念碑碑文 [A]. 西南联合大学北京校友会校史编辑委员会. 国立西南联合大学校史资料 [C]. 北京：北京大学出版社，1986：134-135.

决定取"刚毅坚卓"为校训。"刚",《广韵》曰:刚,强也;《左传》曰:刚能立事,又曰:断之以刚。这是指,西南联大要树立不为恶劣环境所压服的无畏精神,不唯上从事的独立品行。"毅",《论语》曰:毅,强而能断也,又曰:士不可以不弘毅,任重而道远。毅力代表着目标既定,锲而不舍,持之以恒,不达目标终不罢休的决心意志。"坚",《汉书》曰:穷当益坚。坚强意味着环境逾恶劣,群体逾团结,信心逾坚定。"卓",《说文》曰:卓,高也;《论语》曰:如有所立,卓尔。卓越意味着办学要超出同类,学习和研究要独立创新。"刚毅坚卓"的办学理念虽没有得到当时教育部的批准,但是西南联大依旧恪守。面对国民党的"党化教育",西南联大或据理力争,或变通行事,终于赢得大学自治地位,为师生的学术自由创造了良好的环境。

爱国主义的价值观念。中国近代大学产于内忧外患之中,"教育救国""教育强国"的爱国主义思想观念一直是仁人志士前进的动力。抗日战争爆发后,敌人的炮火虽使大学在物质上深受重创,但大学精神却愈益高昂。三校虽有不同的办学特点和风格,但无一不是在民族危难之际成长起来的,都对侵略者有着切齿之恨,都怀有救民族于危难之中的爱国信念。为"救亡图存",学校管理者、教师、学生大都能够求同存异,保持联合。这种精神从西南联大的校歌中就可看出,歌词曰:万里长征,辞却了五朝宫阙。暂驻足衡山湘水,又成别离。绝徼移栽桢干质,九州遍洒黎元血。尽笳吹,弦诵在山城,情弥切。千秋耻,终当雪。中兴业,须人杰,便"一成""三户",壮怀难折。多难殷忧新国运,动心忍性希前哲。待驱除仇寇复神京,还燕碣。[①]这曲《满江红》不但阐述了西南联大产生的艰辛历程,而且还抒发了联大师生强烈的爱国热情。所谓"楚虽三户,亡秦必楚",说明联大师生坚信一定会"驱除仇寇复神京,还燕碣"的胜利信念;所谓"中兴业,须人杰",说明联大师生为民族复兴责无旁贷的豪情壮志。可以说,没有爱国主义精神,就没有联大与抗战相始终的"为一体,如胶结"的八年之和;没有爱国主义精神,就没有联大"刚毅坚卓""愈穷弥坚"的奋斗精神;没有爱国主义精神,就没有黄子卿、华罗庚等学者淡泊

---

① 北京大学,清华大学,南开大学,云南师范大学. 国立西南联合大学史料(总览卷)[M]. 昆明:云南教育出版社,1998:247.

名利、回国执教的义举；没有爱国主义精神，就没有西南联大的整体办学效益和办学声望。

自由民主与学术创新的习俗惯例。创新是一个民族进步的灵魂，集培养人才、发展科学、服务社会职能于一体的现代大学，无疑是一个国家和民族不断创新的动力源泉。而学术创新需要自由和民主作为根基，思想自由是一切创新的源泉，民主管理则是自由创新的重要保障，没有自由和民主，学术创新只能是无源之水、无本之木。西南联大之所以培养出了众多的创新人才，主要得益于北大、清华、南开都有着自由民主和学术创新的习俗惯例。北大自1917年蔡元培改革后，素以"学术自由、兼容并包"而著称，教授治校、学生自治，则是北大民主管理的生动体现；由"庚款"创办的清华，以"自强不息，厚德载物"为校训，自1926年4月通过《清华学校组织大纲》，设立评议会和教授会后，民主管理蔚然成风；属于私立性质的南开大学以"允公允能，日新月异"为校训，校长张伯苓倡导"校务公开"和"同人合作"的经营方针，自1922年3月《国立大学校条例》颁布后，南开设立大学评议会，力倡民主管理和教授治校。如果说三校在发展中，自由民主的气氛各有不同、间或断续，那么在西南联大成立后，这种气氛在梅贻琦的带领下则发挥到了极致。他认为："大学之设备，可无论矣。所不可不论者为自由探讨之风气。宋儒安定胡先生有曰，'艮言思不出其位，正以戒在位者也，若夫学者，则无所不思，无所不言，以其无责，可以行其志也；若云思不出其位，是自弃于浅陋之学也。'此语最当。所谓无所不思，无所不言，以今语释之，即学术自由（Academic Freedom）而已矣。"[1]梅贻琦的办学思想得到蒋梦麟、张伯苓两位常委及教授们的认同和支持。面对当时教育部统一大学教学之规定，西南联大全体教授召开会议，并书呈常委会严词反对："夫大学为最高学府，包罗万象，要当同归而殊途，一致而百虑，岂可以刻板文章，勒令从同。世界各著名大学之课程表，未有千篇一律者，即同一课程各大学所授之内容亦未有一成不变者。惟其如是，所以能推陈出新，而学术乃可日臻进步也。"[2]由于西南联大的强烈反对，当时的教

---

① 梅贻琦. 大学一解 [A]. 杨东平. 大学精神 [C]. 上海：文汇出版社，2003：53.
② 西南联大教务会. 教务会议呈常委会文 [A]. 杨东平. 大学精神 [C]. 上海：文汇出版社，2003：82.

育部不得不默许联大对教学工作的各项训令可变通执行。在这种自由民主的氛围下，联大课程名目繁多，各派学术观点纷呈，壁报内容琳琅满目，科研创新层出不穷，终使西南联大"以其兼容并包之精神，转移社会一时之风气，内树学术自由之规模，外来民主堡垒之称号，违千夫之诺诺，作一士之谔谔"①。

## 四、继承西南联大模式，构建大学社会资本

1999 年以后我国进行了持续的高等教育规模扩张，2006 年高等教育毛入学率已达 21%，实现了公认的高等教育大众化目标。与此相伴，各高校也面临着物质资源匮乏的困境，经费问题已经成为当前制约我国高等教育发展的一个重要瓶颈。事实上，在"穷国办大教育"的国情下，高校要完全依赖国家行政拨款也显得越来越不现实。况且，培养创新型人才，产出创新型科研成果也绝不是单靠物质资本的堆积就能够完成的。缺少丰厚的社会资本，物质资本很难发挥作用，且极易造成浪费。因此，当下之大学继承西南联大模式，构建大学社会资本尤显重要。

### （一）扩展高校外部关系网络

20 世纪 80 年代以前，我国高等教育管理模式完全是计划经济体制下的国家"统包统管"，各高校外部关系网络单一。80 年代以后，随着我国向社会主义市场经济体制转轨，高等教育管理体制也发生了改变，高等学校依赖国家"统包统管"的时代已经结束。此时，高校必须转变观念，积极拓宽外部关系网络，从中获取自身发展必需的物力、人力等稀缺资源。具体而言，要扩大高校与地方之间的联系，走"校地互动"的"威斯康星模式"；要扩大高校与企事业单位及非营利性组织之间的联系，走产学研相结合的模式；要密切与校友之间的联系，充分发挥校友的关系网络作用；要扩大高校与高校之间的互动和交往，加强教学、科研等方面的合作与交流。中国加入 WTO 以后，为大学发展拓展了空间，高等教育国际化已是不争的事实。这既为我国的高等教育发展带来了挑战，同时也带来了机遇。回顾国内外高等教育发展史，不难看出高等

---

① 冯友兰. 国立西南联合大学纪念碑文 [A]. 西南联合大学北京校友会校史编辑委员会. 国立西南联合大学校史资料 [C]. 北京：北京大学出版社，1986：135.

教育国际化的程度与高等教育发展水平相依相随的规律。因此，若要使我国的高等教育达到世界先进水平，必须主动使我国的高等学校融入世界高等教育网络之中。

### （二）协调高校内部关系网络

长期以来受政府办学的影响，我国高校内部的网络关系呈现出"官本位"态势，且愈演愈烈。应该说，随着办学规模的不断扩大，大学事务日益庞杂，科层制模式无疑是提高管理效率的重要途径。但是，当科层制演化为"行政化"或"官僚化"之后，就会成为大学内部关系网络和谐的严重制约因素。众所皆知，大学是以继承、传授、发展高深学问为己任，高深知识应该成为联系大学内外部关系的主导因素。而"行政化""官僚化"的机构，则是以"等级制""集权化"为主导的。在大学管理的"行政化"和"官僚化"趋势，使大学内部的学术组织（院系）与行政组织（部处）之间不能平等对话，学术自由逐渐被"官本位"所管制，知识场域逐渐为政治场域所遮蔽；使大学的管理人员把大学视为晋升的阶梯，并因个人的利益关系产生纷争，进而使大学的发展偏离正确的方向；使大学的教学、科研人员倾心于学术职务或行政职务的攀升，造成教学与科研人员学术浮躁，学术后来者对上只能"惟其意之诺诺"，不敢"作一士之谔谔"；使教学、科研人员的考评日趋"定量化"和"技术化"，进而使教师与学生疏于交往，"从游说"的耳濡目染被"大班上课"的单向灌输所替代。概言之，大学管理的"行政化"和"官僚化"之害可谓大矣。基于此，淡化大学"官僚化"管理，倡导西南联大民主办学模式，是当下协调高校内部关系网络的重中之重。

### （三）发挥非正式制度在大学发展中的作用

制度之所以能在社会发展中起着关键作用，是因为它除了能够促使人们更为积极地投入到社会活动中去，实现资源配置最优化之外，还可以约束人们的行为规范，节约交易成本，提高管理绩效。如果不考虑交易成本和管理绩效，显然，正式制度因其具有的外在强制力而成为人们行动的唯一选择。但是，在现实生活中，交易成本无处不在，正式制度的制定和实施不仅需要建立一套专门的组织机构，而且需要通过一定的工作程序，其间不乏讨价还价、营私、寻租等活动，这都需要耗费一定的社会资源，增加运行成本。与正式制度不同的是，非正式制度是依靠人们的自觉和自愿，或依靠社会的风尚和习惯实施的，它不需要雇请专门的人员监督和执行，也几乎不需要花费多大的运营成本。因此，一项正式制度安排如果能够得到组织成员的认同并将其作为自身的行为规范，那么制度的监督和执行就会无须第三方的参与而由社会关系网络自发完成，这就会极大地降低交易成本。从这个意义上说，能够实现正式制度与非正式制度均衡的制度安排最有效。如果正式制度与非正式制度失衡甚至发生冲突，就会削弱正式制度的有效实施，从而导致正式制度的"仪式化"。[①] 大学作为一个组织部门，其发展不但受到正式制度的制约，而且还会受到非正式制度的制约。事实上，在中世纪大学起源时期，决定大学运营的很少是正式制度，而是非正式制度。伴随着公立大学的发展，外部权力开始不断加强对大学的正式制度约束；同时，大学内部的正式制度也日趋强化和细化。作为维系大学发展的非正式制度在正式制度单向突进的"高压"下，显得黯然失色，从而造成制度严重失衡。由此带来的是大学面临着诸多困境：外界与大学之间缺乏信任，师生之间疏于交往，科研人员缺少合作，大学管理日益僵化，大学精神严重缺失等。基于此，当前要重塑大学精神，激活高校活力，在加强法制化建设的同时，彰显大学运营中的非正式制度因素，从而使正式制度与非正式制度均衡发展至关重要。

（原载于《高等教育研究》2007 年第 1 期，第 98-104 页）

---

[①] 甄志宏. 正式制度与非正式制度的冲突与融合——中国市场化改革的制度分析 [D]. 吉林大学，2004：70-71.

# 解读巴黎高师：文化资本的视角

法国巴黎高等师范学院（Ecole Normale Supérieure）简称巴黎高师，建立于 1794 年 10 月，是一所仅有 2000 余名学生的微型学校，但却培养了 12 位诺贝尔奖得主和 8 位素有"数学界诺贝尔奖"之称的菲尔兹奖得主。仅此项数据足以使我国高校羡慕不已。是什么原因造就了如此功勋卓著的巴黎高师，它又对我国高校建设发展有着怎样的启示，这"一因""一启"都是值得我们进行深入思考的理论与现实问题。引入布迪厄文化资本理论来分析并回答上述问题，在理论上为我们剖析某种教育现象提供了新视角，在实践中对教育个体（或组织）的发展具有指导意义。

## 一、布迪厄文化资本的内涵解析

文化资本概念的正式提出可以追溯到 1986 年法国社会学家皮埃尔·布迪厄（Pierre Bourdieu）《资本的形式》一文当中。布迪厄认为："事实上，除非人们回归资本的所有形式，而不只是思考被经济理论所认可的那一种形式，否则，是不可能解释社会世界的结构和功能的。"[①]他突破原有单一的经济资本形式，创造性地将资本的形式扩展为经济资本、文化资本和社会资本三种。在进一步剖析过程中布迪厄又将文化资本划分为三种具体表现形式：一是个体化形式，指个体本身所具有的知识、修养、技能、情趣等文化能力；二是客观化形式，指以物质形式存在的文化产品，如书籍、绘画、雕塑以及机械设备等；三是制度化形式,指将个体所掌握的知识技能通过某种社会认证制度加以确认,

---

① 皮埃尔·布迪厄. 资本的形式 [A]. 薛晓源，曹荣湘. 全球化与文化资本 [C]. 北京：社会科学文献出版社，2005.

形成以文凭或资格证书来衡量个体文化程度的制度性标尺。依据以上表述我们可以简单地将文化资本划分为个体性文化资本、产品性文化资本和制度性文化资本。

为了论述文化资本的作用，布迪厄引入了"惯习"（habitus）和"场域"(field)两个社会学概念。"惯习"可以被定义为"一个持续不断地获得观点、思想和行为的性情倾向体系"①。它是在人们日常学习生活中不断积累塑造而成的，在这个过程中外界文化因素对惯习的塑造具有极其重要的影响。当人们从事实践活动时，他本身所具有的惯习就会在潜移默化中对他的行为产生导向作用。而场域则指"由不同的位置之间的客观关系构成的一个网络，或一个构造"②。场域的原动力来自事物在网络或构造中由于位置间差异所造成的冲突。个体要想控制场域并从中获得良好的发展机遇，就必须占据场域中的优势位置。这就如同战争中兵家必争的有利地形一样，而说到底要占据有利地形必须拥有比对方更为雄厚的实力，而实力在社会生产实践中就表现为一种资本。所以说"一种资本只有在相应的场域内才能存在并发挥作用"③。文化资本的作用就在于通过对个体惯习的塑造，将个体分配到一定场域中的各个位置上。当个体丰富的文化资本与所在场域需求的类型相一致时，由其所塑造的惯习就愈加适应场域中的优势位置，从而使个体获得对场域的控制权，主导着场域的发展方向。

从上述分析中可知文化资本能使个体在社会场域中获得较高的社会地位以及广泛的影响力，逆向推之，广泛的影响力还会给个体的发展带来额外的文化资本积累资源与途径，这种双向互利过程对个体发展具有至关重要的作用。同样，将个体推广到组织（组织也可看作为某种个体），如一所高校，文化资本对高校在教育场域内的位置分布同样起着巨大的作用。

---

① 包亚明，译.文化资本与社会炼金术——布尔迪厄访谈录[M].上海：上海人民出版社，1997：142.
② Bourdieu,P.&Wacquant, J.D. *An Invitation to Reflexive Sociology*[M].Chicago:TheUniversity of Chicago, 1992：101.
③ 于杰，G.巴黎高等师范学校的专业：怎样共存和竞争[J].北京师范大学学报（人文社会科学版），2002（6）：37.

## 二、巴黎高师的个体性文化资本

巴黎高师个体性文化资本的积累实质上是高校自身惯习的塑造过程，即将外部知识融入到高师的内部组织当中，并表现为高师人在知识水平和文化修养等性情倾向上的变化。在这一过程中，外部知识成为影响个体性文化资本积累的重要因素，但它并不具有决定性意义，因为个体性文化资本的积累还要充分考虑到个体的投入。布迪厄将个体的投入归结为两个方面，首先是时间的投入，其次是伴随着各种匮乏、痛苦以及必要牺牲的社会建构性利比多的投入。[①] 而对于这些投入的最终结果——所获得的个体性文化资本，进行的考察必须深入到巴黎高师组织内部，从其成员所具有的文化资本来映衬高师整体所具有的个体性文化资本。虽然这种论证方式并不能完全代表或展示巴黎高师个体性文化资本，但是却能使我们清晰地认识高师个体性文化资本的重点与纲目。毫无疑问，对于高校而言，学生、教师和管理者的代表——校长，是其构成的主体，对他们的文化资本进行分析则显得尤为重要。

### （一）学生的文化资本

巴黎高师十分重视学生的质量，并且一贯秉承一流学校的构成主体是优秀学生的办学理念。对于学生优秀与否判定的标准则完全取决于他们自身所拥有的个体性文化资本。而在学生个体性文化资本中，巴黎高师最为看重的是学生的文理综合素养。例如，巴黎高师文科生中四分之一的学生是通过一种会考后录取的，会考除了文学、哲学和历史三篇大作文以外，还包括一项严格的数学考试。[②] 而当这些考试的胜利者进入高师后，为他们所开设的学习课程以及研究领域无不体现了这种文理互通的教育思想。特别是近年来，巴黎高师为了更进一步深化文理科之间的融合，促进新兴学科的发展，相继成立了"认知论学部""环境学科组"和"科学历史和哲学课程组"三种教学组织单位。这种跨学科教学平台的打造，一方面陶冶了学生的人文素养，另一方面也锻炼了学生

---

① Bourdieu,P.The Froms of Capital[C]//Hand-book of Theory and Research for the Sociology of Education. New York: Greenwood Press，1986.

② 于杰，G. 巴黎高等师范学校的专业：怎样共存和竞争 [J]. 北京师范大学学报 ( 人文社会科学版 )，2002（6）：37.

的科学思维，从而实现了人文教育与科学教育的整合。由此，学生所获得的这种特定文化能力，都会从它在文化资本分布中所占据的地位而获得一种 "物以稀为贵" 的价值，并为其拥有者带来明显的利润。[1]这种利润通过毕业生在就业场域中的优势便可得到印证。通常而言，高师毕业生会在教育、科技及文化等领域担任要职，且待遇优厚，明显优越于综合性大学的毕业生[2]。

### （二）教师的文化资本

目前，巴黎高师拥有专、兼职教授和研究人员约 800 人，他们中的大部分来自于与学校建立良好合作关系的科研单位、大学和国家级的研究组织，这其中就包括法国国家科学研究院（CNRS）、法国国家健康和医学研究院（INSERM）、法国国立计算机及自动化研究院（ INRIA ）等研究组织。能够在这些机构从事科研工作，其本身就是对个人学术资本的认可。巴黎高师教师的学术造诣，由此可见一斑。除此之外，巴黎高师每年都会邀请大批外国知名教授前来讲学以及开展科学研究工作。2003 年巴黎高师与我国北京大学正式启动了 "学生教师" 项目，在人文学科领域双方每年互派一位博士生开展为期一年的教学活动。这种多元化的教师构成体系，不仅加强了巴黎高师与其他研究机构、大学间的密切联系，而且也在一定程度上削弱了学术壁垒，促进了新兴研究领域的兴起与发展。与此同时，合作与竞争并存的学术生态环境也极大地激发了教师的创造热情，并在学术领域取得了举世瞩目的成就。2005—2010 年，巴黎高师科学部共有 37 人获得国家、国际大奖或荣誉称号，约占全体科学部教师总人数的 8%。这些奖项及荣誉的取得，充分显示了巴黎高师教师群体的文化实力，鉴定了巴黎高师个体性文化资本，奠定了巴黎高师在科学场域中的地位。

### （三）校长的文化资本

巴黎高师的微而强还与其校长所具有的文化资本密不可分。作为学校的管理核心，校长除了应具备一般知识之外，还应当具有良好的管理能力。这种能力是文化积淀的产物，它需要个体在理论与实践学习过程当中投入相应的 "利

---

① 包亚明，译. 文化资本与社会炼金术——布尔迪厄访谈录 [M]. 上海：上海人民出版社，1997：196.
② 庞青山. 法国高等教育特色制度的演进 [J]. 比较教育研究，2011（3）：39.

比多"才能获得。保罗·杜比（Paul Dupuy）就是这样一个拥有卓越管理才能的人，他曾于 1885 年至 1925 年在巴黎高师担任校长，可以毫不夸张地说，杜比赋予了巴黎高师新的生命。在他之前巴黎高师仍然保留着"戴莱姆修道院"[①]式的管理制度，学生受控于严格的作息时间，没有任何自由可言。[②] 这种管理制度严重阻碍了学生自由的创造力，不利于新兴文化的产生与发展。杜比以其出众的管理技能、超前的办学理念，打破了高师原有的旧制度，使巴黎高师逐渐成为一所"无政府主义的家园、一片思想和身体自由的绿洲"[③]。学术的自由带来了高师人在思想田野上的奔驰，在科学巨浪中的搏击，收获了高师人所独有的"高师精神"。这种精神是由巴黎高师的学生、教师和校长共同努力的结果，他们为此忍受着求知的痛苦、教学的乏味和管理的压力。与此同时，这种精神又反过来影响着高师未来的发展。这一特有的精神品质就是我们所论述的个体性文化资本中一个最为重要的组成部分，它塑造了巴黎高师所独有的惯习，使高师人走上了教育场域的顶端，铸就了巴黎高师世界著名学府的地位。

## 三、巴黎高师的产品性文化资本

产品性文化资本与个体性文化资本的最大区别在于两者的载体不同：个体性文化资本与人（或组织）的生物性相连接，因此其载体就是人（或组织）本身；而产品性文化资本必须依附于一定的物质化产品而存在，所以它的载体为客观物质。不管是人（或组织）还是物，文化资本的价值都不在于其所附着的载体所拥有的价值，而是在于文化本身所具有的象征性权力的价值。然而产品性文化资本所蕴含的象征性权力不会自动发挥作用，必须要以个体的参与为前提。这就使得产品性文化资本与个体性文化资本之间的联系成为必然，只有在个体充分吸收文化产品中的文化要素时，才能使文化的象征性权力的发挥成为可能。

---

① 杜费，F. 杜福尔，P. 巴黎高师史 [M]. 程小牧，等，译. 北京：中国人民大学出版社，2008：13.
② Smith, R. J. *The Ecole Normale Superieure and the Third Republic*[M]. Albany: State University of New York，1982：80.
③ Smith, R. J. *The Ecole Normale Superieure and the Third Republic*[M]. Albany: State University of New York，1982：14.

巴黎高师在 200 多年的办学历程中积累了大量产品性文化资本，其中最为重要的是图书馆。这里所说的重要性表现在两个层面上，一方面作为普通意义上的图书馆收藏了大量书籍，蕴含着丰富的人类文化遗产，成为产品性文化资本的典型代表。它就像一块磁石吸引着求知若渴的高师人来此度过他们充实而美好的大学时光，诚如从巴黎高师走出的大作家让·格埃诺（Jean Guéhenno）所说的那样："高师就是一群围绕着图书馆的年轻人。"[①]另一方面，图书馆对于高师人的意义不仅仅是因为那里拥有博大精深的典藏，还在于那里有着一位"精神导师"级的图书管理员——吕西安·埃尔（Lucien Herr）。埃尔是巴黎高师 1883 届的毕业生，并于 1886 年至 1926 年担任图书管理员一职。[②]他用他的辛勤劳动换来了学生查阅书籍的便利，促进了学生与知识的融合，影响了一代又一代高师人。虽然人已逝去，但他那挺立在图书馆中的青铜塑像所散发的奉献、服务精神，成为图书馆这一产品性文化资本不可或缺的组成部分。在这种精神的鼓舞下，如今的巴黎高师图书馆不仅实现了开放式借阅，而且建立了与国家数字网络图书馆、联邦古代文献资源库、拉丁区纪录片资源网和大学联盟图书馆的网络借阅关系，从而为学生和教师查阅图书资料提供了更多便利。

如果说埃尔的图书馆更多的是巴黎高师文科生如痴如醉的地方，那么以路易斯·巴斯德（Louis Pasteur）领军的理科实验室则彰显着巴黎高师对科学精神的追求。巴斯德这位"科学无国界，而科学家却有自己的祖国"的提出者，把自己的毕生精力献给了他所从事的事业。在他的领导与影响下，虽历经风雨，但巴黎高师的实验室一直处于世界顶级水平，不仅在此创立了微生物科学，而且还发明了挽救无数人生命的狂犬、炭疽和霍乱疫苗。至今巴黎高师还保留着这位科学巨匠当年实验室的原貌，以此种方式传承他对科学探究的不竭精神动力，令每一位致力于探究科学奥秘的高师人深受感染。站在巨人的肩膀上往往能使人看得更远，巴黎高师的 7 位诺贝尔物理学奖得主和 1 位诺贝尔化学奖得主就很清晰地诠释了这句话的意涵。这些世界级科学家与高师处于世界顶尖级

---

① 杜费，F. 杜福尔，P. 巴黎高师史 [M]. 程小牧，等，译. 北京：中国人民大学出版社，2008：14.
② 杜费，F. 杜福尔，P. 巴黎高师史 [M]. 程小牧，等，译. 北京：中国人民大学出版社，2008：29-30.

的实验室密不可分，更与其中包含的科学探究精神融为一体。与其优良的硬件设施相比，巴黎高师更加注重软件的建设。这些实验室对校外科研人员同样开放，这就扩大了巴黎高师与外界的学术交流，拓展了产品性文化资本象征性权力的发挥范围。

## 四、巴黎高师的制度性文化资本

制度性文化资本意在将个体本身所具有的个体性文化资本通过某种标准加以区分，并以制度的形式进行规范，从而获得具有一定权威性和影响力的社会认可度。其作用的发挥实际上是通过在社会场域中制造"区隔"（distinction）来实现的。区隔——就一般意义而言——当其被觉察到与适应于该结构的分类相一致时，它是记录于社会空间真实结构的差异。① 换言之，区隔就是通过制度性的认可把存在于社会场域中的差异合法化、制度化，这样做的最终目的就是使优势文化资本与劣势文化资本加以区分，确立优势文化资本在社会场域中的主导地位。

巴黎高师最为显著的制度性文化资本在于它拥有大学校（Grandes écoles）头衔，而不是我们通常意义上理解的大学。大学校是法国所独有的一种高等教育机构，它的招生对象主要是高中毕业后读了两年预科的学生，这就使大学校的办学层次相当于我国大学本科三、四年级加研究生教育。在法国高等教育体制中，大学体现的是教育的公平与民主，只要学生高中毕业会考成绩合格就有机会申请进入大学学习。而对于大学校而言，则是法国精英型高等教育的代表，学生在完成两年预科的学习后还要通过极其严格的考试方能进入大学校。巴黎高师作为大学校中的佼佼者，其入学门槛更是高得令人恐惧，每年报名者有 4 万之众，而学校却只招收 200 多人。除生源优势之外，这种制度性文化资本使巴黎高师获得了更多的国家经济资助与社会认可度。巴黎高师的学生不仅不用缴纳学费而且还享受准公务员待遇，每月能领到 1200 欧元的补助。② 这种优厚

① 布迪厄，P. 文化权力 [M]// 薛晓源，曹荣湘. 全球化与文化资本. 北京：社会科学文献出版社，2005：27.
② 王金瑶，来明敏. 巴黎高师具有创造性的办学理念剖析与启示 [J]. 现代大学教育，2008（5）：45-49.

的生活待遇保证了每名学生不会因经济问题而影响学业，使他们能够全身心地投入到学习之中。再者，充足的资金能使学校购进大量的先进设备，为其前沿学科的顺利开展提供了物质保障。在社会认可度方面，法国民众对大学校更是情有独钟，凡是校名中带有 école、collège、institut 等字眼的学生都会被另眼相看，而 université 则不具有这种待遇。在以上表述中，我们可以清楚地看到体制性权力的行为魔力，看到强迫别人接受"社会公认性"的权力。[1]在这种制度性权力的驱使下，巴黎高师走上了法国高等教育场域的最高层，成为精英型高等教育机构的典型代表。

需要深入指出的是，虽然巴黎高师身处大学校制度的优越环境之中，有着充足的资金和社会认可度，但其自身还是非常注重个体性文化资本的积累而相对忽视制度性文化资本。其中一个很典型的表现就是巴黎高师从不授予学生毕业证和学位证，它只有简单的学生名册而已。这充分体现了巴黎高师看待个体性文化资本与制度性文化资本之间关系问题上的正确认识。

## 五、启示与借鉴

巴黎高师在历史发展进程中，通过自身不断努力积累了大量个体性文化资本和产品性文化资本，再加之其优越的制度性文化资本共同构成了巴黎高师成功的主要因素。这给我国迅速扩张的高校如何走向成功提供了一个现实的借鉴事例。

首先，个体性文化资本的积累，使我们明确了大师与大楼的取舍问题。大师是个体性文化资本的代表，一所学校只有注重了大师的培养与引进才能确保良好的教学质量。大师的作用不仅关乎到一门学科的建设，在多数情况下还能影响一个学科群的形成与发展。而大楼只是学生的学习或生活场所而已，它本身与学生的教育活动没有必然的联系。正如清华老校长梅贻琦所言："所谓大学者，非谓有大楼之谓也，有大师之谓也。"[2]当我国的大学忙于扩建校园，增盖高楼甚至是奢华的门庭时，应该对这种资源的浪费现象有所反思。如能

---

① 布尔第厄，P. 文化资本与社会炼金术——布尔迪厄访谈录 [M]. 包亚明，译. 上海：上海人民出版社，1997：201.
② 梅贻琦. 梅贻琦教育论著选 [G]. 刘述礼，黄延复，编. 北京：人民教育出版社，1993：10.

将这些经济资本投入于教师的培养与发展，我国的高校将会获得更好的内涵式发展。

其次，产品性文化资本的积累，要求我们正确处理软件与硬件的关系。图书馆和实验室的建设与高校发展之间的关系不言而喻，每所高校都会在其简介中标明藏书数量和实验设备总值。但是仅有这些冷冰冰的数字显然是不够的，一座好的图书馆不能单以藏书量的多寡来衡量，还要考虑它的运行与管理是否做到了高效快捷地为广大师生服务。再先进的实验设备也要有人的参与才能实现它本身的价值，不能使这些巨额购进的仪器成为评估用的装饰。我国的高校应向巴黎高师学习，在有着丰富产品性文化资本的同时，努力实现这些资本的转化，提升资本利用空间。

再次，制度性文化资本的获得，促使我们理解到重点大学与非重点的真谛。我国虽然没有大学校制度，但是我们的高校有大学与学院之分、"211"与非"211"之别、"985"与非"985"之异。特别是对那些处于劣势制度性文化资本的高校，要明确优势制度性文化资本的获得要以个体性文化资本的积累为前提，不能一味重视名称所赋予的外显荣誉和影响力。近年来不少学院即使在自身条件不能达到大学基本要求的情况下也纷纷急于将学院的名头换掉，而普通的大学则不惜重金向"211"挺进，致使我国的高校办学层次严重趋同。巴黎高师身处大学校之列，却从不给毕业生颁发毕业证，其 1924 届毕业生让·保罗·萨特（Jean Paul Sartre）甚至拒领 1964 年诺贝尔文学奖[①]，这种现象对于我国的高校而言是一种巨大的震撼。我们的高校虽然还无法做到这一点，但是这种更加注重个体性文化资本积累的思想意识和精神追求，却值得我们深思与借鉴。

（原载于《现代大学教育》2011 年第 4 期，第 42-46 页）

---

① 杜费，F. 杜福尔，P. 巴黎高师史 [M]. 程小牧，等，译. 北京：中国人民大学出版社，2008：216.

# 高校学术资本：特征、功用及其积累

资本的形式和内容多种多样。同样，大学作为一个组织部门，所拥有的资本也是多种多样的。近年来，在"自由化、私有化、市场化、全球一体化"的新自由主义思想蔓延态势下，各国对大学直接拨款日益锐减，旨在鼓励绩效竞争的间接资助已成潮流。于是，"学术资本主义"(academic capitalism) 开始步入高等教育研究的理论视野。质言之，学术资本主义现象是大学在适应外部环境与内在逻辑过程中缓慢形成的结果。但学术对大学而言却是最原始、最重要的资本形式。没有学术资本，大学不可能积累并发展其物质资本；没有学术资本，大学也不可能营造和积淀其文化资本；同样，没有学术资本，大学社会资本、政治资本等也只能是纸上谈兵。大学若要独立自主生存发展，就必须不断丰厚自身的学术资本。然而综观当下诸多研究成果，学者们往往关注的是"学术资本主义"这一现象，对于"学术资本"的集中论述还远未充分。本文拟从"学术资本"的内涵和外延分析入手，厘定出"高校学术资本"这一基本概念，以中外高等教育发展的历史和现实为依托，在纵横向比较分析的基础上，展示学术资本作为高校最基本、最重要的资本形式的特点，阐释其在高校运行中所发挥的其他资本类型所不可替代的基础作用。

## 一、高校学术资本及其特征

学术资本是指个人或组织通过所拥有的高深知识，逐步形成学术成就和声望，并以商品的形式进行交换，从而实现价值增殖的资源总和。在这里，我们强调分析学术资本，不但可以从个人层面出发，而且也可以从组织层面入手，高校和科研院所都是分析组织学术资本的典型案例。学术资本是将高深知识以商品的形式进行交换，在实现价值增殖的动态过程中形成的。静态的、用于个人（组织）享用或免费赠予的高深知识，因没有产生交换或不能实现外部价值增殖，则不属于学术资本的范畴。

按照是否可以通过文字、语言来精确描述，高深知识可以划分为显性和隐性两种类型。显性高深知识以实物为载体，通常表现为论著、发明、专利等，可以通过直接或间接的商品交换实现价值增殖；隐性高深知识是以人为载体，通常表现为难以表达的技能经验、思想方法、价值观念等，一般只能通过面对面的交流沟通，方可实现商品交换和价值增殖。无论是显性高深知识还是隐性高深知识，都可以为个人或组织带来学术声望；反过来，学术声望又可以成为实现显性和（或）隐性高深知识增殖的催化剂，进而促进学术资本总量。从外延上看，学术资本可划分为显性学术资本、隐性学术资本和基于声望的混合学术资本。高校学术资本是建立在明确学术资本这一基本概念的基础上而提出的，强调高校作为从事高深知识传播、创新、开发的一类组织部门，通过教学、科研、社会服务等活动，将高深知识以商品的形式与外界进行交换。无论相对于其他组织的知识资本，还是相对于高校的其他资本形式，高校学术资本都具有自身的特点。相对于企业知识资本，高校学术资本突出表现为"高深"性；相对于高校的其他资本形式，高校学术资本突出表现为"知识"性。一般说来，高校学术资本具有以下特征。

**（一）艰深性和复杂性**

与高校其他资本形式不同，学术资本在产生、占有、转化、积累等方面表现得更为艰难和复杂。高校物质资本可以通过短时期投入而迅速发展起来，无论是新建校园建筑，还是图书实验设备，概莫如此。高校社会资本尽管不如物质资本增长方便快捷，但却可以通过卓越的校长和管理者的运作得以迅速提升。高校政治资本的发展和积累无疑与政府部门的关照度密切相关。换言之，如果政府倾力扶持，那么高校在很短的时间内就会积累起来大量政治资本。高校学术资本的产生和发展却是非常缓慢的，无论是显性学术资本、隐性学术资本还是基于声望的混合学术资本，都需要细心培养，很难一蹴而就。学术资本可以较为轻易地转化为物质资本，但是物质资本向学术资本转化却要颇费周折，我们更不能像购买物质资本那样来购买学术资本，即使能够买到也很难在近期内发挥作用。梅贻琦所说的"所谓大学者，非谓有大楼之谓也，有大师之谓也"，说的就是这个道理。

### （二）历史性

不同地域的不同高校在各个时期所拥有的学术资本是不尽相同的，它是一个历史生成的过程。

第一，从知识（显性或隐性）层面来看，新型高深知识的占有会增加学术资本积累，高校就会面临快速发展阶段；反之，旧的高深知识经反复使用会逐渐普及，从而转变成不再高深的知识甚至是谬误，高校如果仍然坚持这种学术资本则必然面临发展危机。中世纪萨莱诺大学衰落的主要原因，就是对新知识的极力排斥。

第二，从学术声望的层面来看，不同地域的不同高校在各个时期所拥有的学术声望显然不同。当显性和（或）隐性的学术资本增加，高校快速发展，高校声望学术资本会自然增加，反之高校声望学术资本就会降低。

第三，从交换对象和形式来看，不同地域、不同时期的高校也不尽相同。中世纪大学时期，高深知识作为商品交换的直接对象是学生，间接对象是教会组织（培养牧师）和世俗政权（培养律师、医生等），主要通过教学活动来完成；文艺复兴和宗教改革以后，高深知识作为商品交换的直接对象转变为国家，无论是以科学研究为主的德国大学，还是将科研游离于大学之外的法国大学，这种交换主要依靠政府来买单，交易活动在教学之外又增加了科学研究。

20世纪以降，以高深知识作为商品交换的利益相关者日益复杂多样，从个人到组织，从政府到民间，高校学术资本日益趋于社会化和市场化，教学、科研和社会服务成为学术资本交易的"三驾马车"。当高校学术资本交易过度泛化，渐渐演变为以追名逐利为目的并超出知识、道德，甚至是法律的边界时，学术资本主义现象便产生了。

### （三）非均衡性

所谓非均衡性，主要是指在同一段历史时期内，因高校所处学术位置不同、拥有的学科专业各异，当通过教学、科研、社会服务等活动将高深知识以商品的形式与外界进行交换和流通时所实现的价值增殖量的差异性。

就学术位置而言，在同一历史时期内，那些处于学术中心地带的大学往往要比处于边缘地带的大学拥有更加丰厚的学术资本。譬如，中世纪时期有"母大学"之称的巴黎大学、波隆那大学与其他"子大学"，所拥有的学术资本总量是不均衡的；就当下中国大学而言，"985 工程""211 工程"重点建设院校要比地方普通院校拥有更多的学术资本。

就学科专业而言，在同一历史时期内，因高校所拥有的学科专业不同，导致学术资本拥有量各异，即使在同一高校内部，因各院系所在学科不同，也导致高校内部学术资本的非均衡性。那些处于与市场或社会密切联系的学科，往往较为容易将学术转化为资本；反之，那些处于与市场或社会较远的学科，因缺乏外部吸引力，往往较难将学术转化为资本，从而表现为资本相对困乏。众所皆知，知识的价值在不同时代会伴随人的主观认识和社会需求的变化而转变。一门学科知识在一定时期内处于"显学"位置，但在另一段时期内将会退隐，譬如中世纪大学的"神学"经过文艺复兴、宗教改革和启蒙运动后，其学术地位逐渐为其他学科所取代。

无论是对于高校个体而言，还是对于学科专业而言，学术资本的非均衡性都有一定的限度。当超越了一定限度，阻碍了大学或学科发展时，要么旧的大学或学科的统摄地位丧失，如中世纪的巴黎大学被法国政府强行取缔，中世纪大学的"神学"地位被德国大学的"哲学"所取代等；要么就会有新的竞争性大学或学科出现，如牛津大学之后出现剑桥大学，哈佛大学之后出现耶鲁大学，"哲学博士"之后又出现了"专业博士"等。

### （四）无形性和依附性

高深知识和学术声望是无形的，因此学术资本是一种无形资本，但无论显性高深知识、隐性高深知识，还是学术声望，都必须依附于特定的人或物。当高校学术资本依附于教学科研人员而存在时，就表现为高校人力资本。但高校人力资本绝不仅仅包含教学科研人员，还应当包括管理人员、教学科研辅助人员等。所以从这种意义上来看，高校学术资本应当是高校人力资本中最为核心的部分。

此外，高校学术资本还可能依附于特定的物而存在，譬如，显性高深知识所依附的著作、论文、发明、专利等，隐性高深知识(主要是价值观、组织文化)所依附的校徽、校训、校歌等，学术声望所依附的哈佛铜像、北大红楼、清华大礼堂等。严格说来，这些可视物是高校物质资本和高校学术资本的复合体。著作、论文、发明、专利等虽然是可视的，但是其中蕴含的高深知识却是无形的。校徽、校训、校歌表面上虽然是可见的，但是其中蕴含的高校价值观和组织文化却是无形的。哈佛铜像、北大红楼、清华大礼堂伫立于大学校园，看似是学校的物质资本，但是所展示的却是高校无形的声誉和品牌。需要特别指出的是，高校所拥有的图书资料、仪器设备等，虽然与高深知识的生产密切相关，但不属于学术资本的范畴，而应归属于高校物质资本。

## 二、高校学术资本的功用

### （一）高校学术资本与大学自治的实现

"自治是高深学问的最悠久的传统之一。无论它的经费来自私人捐赠还是国家补助，也不管它的正式批准是靠教皇训令、皇家特许状，还是国家或省的立法条文，学者行会都自己管理自己的事情。人们曾经认为，失去了自治，高等教育就失去了精华。"① 与个体或其他组织机构的自治程度相似，高校的自治程度无疑与其拥有的、与外界讨价还价的资本量密切相关。但与其他社会组织不同，大学与外界讨价还价的只能是丰厚的学术成果和崇高的学术声望，以及由此带来的物质资本、社会资本和政治资本等。

在中世纪，大学可以通过学术资本转化，从宗教组织、世俗政权以及学生团体等多重对象中，获得广泛的物质资本、政治资本和社会资本。这些资本形态能够使大学游刃于外部权力空间，产生力量制衡，增强自治能力，提升自治水平。伴随文艺复兴、宗教改革和启蒙运动的冲击，除少数私立大学由于拥有自己的经费，可以保持相对自治外，大部分大学则逐步滑向世俗政权的掌控。资本交换对象的减少直接导致大学自治空间的压缩，部分大学甚至成为政府掌

---

① 约翰·S·布鲁贝克. 高等教育哲学 [M]. 杭州：浙江教育出版社，2001：31.

控下的附庸。20世纪70年代以后的经济危机，一方面导致政府对大学经费投入锐减，另一方面也使政府的绩效化管理日益加强。

无数事实证明，如果大学想要恢复自治，就必须寻找更多的资金来源，而不是仅仅依靠政府的公共资源。于是，"创业型大学"如雨后春笋般在欧美兴起。"平衡来自企业、州和地方政府以及自我资助等多种资源的能力，有望提高大学的独立性"[①]，作为从事高深学问的场所，大学运用其雄厚的学术资本与外界产生广泛交换，不但可以获得更多的资金来源，而且还能实现更大程度上的自治。反之，如果学术资本缺失，高校就不可能积累物质资本、社会资本和政治资本等，大学也就丧失了与外界讨价还价的基本条件。这个时候，再谈论大学自治，无异于缘木求鱼。

## （二）高校学术资本与大学职能发挥

"培养人才是大学与生俱来的基本职能，只要大学作为教育机构的根本性质不发生改变，培养人才就始终是大学的首要任务，也是大学之于社会的主要意义所在。"[②] 作为大学资本的基本形态，高校学术资本在培养人才方面具有重要作用。

一是可以扩大生源范围，提高生源质量。众所皆知，生源是决定大学培养人才质量的重要因素，多样性、高质量的生源是每所大学共同追求的目标。中世纪时期，正是经院哲学家阿贝拉尔 (Pierre Abelard) 的学术声望，才使得欧洲众多学子负笈而至，促使了巴黎大学的产生；19世纪末至20世纪初，正是德国柏林大学高质量的研究和教学，才使得世界范围的学者来此求学；在高等教育国际化的当下，生源竞争日趋激烈，如果没有显著的学术成就和声望，大学招生将步履维艰。

二是可以激发学生学习兴趣，提高培养质量。以著作、论文、发明、专利等为载体的显性学术资本，可以使学生直接接触到学术前沿；以面对面交流才可能内化的技能经验、思想方法、价值观、组织文化等隐性学术资本，可以激发学生学习兴趣，提高学习效率；而大师云集、声望远扬的高校，无疑又能够

---

① 亨利·埃兹科维茨.麻省理工学院与创业科学的兴起 [M].北京：清华大学出版社，2007：207.
② 胡建华，等.高等教育学新论 [M].南京：江苏教育出版社，2006：251.

增加学生的自豪感，名师出高徒自不待言。

三是可以提高学生综合能力，扩大学生就业。生源和培养的高质量，无疑对于提高学生综合能力、促进学生就业起着关键作用。高校基于声望的混合学术资本，对于学生就业也起着不可忽视的影响。

19世纪初，德国洪堡创建了柏林大学，强调"通过研究进行教学""教学与研究相统一"，使科学研究进入大学。从校内来看，可以促进学术资本再发展，形成强者愈强的"马太效应"。科学研究需要竞争，没有竞争的学术将是死水一潭。丰厚的学术成果、前沿的研究思想、有效的教学方法以及崇高的学术声望等，都是促进校内教学科研人员形成竞争的催化剂，从而使高校学术资本得以再发展，并形成强者愈强、不断提升的良性循环。从校外来看，可以形成广泛的科研联盟。科学研究需要合作，没有合作很难产生重大的原创性成果。日前国家公布的"高等学校创新能力提升计划"，就旨在促使高校形成跨地域、跨学科的协同创新基地。而如果高校自身学术资本不足，那么就不可能建立广泛的、高层次的校外科研联盟。

1862年，美国联邦政府颁布了《莫里尔法案》，在开启赠地运动的同时也开启了大学的第三种职能——服务社会。高校学术资本服务于社会，至少可以表现在以下三个方面。

一是促进国民经济建设。威斯康星大学在开办之初就明确了大学应当直接服务于当地工农业发展的办学理念，校长范海斯更是提出了"大学的边界就是州的边界"这一促进国民经济建设的指导思想，在有力推进威斯康星州工农业发展的同时，也使威斯康星大学实现了跨越式发展。

二是提升国家的核心竞争力。伴随人类步入知识经济社会，国际竞争日趋激烈。如果说在"前知识经济"时代，竞争的核心要素是自然资源、劳动力以及资金投入，那么在"知识经济"时代，国家的核心竞争力则表现为高端科技和教育。无论是"曼哈顿工程"、"阿波罗"登月计划，还是"阿尔法"国际空间站计划、"火星探路者"发射等，可以说都与美国研究型大学密切相关。换句话说，正是依靠众多一流大学的学术资本，才使得美国在国际竞争中能够一枝独秀。

三是提高全民教育素质。尽管不同层次、不同规模、不同专长的院校所拥有的学术资本总量是不同的，但是所有院校都承担着提供不同的教育培训服务的职能。只有拥有更多的学术资本，才可能更好地提高全民教育素质。没有雄厚的高校学术资本，康奈尔大学就不可能开设出数以万计的教学课程，也不可能实现"任何人在任何学习中都能得到教育"的宏伟蓝图。

### （三）衍生学术资本与大学组织衰落

事物的双重性意味着任何发展都摆脱不了自然辩证法的属性。高校学术资本在拥有诸多良性功用的同时，也具有负面效应。

根据高校学术资本的双重性，我们又可以将其划分为本体学术资本（内生的、合理的）和衍生学术资本（外生的、不合理的）两种类型。那些符合道德正当性，具有社会合法性，符合知识传播创新的内在逻辑性的学术资本，可以称之为本体学术资本；那些破坏大学学术生态环境，干扰大学学术创新进程，败坏大学组织声望的学术资本，则可以称之为衍生学术资本。当大学内部的衍生学术资本超过并压制本体学术资本时，高校必将面临大学组织的衰落。譬如从文艺复兴到启蒙运动时期的欧洲传统大学，教师聘任不是基于学术水平，而是基于信仰或关系；师生之间不是基于知识传授，而是以金钱来维系；大学不是致力于知识创新，而是对新知排斥或抨击等，这势必要造成传统大学的衰落甚至消亡。衍生学术资本滋生到一定程度，就可能造成高校本体学术资本的基础地位动摇。也就是说，高校内部不再是以学术资本为主，而是被其他资本形式所取代，这必然造成对大学组织的破坏。那些小团体内的裙带关系盛行，学术门户林立，学科壁垒森严等，就是社会资本代替了学术资本的主导地位；那些不顾学术声望和道德，以市场交换形式单纯追求物质利益最大化的学术交换行为，其实质就是物质资本代替了学术资本的主导地位。一旦学术知识被人情关系或者物质利益所遮蔽，高等教育发展必然会陷入功利主义的泥沼。

## 三、高校学术资本的积累

### （一）学术自由是高校学术资本积累的基本底线

布鲁贝克认为，"学术自由的合理性至少基于三个支点：认识的、政治的、道德的。大概最主要的是认识方面的。为了保证知识的准确和正确，学者的活动必须只服从真理的标准，而不受任何外界压力，如教会、国家或经济利益的影响"①。因受外部政治上的限制、经济上的诱导等，大学若屈于权势或经不起利益诱惑，看似短期内可以通过"学术"获取政治资本或物质资本，但是从长远发展来看，必然会催生学术浮躁，导致诸多学术不端，生发出更多的衍生学术资本，从而产生"劣币"驱逐"良币"的乱象。此外，大学内部官僚化的管理，教师团体内"家族制"的滋生，学术研究中霸权主义的压制等，也都是阻碍学术自由发展的不良因素。这些因素都可能使教学科研人员放弃独立思考，或人云亦云，或口是心非，或闭口不言。大学内部学术自由受限，必然会影响到大学人才培养、发展科学以及服务社会等职能的发挥，并进而影响到大学学术资本的积累。当然，尽管学术自由是高校学术资本积累的首要因素，但是任何自由都是有一定限度的。任何国家高校学术资本的良性发展，不但需要学术共同体自觉履行一定的学术道德规范，而且也需要国家在法律制度层面进行约束。

### （二）道德规范是高校学术资本积累的内在诉求

道德规范是个体和组织健康发展的主要根基，不同时代的不同阶级有着不同的道德规范，不同个体、不同组织的道德规范侧重点亦不相同。就大学组织而言，学术责任和学术诚信应当是其最为基本的道德规范。只有明确学术责任，教师才可能更加积极地投入到教学、科研和社会服务之中，管理者才有可能认真负责、公正公平，大学也才有可能建立合理的奖惩运营机制；只有建立学术诚信，师生才有可能教学相长，公众才有可能对大学进行持续性关注和投入，他者才有可能愿意进行交流与合作。只有在学术责任和诚信的约束下，高校学术资本积累才有可能得到良性发展。此外，"对给予高等教育的捐赠，尤其是工业界的捐赠又是一个不同于其他问题的道德问题。接受这些捐赠的学者必须小心谨慎，确保自己不被剥削和利用"②。同样，大学在接受外部捐赠的过程中，尤其是要注意确保自己的学术声望不被利用。

---

① 约翰·S.布鲁贝克.高等教育哲学 [M].杭州：浙江教育出版社，2001：46.
② 约翰·S.布鲁贝克.高等教育哲学 [M].杭州：浙江教育出版社，2001：125.

### （三）法律制度是高校学术资本积累的外在保障

相对于道德规范更加侧重于学者或学术共同体的自律、自觉、自察和自省而言，由国家制定的明文法律制度则具有约束、强制、监督和惩罚的刚性作用。我们不可能寄希望于每一位教学科研人员都是理性的道德人，就道德水准而言，他们与寻常人一样有着人性普遍的道德弱点。事实上，学术共同体也首先是一个利益共同体，而不是一个道德共同体。因此，无论是作为学者的教学科研人员个人，还是作为学术共同体的高校组织，在学术资本积累过程中同样需要外部法律制度的制约。缺失或者忽视了外部法律制度的制约，既有可能产生 1972 年德国海德堡大学费尔斯乌斯 (Heinz Filthuth) 教授侵吞研究经费的事件①，也有可能产生上海交大的陈进教授以假芯片骗取千万元资金的事件②。毫无疑问，这些不但影响学者个人的学术资本积累，而且也会对所在的高校学术资本积累产生负面影响。

### （四）知识创新是高校学术资本积累的不竭动力

与物质要素相比，知识要素具有不完全排他性。一项知识被拥有，并不排除他者也拥有同样的知识。知识要素不像物质要素那样，消费了也就没有了，知识可以在不同时间、不同空间内多次重复使用。但是，一项知识产品的使用者越多，其价格将越低，其边际成本将趋近于零。然而，随着人们对一项知识使用的增加，将形成另外一种稀缺，即对新知识的稀缺。③作为高深知识的集结地，大学只有不断进行知识创新，才能够在竞争中得以生存和发展，才能够拥有更多的显性和隐性学术资本，从而使基于声望的混合学术资本不断增加。回顾世界高等教育发展史，环视当今各国大学之发展，勇于接纳新知并创造新知，在一定意义上决定着大学的兴衰存亡，从中世纪意大利萨莱诺大学的覆灭，到 20 世纪美国"哈佛帝国"的崛起，无数鲜活的案例都为这一论断提供了有力证明。

总之，在高等教育急剧变革的今天，我们强调高校学术资本，旨在期待高

---

① DanielFallon. *The German University: A Heroic Idealin Conflict with the Modern World*[M]. Colorado:Colorado Associated University Press，1980：61.
② 田松. 警惕科学家 [J]. 读书，2014，（4）.
③ 陈华. 生产要素演进与创新型国家的经济制度 [M]. 北京：中国人民大学出版社，2008：67—68.

校场域内的"学术人"能够真正以学术为业，恪守学术道德规范，不断积累自身学术资本，进而增加组织学术资本；旨在期待高校在学术资本主义盛行的现实冲击下，能够保持和坚守自身长期形成的学术自由、大学自治、学术责任等组织特质与本色，有效规避学术过度商业化；旨在期待国家政府部门能够从高校学术资本的基本特征出发，宏观调控高等教育整体布局，不断提升高校知识创新能力，为其生存和发展提供良好空间，并最终增强国家和地区的核心竞争力。

（原载于《教育研究》2015 年第 1 期，第 59—65 页）

# 第三编

## 学位制度与研究生教育

# 文化视野中的美国学位制度变迁

随着中国高等教育的发展，研究生教育作为国民教育序列中的最高层级，越来越引起研究者的强烈关注。构建合理的学位制度对于高等教育良性发展至关重要。借鉴甚至移植发达国家的学位制度，不失为一条捷径。

## 一、中世纪大学传统与美国学位制度萌芽

学位的数量、类型、层级等属于学位制度的有形层面，其生成发展受特定历史时代、无形文化动力的影响。大学源于欧洲中世纪，学位制度亦然。1160年波隆那就存在由博士（Doctorem）组成的学者行会，到了1219年这种制度便以文本的形式被确立；1170—1175年，巴黎也存在由硕士（Magister）组成的学者行会，1208年该制度也以成文的形式被认可。在当时，被授予博士或硕士学位，就意味着获得了学者行会认可的授课权力，具备了成为教师的基本条件。因此，中世纪硕士、博士和教授最初都只是称谓教师的头衔（title）。三者仅是称呼不同，并无高低贵贱之分。只不过，硕士（间或教授）称谓在巴黎及后来的牛津和剑桥大学较为普遍；博士称谓则通过波隆那传遍意大利，并进而为德国大学所使用。① 中世纪以后，博士和硕士从教师头衔逐渐演化为现代意义上的学位，教授则继续保持着原有意涵，并演化为拥有高级职称的资深教师。相对而言，学士在中世纪大学是被普遍认可、较低层级的学位。学生在文科学院经过四、五年的学习，便成为教师的教学助手，被授予学士学位。文科学院的学士也是进入法学、神学或医学三个高级学院，进一步获得硕士或博

---

① Philip L. Harriman. The Bachelor's Degree [J]. *The Journal of Higher Education*，1936，（7）：302.

士的必经阶段。

17 世纪初，为躲避宗教压迫，一批清教徒乘坐"五月花号"前往英属北美殖民地。为延续民智，不为后世留下文盲之牧师，1636 年成立了美国最古老的高等教育机构——"剑桥学院"（Cambridge College），1639 年为纪念首位捐赠人约翰·哈佛（John Harvard），更名为哈佛学院。从哈佛创建到内战期间，美国高等教育基本上承袭了自中世纪一脉相承的牛津和剑桥模式，学生经过四年严格的古典课程学习，被授予文科学士（B.A.）。从 1642 到 1851 年，除文科学士外，在被认可的美国文科学院中再没授予过其他类型的学士。[1] 尽管在 1796—1806 年，普林斯顿曾招收过以学习专门科学知识为主的学生，但是给予他们的只是熟练证书，并非学士学位。[2] 在长达两个多世纪里，学士以上只有硕士学位，没有博士学位。而且，当时的硕士学位也只是针对本科毕业三年后的校友，支付一定费用后便可授予的当然（in cursu）学位，而非要求住校学习的挣得（earned）学位。

简言之，以英国为主的中世纪大学传统影响，萌芽时期的美国学位制度，无论在学位类型还是学位层级上，都显得极为保守和单一。

## 二、德国大学理念与美国学位制度初步形成

19 世纪德国大学对美国高等教育产生了极为强烈的影响。从 1820 到 1920 年，有近 9000 名美国学子在柏林、哥廷根、莱比锡等大学学习。如此众多的求学者，抛开英法等传统大学，跨越语言障碍来到德国，一方面是因为美国内战期间，普鲁士曾给予北方各州强有力的声援等政治因素；但更为重要的，是他们为德国大学追求真理探究、崇尚学术自由以及强调教学与科研相结合的精神所深深吸引。在德国大学精神的影响下，美国的学位制度结构也随之发生变革。

1851 年，哈佛大学首次开设理科学士学位（B.S.），1852 年，耶鲁大学

---

[1] Frederick Rudolph. *The American College and University: A History*[M]. New York: Vintage Books，1962：113.

[2] Stephen H. Spurr. *Academic Degree Structure: Innovative Approaches* [M].New York: Mcgraw-Hill Book Company，1970：64.

设立哲学学士学位（B. Phil.）。与文科学士学习四年古典课程所不同，理科和哲学学士均只需三年的科学课程学习。尽管在相当长的一段时期内，新设学士学位在地位（status）上要低于文科学士，但是它们打破了先期大学被古典课程所独霸的局面，为现代科学和哲学课程进入大学提供了合法基础。

将英国大学传统与德国大学精神真正整合为一起，进而提出美国本土大学模式设想的，始于密西根大学校长亨利·塔潘（Henry Philip Tappan）。[①]塔潘在 1851 年校长就职演说中就明确提出了学位分层的思想，并于 1853 年开始着手实施。1858 年，密西根大学决定对获得学士学位，再经过至少一年的课程学习，提交论文并通过考试的人员，授予文科硕士或理科硕士（M.S.）。1859 年，美国首批文、理科硕士学位分别授予沃森（James C. Watson）和伍德（Devolson Wood）。习得性文科和理科硕士学位的正式确立，改变了美国大学长期以来仅有学士一个层级的制度体系，为后来约翰·霍普金斯、芝加哥等以研究生教育为主的大学创建，提供了制度参照。

19 世纪初期，在德国柏林大学首任校长、唯心主义哲学家费希特（Johann Fichte）等人的倡导下，中世纪大学流传下来的博士头衔被改造为现代的哲学博士（Ph.D.）。相对于中世纪时期的博士而言，德国大学要求申请者必须撰写博士论文而非仅仅是公开性的辩论；博士授予不再像中世纪那样仅限于法学、神学和医学等专业性的高级学院，也非局限于哲学领域，而涵盖了文、理、工、法等众多领域；博士授予不再证明获得者达到了学识上的一定高度，而是代表获得者具备了独立进行科研探究的能力。[②]1860 年，耶鲁大学首先提出按照德国模式设立哲学博士，规定获得学士学位经过至少两年的在校学习，提交论文并通过考试后可授予该学位。1861 年，首批哲学博士学位为斯凯勒（Eugene Schuyler）、辉敦（James M. Whiton）和莱特（Arthur W. Wright）所获得。与同时期密西根大学所授予的硕士学位相比较，此时耶鲁大学所授予的哲学博士并没有明显的层次差别，只是学习期限延长了一年。1881 年，约翰·霍普金

---

① Keith Allan Noble. *Changing Doctoral Degrees: An International Perspective*[M].Bristol: The Society for Research into Higher Education & Open University Press，1994.10.

② Stephen H. Spurr. *Academic Degree Structure: Innovative Approaches* [M].New York: Mcgraw-Hill Book Company，1970：118.

斯大学将从学士到博士的年限，由两年延长为不低于三年，1887年又增加了法语和德语的阅读考试等。① 尽管哲学博士在后来的发展中进行了多次调整，但作为高于硕士一级的学位基本确立。至此，从学士到博士，一个自下而上的美国学位制度架构，在19世纪德国大学理念的影响下，得以初步形成。

### 三、实用主义文化与美国学位制度日渐成熟

由于受以英国为代表的中世纪大学影响，巴黎大学和波隆那大学所表现出来的学位职业性特征，并没有为美国大学所继承。受德国追求"纯粹知识"探究的影响，一个以学术为标识的制度架构先期形成。但是，作为本土最为突出的实用主义文化，必然会影响其学位制度的发展方向。

事实上在殖民学院时期，古典文化课程一统校园的局面就不断遭到公众质疑。硕士和博士学位设立后，学术性与应用性纷争迅速升级。究竟是坚守德国大学精神，还是注重本土生产实践；是强调精英教育，还是侧重专业训练，美国大学内外不同派别各执一词、争论甚嚣尘上。莫里尔法案（the Morrill Act）公布后，一批在联邦政府直接资助下的赠地大学迅速崛起。强调为工业、农业等生产实践直接服务的"威斯康星思想""康奈尔理念"等时代精神，很快抢占上风并最终胜出。美国的实用主义传统开始与学位结构出现紧密结合，并催生出众多应用性的专业学位类型。1861年，宾夕法尼亚农业学院率先授予带有明显实用性的"科学耕作学士"（Bachelor of Scientific Agriculture）学位，开专业学位授予的历史先河。② 而后形态各异的专业性甚至职业色彩浓厚的学士学位，如建筑学士（B.Arch.）、护理学士（B.N.）、工程学士（B.E.）等如雨后春笋般遍布美国大学。

在实用主义和文凭主义的联合推动下，专业学位需求不断上移。1900年，

---

① Frederick Rudolph. *The American College and University: A History*[M]. New York: Vintage Books，1962：249.
② Bernard Berelson. *Gradeate Education in the United States* [M].New York: Mcgraw-Hill Book Company，1960：28.

由 14 所著名大学组成的美国大学联合会（AAU）①正式宣布哲学博士成为学位层级中的"金本位"（gold standard）后，硕士学位的地位急剧下滑。耕作、工程、社会工作、图书馆学、行政管理等众多专业领域，轻松进入硕士层级。相对而言，专业学位进入博士层级并非如此顺畅。就像当初古典课程反对科学课程和学位进入大学一样，当应用性的专业领域要求进入博士层级时，遭到了古典学科和现代科学的共同抵抗。他们争论的重点，主要集中在学术标准和社会服务究竟孰轻孰重上。正如学士和硕士一样，实践性学科在实用主义鼓吹下，最终进入博士层级。1922 年哈佛大学在教育学科授予博士学位，不过并非采取直接授予哲学博士的做法，而是采取折中方式（half-inside, half-outside）授予教育博士（Ed.D.）。②作为专业学位的教育博士，与哲学博士相比有诸多不同，如前者由教育学院授予，后者由研究生院授予；前者一般不做外语要求，而后者则要求外语学习；前者需要提供一个较为宽广的独立计划，而后者需要提供原创性的学术论文；在强调住校学习等方面，教育博士也往往要低于哲学博士的要求。可见相对于哲学博士而言，教育博士是较易取得、层次稍低的学位类别。③事实上，在美国大学师生以及民众看来，多数学科的专业博士并非与哲学博士同级，而是稍低一个层次。这种不同博士称谓的层级差别，或许能够从当时贩卖假文凭的售价中管窥一斑，譬如心理博士 100 美元，精神医疗博士 150 美元，神学博士 200 美元，哲学博士 250 美元。④可见，当下所流行的，专业学位与学术学位只有培养规格不同，并无高低之分的说法，并不符合专业学位起源时期的实际情况。

美国实用主义文化，不但在学士、硕士乃至博士层级上，催生出来众多专

---

① 这 14 所包括 3 所公立大学：加州大学伯克利、密西根大学、威斯康星大学麦迪逊；11 所私立大学：哈佛大学、耶鲁大学、哥伦比亚大学、康奈尔大学、约翰·霍普金斯大学、普林斯顿大学、斯坦福大学、芝加哥大学、宾夕法尼亚大学、克拉克大学和天主教大学。

② Stephen H. Spurr. *Academic Degree Structure: Innovative Approaches* [M].New York: Mcgraw-Hill Book Company, 1970：141-142.

③ Stephen H. Spurr. *Academic Degree Structure: Innovative Approaches* [M].New York: Mcgraw-Hill Book Company, 1970：18.

④ Thomas Diener. *Growth of An American Invention: A Documentary History of the Junior and Community College Movement*[M]. NewYork: Greenwood Press，1986：50.

业学位，而且还直接导致了学位层级的下移——副学位（Associate degree）[1]应运而生，并逐渐发展成为美国学位制度体系中的一个重要层面。长期以来，美国基础教育实行的是 K-12 制，这就意味着从幼儿园到高中毕业需要 12 年时间。大学四年一贯制的做法，使得美国学生毕业参加工作至少需要 22 岁。如果考虑到工作、兵役、费用等因素，获得博士学位的平均年龄需要 32 岁。实用主义者不得不为大学与中学的衔接问题寻找新的出路，譬如挤压本科年限（由 4 年变为 3 年）、缩短基础教育、建立单独学院等。应当说前两项变革收效甚微，后者则获得异乎寻常的成功。1891 年芝加哥大学开办后，将大学一、二年级单独分成学术学院，1896 年易名为初级学院。起先对完成学业者授予证书，1899 年由证书转变为学位。[2] 初级学院模式为诸多大学所效仿，为随后的社区学院运动提供了经验。

20 世纪上半叶，美国工业迅速发展，急需大量技术工人。实用主义者效率优先的思想，促使两年制社区学院大量产生，从而开创了继"学院时代""大学时代"之后的第三个时代——"初级和社区学院时代"。初级和社区学院不但承担起了美国高等教育大众化的主要任务，而且也使既可作为学术中转性（transfer），又可作为职业终结性（terminal）的副学位得到美国民众广泛认可。如果说在副学位建立之初，尚存有是证书还是学位的争论，那么在当下看来，其学位地位已经是毋庸置疑的了。

可见，在本土实用主义影响下，美国学位结构发生了巨大变化：一种自下而上的专业学位体系，不但与先期形成的学术学位并驾齐驱，而且促使美国学位制度下移，并产生出副学位这一新的层级。

## 四、自由竞争精神与美国学位制度多元发展

美国是一个建立在自由市场经济基础之上的多元文化社会，崇尚竞争已根植于社会机体的每个角落，大学组织概莫能外。无论是公立还是私立，是研究

---

[1] 关于 Associate degree 的译介，国内有多种说法，如副学士、准学士、大专文凭、专科学位等。笔者倾向于将其译作"副学位"。

[2] Thomas Diener. *Growth of An American Invention: A Documentary History of the Junior and Community College Movement*[M]. NewYork: Greenwood Press，1986：83-85.

型还是教学型，是非营利性还是营利性，大学自产生之日起就在自由竞争中发展。根据宪法规定，美国教育实行地方分权，联邦除立法和拨款外，不干涉各州教育事务。虽然在 20 世纪 80 年代恢复了教育部建制，但其主要职责仅限于规划、协调和指导等宏观层面。在没有部门统管、大学高度自治的情况下，各院校之间的竞争愈演愈烈。大学不得不为适应社会发展而作出调整，无数大学的崛起、衰退乃至泯灭，给自由竞争提供了最好注脚。也正是这种自由竞争，为美国学位多元发展提供了强大的动力。

为了生存发展，除副学位、学士、硕士和博士之外，在美国学位制度中又衍生出诸多其他类型。斯帕（Stephen H. Spurr）将其称之为"中间研究生学位"（intermediate graduate degrees），即那些超过硕士层级，但还未达到哲学博士的诸多学位类型，其中学术性学位如从业学位（Licentiate）、专家（Specialist）、学者（Scholar）等；专业性学位如教育专家（Specialist in Education）、土木工程师（Civil Engineer）等。[①] 这些纷繁多样的中间研究生学位，要译为适合当下国人能够理解的称谓异常困难。这些称谓在 20 世纪 70 年代，尚未被认可为学位，到 20 世纪末期，其学位的地位得到广泛认同，但其称谓仍未能达成一致。美国《院校蓝皮书·学位卷》统一用"其他学位"（other degree）来指代除硕士、博士和第一专业学位，本科学士后获得的所有学位类别，譬如专家、工程师等。从"其他学位"的内涵和外延来看，实与"中间研究生学位"大同小异。可见，一个新的学位群落正在美国大学系统中走向成熟。

为适应竞争，美国大学需要不断进行学位结构调整。适应社会发展的学位层级和类型会及时得以设置，不合时宜的学位类型及时被抛弃。个别学位类型在一所大学的生命力，也许只能存在几年甚至更短时光。以密西根大学（安娜堡）为例，相比于 2005 年，2007 年共计减少了学士专业 18 个、硕士专业 6 个、博士专业 1 个和其他学位专业 2 个；同时相应增加了硕士专业 18 个、博士专业 11 个、其他学位专业 6 个。[②] 尽管调整原因多样，但两年内学位结构发生如

① Ken Karges, Verne Thompson. *The College Blue Book Degrees Offered by College and Subject 32nd* [M]. Detroit: Thomson Gale，2005：289-290.

② Bernard Berelson. *Gradeate Education in the United States* [M].New York: Mcgraw-Hill Book Company，1960：185.

此变化，显示了其调整力度之大。

值得一提的是，自由竞争下的多元发展也并不代表完全没有组织规约、任由滋生。譬如20世纪中期，伴随博士后规模的急剧扩张，为取得合法认可，要求博士后成为更高一级学位的呼声强烈。尽管曾有组织试图突破，但最终未能取得成功。美国大学联合会规定的哲学博士"金本位"规则，至今仍为各大学所遵守。

自由竞争为美国学位类型多样化提供了充足动力，这种多样性一方面为大学创造了充足的发展空间，另一方面也为美国学位制度带来了诸多困境。后者在硕士层面表现尤为突出。在美国，除传统的文、理科硕士外，还有上百个不同的硕士称谓。这些学位，有的仅是攻读博士时自动获得学位，有的是拿不到博士学位而给予的安慰学位；有的属于第一专业学位，有的则属于终结学位。面对名目繁多的各类硕士，雇主们在招聘雇员时，往往看重是硕士还是博士，而非硕士还是学士。甚至有人将硕士学位比作街头流莺（streetwalker），可为任何人以任何价格提供所有服务。①硕士学位声望式微，由此可见一斑。

总之，从美国学位制度的形成与发展来看，一种制度结构形成的背后，往往充满着与之相应的文化力量。一定意义上，正是这种无形力量，推动着有形结构的变迁。我们不仅关注有形层面，还应关注无形的文化因素。不顾及制度发展的文化动力，而盲目移植制度的有形结构，从生态学的角度来看，必然会造成有机体发展不适或排斥，甚至会引起邯郸学步或南橘北枳式的不良后果。

（原载于《高等教育研究》2010年第2期，第105-109页）

---

① Ken Karges, Verne Thompson. *The College Blue Book Degrees Offered by College and Subject 34th* [M]. Detroit: Thomson Gale，2007：285-287.

# 英国实践博士：形成、特征及启示

## 一、英国实践博士产生的背景

20 世纪 90 年代初，英国增设了实践博士。目前，除传统的哲学博士之外，英国还设有论著博士 (PHD by Published work)、新制博士（New Route PHD）、实践博士 (Practice-Based Doctorate) 和一批专业博士（an array of professional doctorates）等。[①] 传统的哲学博士和论著博士，都是以强调发展学术、培养或认可学术性研究人员（academic researchers）而设立，其主要区别是，前者需要正式注册学习，其检验成果是对知识具有原创性贡献的 8 万到 10 万字的学术论文；后者一般无需正式注册学习，其检验成果是已经出版或即将出版的学术论著。新制博士是结合了哲学博士、专业博士和英国经济与社会研究委员会（ESRC）推出的"1+3"博士培养模式而形成的"综合博士"（Integrated PhD）。专业博士本身就是以强调实践为导向而设立的，而且近几年英国的专业博士也已经扩展到多数大学的众多学科领域。据英国研究生教育协会（UK Council for Graduate Education，简称 UKCGE）每五年一次的专业学位授予情况统计，2010 年，125 所成员单位中的 71 所大学中已经有 308 个专业博士项目，比 2000 年的 151 个翻了一倍多，这其中还不包括 2005 年反馈信息的 28 所大学此次没有提供相应信息。由此可见，在英国能够授予专业博士的单位至少占

---

[①] Brabazon,et al.Putting the Doctorate into Practice, and the Practice into Doctorates: Creating a New Space for Quality Scholarship Through Creativity.[J]. *Nebula*，2010，(1-2).

到英国大学总数的 74.4% 以上。[①] 而且，专业博士已经涉及工程、教育、临床心理、工商管理、护理等领域。不难看出，以实践为导向的专业博士已经在英国获得了极大发展。

既然以实践为导向的专业博士在英国获得了长足发展，那么为什么还要增设实践博士？相对于哲学博士和专业博士，实践博士又有哪些基本特征？哲学博士和专业博士之外，又增设实践博士是否意味着博士学位的某种发展趋势？英国实践博士能够为当下我国高等教育改革带来哪些启示与借鉴？对这些基本问题进行剖析，无论是对于国内研究不多的实践博士来说，还是对于当下中国博士制度乃至高等教育变革而言，都具有较强的理论和现实意义。

## 二、英国实践博士形成的动因

应当说，在高等教育先发国家中，英国高等教育变革向来是以传统和保守著称。20 世纪 90 年代成为英国高等教育激进变革的一个重要拐点，不但高等教育由大众迅速进入普及，催生出众多新大学组织（post-1992 universities），而且政府和市场双重介入，使得英国大学呈现出一元体制下的多元发展。仅就研究生教育而言，不但出现了研究生院这一管理组织，而且还产生了多样的学位类型。这其中，既有英国本土政治、经济、文化发展的内部因素，也有应对高等教育全球化挑战的外部因素。实践博士正是在这种宏观背景下设立的，其形成因素主要有以下几个方面。

### （一）知识生产转型是英国实践博士形成的内因

伴随知识经济的迅猛发展，大学、政府和社会之间的动力关系不断发生改变。一方面，传统的、精英式的人才培养方式不断受到冲击，学术下移走向社会大众已经成为全球化趋势；另一方面，书斋式的、纯粹的理论研究越来越不适应经济社会发展的时代需要，人们对传统哲学博士的批评不断增加。作为博士培养基地的大学，正面临着来自政府、用人单位、学生、家长等不同利益相

---

① Brown,K and Cooke,C.Professional doctorate awards in the UK.[R]Lichfield: UK Council for Graduate Education, 2010：6-9.

关者的压力、诉求和期待。尤其是针对哲学博士"理论—实践"脱节的现象，大学必须要寻找新的博士培养途径来提供研究训练。

英国学者吉本斯（Michael Gibbons）等早在1994年就明确提出了知识生产的两种模式。"模式1"是指基于牛顿式（Newtonian model）的科学研究，是建立在单一学科内的、严格的学术规范之上，强调知识产出的"自洽性"（for its own sake），聚焦在"知其然"，理解"是什么"，知识生产的组织具有同质性、等级性和形式固定性等特征。"模式2"是强调在应用背景下而非学科结构内解决问题，是跨学科的，而非单一学科或多学科的，强调知识产出的弥散性和社会责任，关注"知道如何做"，知识生产的组织具有异质性、非等级性和灵活性等特征。①简言之，"模式1"是以理论产出为宗旨，而"模式2"则是以实用产出为依归。

如果将吉本斯的知识生产模式理论放置在博士学位发展上，毫无疑问，传统的哲学博士应该处在"模式1"的一端，那么，专业博士是否就代表了"模式2"的一端呢？事实上，自专业博士产生之日起，就没有完全脱离开传统哲学博士的影响。仅从博士学位质量评价模式来看，专业博士对传统博士的依赖是显而易见的，两者都是通过一定字数要求的博士论文来评价。只是在培养过程中，专业博士是在哲学博士基础之上注入了教学和实践元素。因此，如果按照知识生产模式来划分，专业博士充其量只能是赫夫（Anne Sigismund Huff）所说的知识生产"模式1.5"，既保留了"模式1"中的理论元素，也融入了"模式2"中的实践元素。②以上分析不难看出，处于知识生产"模式2"的博士培养类型尚处于空白，而英国的实践博士恰恰是适应知识生产"模式2"的一个有效应对。事实上，只有哲学博士、专业博士和实践博士共存共生，才能使理论研究者（哲学博士）不断走向纯粹，为实践提供支撑；实践探索者（实践博士）不断深入现实，产出多样性的知识作品；理论和实践兼顾者（专业博士）则为两者架起沟通的桥梁。

---

① Gibbons M, Limoges C, Nowotny H, et al. *The new production of knowledge: The dynamics of science and research in contemporary societies*[M]. los.Angeles:Sage，1994：8-79.

② Banerjee S, Morley C. Professional Doctorates in Management: Toward a Practice-Based Approach to Doctoral Education[J]. *Academy of Management Learning & Education*，2013，(2).

### （二）高校竞争发展是英国实践博士形成的动力

就高校外部环境而言，伴随高等教育全球化趋势，高校国际间竞争日趋激烈，多样化已经成为各国高等教育适应竞争的一个重要特征，不但要求高校组织类型的多样化，而且要求高等教育人才培养类型的多样化。为应对高等教育全球化竞争和高层次人才培养多元化的现实需求，英国政府在 1993 年发布了《实现我们的潜能：科学、工程与技术战略》（*Realising our potential: A Strategy for Science, Engineering and Technology*）白皮书，明确提出，"政府欢迎多样的研究生培养类型产生，也就是说，传统的哲学博士并不能适应大学或工业研究实验室之外的职业需求"[①]。英国实践博士的产生除政府的推力之外，市场的推动力量同样重要。众所皆知，撒切尔夫人时代（1979—1990 年）以降，英国高等教育变革中一个最为重要的特征是市场化因素不断加强。在市场化浪潮的冲击下，传统的以牛津剑桥为代表的自治模式已不复存在，大学不再也不能固守在象牙塔内，而是要将发展的眼光放置在更为广泛的社会和市场需求方面。其中，学习者的需求将占据大学竞争发展的主导地位，如果不能适应各类学习者的多样需求，那么大学在竞争中必然会逐步失去生存和发展的空间。

就高校内部环境而言，实践博士的产生是为了应对新兴学科，尤其是设计、创作、表演艺术等领域的发展需求。早在 20 世纪 70 年代，美国许多大学便开设了艺术设计专业，并将艺术创作硕士（Master of Fine Arts，简称 MFA）作为大学艺术设计实践领域的终结学位（terminal degree）。"尽管 MFA 不是学术型的，但是在美国大学艺术设计学院中，教师获得终身教职（tenure）和职称晋升是依靠 MFA 作为最高学位，而不是传统的哲学博士。这一原则被美国艺术设计教师和教授的核心专业组织——美国大学艺术联合会（The College Art Association）进行了明确规定。"[②]与美国不同，英国大学内的艺术设计院系产生于 20 世纪 90 年代。最迫切的需求是解决如何评定艺术设计院系中教师的聘用和晋升问题。没有相应的高层次学位设置，也就很难衡量哪些教师能够

---

① Treasury H M. Realizing Our Potential: A Strategy for Science, Engineering and Technology[J]. *Norwich: HMSO*，1993：57.

② Durling D, et al P. Editorial: debating the practice-based PhD[J]. *International journal of design sciences and technology*，2002，（2）.

聘用，哪些教师能够晋升职称等。进一步来说，在艺术设计领域设置高层次学位，不但会影响教学人员的质量，而且也会影响培养学生的质量以及产生学科存在的合法性等问题。事实上，英国大学艺术设计院系内的许多设计家和艺术家也渴望融入研究，因为长期以来在英国的艺术设计领域是不存在研究训练模块的。设计家和艺术家对高层次学位的强烈诉求，加速了实践博士产生的步伐。

### （三）现代网络媒体是英国实践博士形成的保障

有一种普遍共识，传统的哲学博士应当是以文字性的长篇学术论文作为最终获得学位的一个必要条件。博士论文不但应当方便同行学者进行检索、查找和获取，而且应当能够长期保存，以方便同行成员随时检验其学术贡献性。

传统上，英国大学的博士论文要求印刷出来，一般不超过 200 份，有时候少至 25 到 50 份。这些文本主要存放在大学图书馆和主要的研究图书馆中，以便于馆际互借。美国大学的博士学位论文则通过大学缩微制品公司（University Microfilms International，简称 UMI）进行存储。UMI 通过书本形式、散装形式（loose form）、微胶卷形式、单片胶卷形式，现在是通过 PDF 形式进行长期保留，并能通过互联网进行检索。实践博士的产生为博士最终成果的存储带来了挑战。1998 年，英国萨里大学（Surrey University) 温布顿艺术学院前院长科林·佩恩特（Colin Painter）在一次研讨会上提到，根据萨里大学的规定，学院允许艺术和设计专业申请者提供一次艺术品展览，即可获得博士学位。[1] 由此带来的问题是，新型博士的实物型成果能不能像博士论文那样获得学术合法性，以及如何像博士论文那样易于保存、获取，方便同行审查检验等。

事实上，早在实践博士产生之前，英国国家学位授予委员会（Council for National Academic Awards）就曾指出，工艺院校在授予高级学位时，书面论文可以用非书面的实物形式来补充。[2] 这也就意味着，作为能够证明其创新性的艺术作品、音乐作品等可以作为申请博士学位的一个重要条件，单纯的、书本式的博士论文要求开始突破。伴随着现代网络媒体的不断发达，以实践为基础而产生出来的实物型成果，也会通过 3D 制作、计算机存储等技术手段，与传

① Durling D, Friedman K, Gutherson P. Editorial: debating the practice-based PhD[J]. *International journal of design sciences and technology*，2002，10 (2)：9-12.
② Candy L. Practice based research: A guide[J]. *CCS Report*，2006，(1).

统的纸质文本一样，可供长久保存、容易获取并随时接受同行学者的评价检验，这也为实践博士的产生提供了技术保障。

### （四）国外发展经验是英国实践博士形成的外因

20 世纪 80 年代末，在英国过于专门的专业，如摄影、电影和电视等，甚至不能授予学位，而只能授予毕业文凭或研究生证书。[①] 因何在短短数年内，英国就为这些专业以及戏剧表演、文学创作、工艺设计等，设立了与哲学博士相当的实践博士，这其中也不乏国际高等教育现实发展的经验借鉴。

"早在 1984 年，澳大利亚的伍伦贡大学（University of Wollongong）和悉尼科技大学的哈珀（Graeme Harper）成为澳洲第一个实践博士学位获得者，目前他在英格兰的普利茅斯大学任教，并一直致力于在英国推广实践博士。在此之前，悉尼科技大学的两位教授——莱文（Theo van Leeuwen）和埃德蒙兹（Ernest Edmonds）也曾对推动英国实践博士的发展作出了积极贡献。"[②] 而此时，英国的专业博士和哲学博士的边界也日益模糊，许多大学的哲学博士开始要求融入教学课程和实践元素，所以设立一个更加强调实践的新型博士很快在英国大学中得到认可。

在美国，尽管说没有将实践博士单独列为一个新的博士类型，但是作为专业学位的变种，聚焦于实践博士（practice-focused doctorate）或专业实践博士（professional practice doctorate）的说法与做法却由来已久。"1978 年，施菲尔德（Schlotfeldt）和她的同事就在凯斯西储大学（Case Western Reserve University）开设了第一个以实践为核心的护理博士"[③]，事实上，这就是所谓的第二代专业博士，更加强化了专业博士的实践性。20 世纪 90 年代，为应对高等教育全球化和市场化的挑战，英国开始全面借鉴美国高等教育，其实践博士的设立不能不说也是受到了美国的影响。2009 年，哈佛大学融合教育学院、商学院和肯尼迪管理学院三院师资力量而开设的教育领导博士（Doctor of Education Leadership Program）则直接称之为崭新的、具有开创性的实践博士。

---

① Clark, Burton R., ed. *The Research Foundations of Graduate Education: Germany, Britain, France, United States, Japan*[M]. Berkelay:University of California Press，1993：95.

② Candy L. Practice based research: A guide[J]. *CCS Report*，2006，(1).

③ Lenz E R. The practice doctorate in nursing: An idea whose time has come[J]. *Online Journal of Issues in Nursing*，2005，10 (3).

可见，由哲学博士到专业博士再到实践博士，这是欧美博士类型发展的一个普遍趋势。

## 三、英国实践博士的特征

### （一）实践博士的专业特征

众所皆知，设置哲学博士的原初目的，是培养学术性的研究人员，致力于学科前沿进行重大原创性研究能力的高层次人才培养，其专业一般不包含工商管理等实践性较强的领域。与哲学博士不同，专业博士设置是在某一特定专业领域内而非在学术领域内提高博士的能力。所以，专业博士吸引了那些工作在专业环境内而希望进一步提高自己的知识、技能和专业实践的学生。他们在增进大学与工商业的衔接中扮演着重要角色。

在英国，从产生时间上来看，专业博士最早是在教育、工程和临床心理学三个领域开设的，而后是工商管理和护理专业，再扩展到其他诸多领域。据UKGCE 2010 年统计显示，2009 年英国专业学位在校生共计 7882 人，其中教育 2228 人，心理咨询 2007 人，商业金融管理和旅游 1058 人，医药博士 752 人，工程博士 609 人，健康、社会健康科学 598 人。[①]以上六类专业博士共计占到在校生总数的 90% 以上。可以说，从在校人数来看，教育、心理、工商管理、工程、医药等同样占据着专业博士学科发展的主流。

与哲学博士、专业博士的设置不同，在过去的十多年间，实践博士主要是在设计、创作和表演领域内设置的。1997 年，UKGCE 对实践博士的多样性进行了分析，在《艺术和设计创造表演领域的实践博士》报告中指出，实践博士的领域包括建筑艺术（Architecture）、创作、设计（Design）、音乐（Music）、表演艺术（Performing arts）和视觉艺术（Visual arts）。早在 1996 年，UKGCE 对其 116 所大学成员单位进行了调查，在反馈信息的 90 所大学中共有 45 所大学设置了这类学位。[②]相对于哲学博士专业设置强调探究的理论性和

---

① Brown,K and Cooke,C. Professional doctorate awards in the UK.[R]Lichfield: UK Council for Graduate Education，2010：9-11.
② UK Council for Graduate Education, Frayling C, Burgess R G. *Practice-based doctorates in the creative and performing arts and design*[M]. Warwick:UK Council for Graduate Education, 1997.7.

学术性，专业博士设置强调的职业的应用性和反思性，实践博士专业设置更加强调艺术创作的视听性和直观性。譬如，在表演艺术中，又可以细分为舞蹈表演、戏剧表演和音乐表演等；在视觉艺术中，又可以细分为彩绘、复合媒材、素描、数字媒体、摄影和雕刻等。

综合比较英国哲学博士、专业博士和实践博士的专业设置特征，哲学博士的最终成果表达是完全可以通过文本来呈现的；教育、心理、工商管理、工程、医药等领域的专业博士，其最终成果表达也主要可以通过系列文本来呈现；相对而言，设计、创作和表演领域的实践博士，其最终成果表达则很难完全通过文本来呈现，必须附之以具体的创作实物。

**（二）实践博士的研究特征**

就专业设置目的而言，哲学博士、专业博士和实践博士都强调研究的重要性。缺失了研究元素，实践博士也就无法被称之为"博士"。但是三者强调研究的模式却是不同的。

英国学者克里斯托弗·弗瑞林（Christopher Frayling）认为，研究绝不限于传统的学科领域，艺术、工艺和设计也同样存在研究。就艺术设计而言，其研究就可划分为"艺术设计领域的研究"（research into art and design）、"通过艺术设计的研究"（research through art and design）和"为艺术设计的研究"（research for art and design）三种形式。弗瑞林进一步分析认为，第一种研究是理论性的，通过哲学博士论文的形式来体现；第二种研究理论性相对较弱，譬如材料研究、研发工作和行动研究等；第三种理论性更弱，更加强调实际成果的产出，思想主要融于产品之中。[①]可以看出，哲学博士属于第一种研究形式，专业博士属于第二种研究形式，实践博士则属于第三种研究形式。

因此，UKGCE 将实践博士界定为：包含一个原初性的创造作品，作品本身能够证明对该领域的原创度、熟识度和贡献度。这里的"原创"可以解释为强调艺术创新，也可以是通过呈现特定认知内容的创新。当然，也有人就实践博士的作品原创度及其与传统博士论文原创的等值性提出质疑，这种质疑一定意义上也是对实践博士设立合法性的质疑。事实上，正如佩克斯（Anna

---

① Frayling C. *Research in art and design*[M]. London: Royal College of Art, 1993：1-5.

Pakes）所指出的，我们不能够要求实践博士作品的原创性与历史上马塞尔·杜尚（Duchamp）的《喷泉》(*Fountain,* 1917)、毕加索（Picasso）的《格尔尼卡》(*Guernica,* 1937)和尼金斯基（Nijinski）的《牧神午后》(*L'Apre`s-Midi d'un Faune,* 1912)相比较，就如同我们不能够拿哲学博士论文的原创性与历史上笛卡尔（Descartes）的《沉思录》(*Meditations,* 1641-1642)、维特根斯坦（Wittgenstein）的《哲学研究》(*Philosophical Investigations,* 1958)和德里达（Derrida）的《论文字学》(*Of Grammatology,* 1967)相比较一样。[①] 同文本性的哲学博士论文、专业博士论文一样，实物性的作品同样可以通过方法创新、内容创新和形式创新等实现实践博士的研究创新。

### （三）实践博士的实践特征

实践博士除了研究元素之外，"实践"则是其另外一个重要特征。缺失了实践性，实践博士也同样不能称之为"实践"博士。

英国普利茅斯大学学者麦克劳德（Katie MacLeod）认为，高层次实践存在三种类型：类型 A 是定位实践（positioning a practice），是对实践的一种审视，这种审视可以是历史的、文化的或者是当下的，也可能是三者融合的；类型 B 是理论化实践（theorising a practice），也就是说，学生的文本所提出的理论能够驱动他们的创造性工作；类型 C 是呈现实践，也就是说创作实物和写作文本能够彼此支撑，产生相互关照的跷跷板效应。[②] 应当说，在哲学博士、专业博士和实践博士的最终学术成果中，都可能含有实践的元素，但是三者对实践的关注点是截然不同的。按照麦克劳德的分析，哲学博士应当属于类型 A 的高层次实践，专业博士则属于类型 B 的高层次实践，而实践博士则属于类型 C 的高层次实践。

在当下，关于专业博士和实践博士争论最多的是"以实践为导向"（practice-led）还是"以实践为基础"（practice-based）这两个词汇。尽管两者的区别不是截然分明的，但还是存在着诸多不同之处。首先，以实践为导向

---

① Pakes A. Original Embodied Knowledge: the epistemology of the new in dance practice as research[J]. *Research in dance education*，2003，4(2).

② MacLeod K. The functions of the written text in practice-based PhD submissions[J]. *Working papers in art and design*，2000.(1).

的研究，所关注的是实践的本质，并引出对该实践有实际操作意义的新知识。研究的重点是推进知识实践，或在实践中推进知识。在一篇博士论文里，实践导向研究结果可能完全用文本形式描述，而无需包含一个创造性实物作品。其次，以实践为基础的研究，是指在一定程度上依靠实践和实践结果，以获得新知识而进行的一种原始调查研究。通过创造性实物作品，可以证明研究的原创性和对知识的贡献，创造性实物作品可能包括图像、音乐、设计、模型、数字媒体等研究产物或其他类似成果，同时原创性的声明、意义及背景是用文字描述的。这是实践博士与其他博士的区别所在。[1] 简言之，如果研究主要通往对实践的新理解，那么这种研究就是实践导向的研究；如果知识贡献的基础是创作性的实物作品（辅之以文字性分析描述），那么这种研究就是基于实践的研究。可以说，专业博士尽管也关注实践，但应属于以实践为导向的，其与以实践为基础的实践博士明显不同。

## （四）实践博士的培养特征

尽管哲学博士或许也关注实践研究，专业博士以工作实践为导向进行研究，但是实践博士则是依靠实践（by means of practice)而非关于实践（about practice）或在实践内（within practice）推进知识。UKGCE 规定，一个原创性的实物作品一定要包含在实践博士研究成果之内。同时，实践博士的最终成果，也必须包括与创作成果内容密切相关的文本性分析。这一文本性分析不但厘定实物作品的原创性定位，而且也能为同行评议提供一个综合判断的基础，能够让同行专家更容易了解其成果的知识贡献度，体现出博士的分析能力水平、背景知识掌握的熟练程度等。[2] 这一总体要求，为实践博士的培养带来了新的挑战。实践博士不但要在学习中产生出实物性的作品，而且也要具备相当的文字分析能力。博士申请人需要完成实物创作和研究分析的双重任务。

实践博士申请人在开始攻读博士学位之前，已经掌握了一系列关于实践的方法和技巧。"按照布迪厄的说法，他们已经掌握了实践'场域'内的'惯习'。当他们进入高等教育场域内，攻读博士时，还需要发展其研究的惯习。对于多

---

[1] Candy L. Practice based research: A guide[J]. *CCS Report*，2006，(1).

[2] UK Council for Graduate Education, Frayling C, Burgess R G. *Practice-based doctorates in the creative and performing arts and design*[M]. UK Council for Graduate Education, 1997：13-14.

数实践博士而言，他们不是担心实践设计，而是为撰写分析而担心。他们先前所受教育（本科和硕士阶段）也是将重点放在了制作方面，很少需要写作要求。因为相对于前者，后者属于实践博士的弱项。"[1] 进一步来讲，实践博士申请人所要解决的主要问题在于制作和写作的结合，是两者多样张力的平衡。"由于之前学生已经具备了相关的实践技能，最终要达到博士授予的要求，写作就成了一项费力的工作。"[2] 这就为实践博士的培养指导带来一个现实问题，导师既要注意学生的写作水平提高，但是又不能够把精力过多地集中在理论和研究层面，从而阻碍了实践性。

实践博士产生以来，所有大学对实践博士的导师安排都有相似的规则，亦即，都指定一定数量合格的、富有经验的导师指导。一般而言，大学为实践博士指定两名导师，分别承担其学术和实践方面的指导。[3] 需要指出的是，实践博士这种双导师制，与我们日常理解的专业博士双导师制有着明显不同。实践博士的两名导师一般均来自于校内。专业博士的两名导师一般是一名来自于校内，一名来自于校外，校内导师主要负责学术层面的指导，校外导师主要是负责实践层面的指导。

伴随实践博士的不断发展，英国及欧洲其他大学也在逐步完善并细化其培养过程。譬如，爱尔兰国立高威大学的休斯顿电影与数字媒体学院开设的"电影、电视和数字媒体实践博士"课程规定，实践博士的导师指导，是由一名主要导师的负责下组成的指导委员会负责。该委员会包括其他学科、院系或大学的专家参与。在指导任何一名新的实践博士之前，都要经过数个指导教师就指导细节进行事先商定。2005 年，由 7 所英国大学共同发起、受英国艺术与人文研究理事会（AHRC）资助设立的"设计高级研究训练"（DART）项目，不但将实践博士推向了跨院校，而且还推向了跨学科的联合培养模式，提出了拼凑和组装式的方法，不但结合了定性和定量分析，而且还结合了社会科学、

---

[1] Collinson J A. Artistry and analysis: student experiences of UK practice - based doctorates in art and design[J]. *International Journal of Qualitative Studies in Education*, 2005, (6).

[2] Hockey J. Art and Design Practice-Based Research Degree Supervision some empirical findings[J]. *Arts and Humanities in Higher Education*, 2003, (2).

[3] UK Council for Graduate Education, Frayling C, Burgess R G. *Practice-based doctorates in the creative and performing arts and design*[M]. UK Council for Graduate Education, 1997: 25.

人文学科和自然科学等众多学科方法。①可以说，吉本斯所提出的知识生产"模式 2"的跨院校、跨学科等特征，在实践博士培养中已日渐彰显。

### （五）实践博士的授予特征

与哲学博士、专业博士学位申请人一样，实践博士申请人要想获得学位，应当符合通用的三项基本规则。首先，提交的原创性独立完成的成果，必须能够证明对知识作出贡献，而且对该研究领域有着深刻理解。其次，必须证明已经掌握该领域的批判性知识的研究方法。最后，经过同行专家的答辩。除了这些通用的规则之外，实践博士还有一些特别要求。以艺术和设计创造表演实践博士为例，其最终提交成果应当符合以下条件：第一，必须是在经过注册的研究项目下进行；第二，最终成果必须有可长久保留的创造性作品；第三，创造性作品必须植根于相关理论的、历史的、批判的或视觉的背景；第四，必须有一篇论文；第五，论文长度通常在三到四万字，音乐作曲除外（三千到五千字）；第六，必须是独立性和原创性的知识贡献；第七，论文必须能够证明对相关研究方法的掌握；第八，必须进行答辩；第九，论文和创造性作品是同等或接近同等重要的，音乐作曲除外（作品集更为重要）。②

可以看出，实践博士除了要提供创造性作品之外，对于文本性论文的要求也不同于哲学博士和专业博士。一般情况下，实践博士的论文字数要少于哲学博士和专业博士。事实上，当前在英国各大学中，对实践博士论文的长度要求各不相同，从布莱顿大学的最少一万字到郝特福德大学的最多八万字都同时存在。此外，实践博士所提供的创造性作品也是形式多样，以艺术和设计专业为例，这些创造性作品可以是绘画、图案设计、摄影、陶艺、版画制作等。③这种论文和创造性作品要求的多样性，在一定意义上也说明了实践博士作为一种新生事物的不成熟性。

实践博士的考核一般要有两名以上的考官，其中至少有一位校外人员。考

---

① Yee J S R. Methodological innovation in practice-based design doctorates[J]. *Journal of Research Practice*, 2010, (2).

② UK Council for Graduate Education, Frayling C, Burgess R G. *Practice-based doctorates in the creative and performing arts and design*[M]. UK Council for Graduate Education, 1997: 9-12.

③ Hockey J. Art and Design Practice-Based Research Degree Supervision some empirical findings[J]. *Arts and Humanities in Higher Education*, 2003, (2): 174.

官必须在该领域有着丰富的研究经验，至少一位（一般是校外）考官具有同等水平的考核经验。要确保学术水平的外部判断，以及相关领域的创造标准判断。对于创作作品的评判，目前尚无特别规定。考官通常提前收到写作文本，也包括照片、图纸或者其他证明等，但是创造性作品通常需要答辩时才能提供。博士学位答辩必须经过两人小组考核，其中一位是该领域相同或相近的学术人员，另一位是至今活跃在实践领域且被认为具有大学教授相当水平的非学术人员。实践博士的考核最终结果，分为通过、补考后通过、重修后通过、低一级授予和不通过等几种形式。通常情况下，造成不通过的原因并非来自论文写作，而是由于所提供的创造性作品。[①]这也体现出了在实践博士授予中对能够直观体现实践的创造性作品的重视度。

## 四、英国实践博士对我国高等教育的启示

### （一）在学位制度上，要突破学术与专业的二元划分

我国自 1981 年施行学位制度，1991 年开始专业学位试点以来，学位与研究生教育发展取得了举世瞩目的成就。但是，现行的学位制度还存在一些不适应时代发展的地方。其中，学术型学位与专业型学位的二元划分，已经成为摆在我们国家高等教育发展面前的一项制度性障碍。无论是从知识生产转型来看，还是从高校竞争发展来说，尽快在博士教育中真正融入实践元素，已经成为我国博士制度变革的一项重要课题。

一是在传统哲学博士培养的基础上，适当在部分学科融入实践元素。除了英国、澳大利亚等大学将实践因素融入哲学博士外，欧洲其他大学的不少哲学博士项目也已经开始强调基于实践的研究路径。譬如荷兰的蒂尔堡大学的哲学博士就是在培养专业人才，为其提供更多的实践取向的科学研究机会；瑞士的圣加仑大学则将哲学博士分为两个路径培养：一是职业生涯导向，一是学术生涯导向。[②]从哲学博士未来的就业去向来看，每一个学位获得者并不必然都要

① UK Council for Graduate Education, Frayling C, Burgess R G. *Practice-based doctorates in the creative and performing arts and design*[M]. UK Council for Graduate Education, 1997：25-26.

② Banerjee S, Morley C. Professional Doctorates in Management: Toward a Practice-Based Approach to Doctoral Education[J]. *Academy of Management Learning & Education*，2013，(2)：176.

从事学术研究工作，因此为哲学博士培养注入实践元素，对于提高哲学博士走向社会的适应力是非常重要的。

二是在现有专业博士基础上，实现部分专业博士向实践博士转型。从我国目前开设的教育、工程、兽医、临床医学和口腔医学这五种类型的专业博士来看，其培养模式大都还处于第一代专业博士的阶段，部分专业博士甚至还停留在传统哲学博士的培养模式上，跨学科、跨院系的联合培养机制，学术性成果与实践性成果多样认可机制等尚未真正建立起来。正如前面所言，除了美国哈佛大学的教育领导博士转型为实践博士之外，英国的工商管理博士等也开始向实践路径转移。诸多专业博士的称谓，已经逐渐被实践博士、专业实践博士等替代，培养实践者已经成为欧美专业博士的一个普遍性发展趋势。

三是在部分实践性强的领域，开设实践博士试点培养。从国内专业硕士与专业博士设置比较来看，专业博士设置要远远少于专业硕士设置的数量和范围；与国外专业博士设置相比较，国内专业博士设置的范围与数量（五类专业博士事实上只涵盖了教育、工程和部分医学专业）要远远少于高等教育先发国家设置的范围与数量。伴随国家政治、经济、文化和社会的迅速发展，诸多新兴应用性强、实践特色突出的学科领域也在不断兴起。因此，一方面要在传统学科领域内选择一些学科，如建筑设计、艺术表演等增设实践博士；另一方面要在一些新兴学科，如数字媒体、复合媒体等增设实践博士。

### （二）在实践运行上，要注重质量与效益的双重兼顾

实践博士的试点运行要确保质量与效益的双重兼顾。作为国民教育序列中的最高层级，博士学位一直充当着"金本位"的角色。决不能因为"跟风"而刻意降低授予标准，从而影响到博士质量。质量是博士培养的生命线，缺失了质量，博士也就失去了其生存的合法性。同样，我们也不能打着"质量"的旗号，固步自封，无视知识转型和高等教育全球化竞争所带来的挑战。从哲学博士到专业博士再到实践博士，已经成为博士类型发展的一个规律性变革；从单一类型博士再到类型多样化，已经成为博士学位获得新的生命力的一个重要元素。

中华民族伟大复兴的中国梦这一宏伟目标一经提出，就需要来自社会各行各业的精英人士来引导并躬身践行。作为生产知识精英的高等教育，更应当肩

负起历史责任，为各学科、各类型的精英培养提供平台。只有打破理论与应用的高下之别，突破学术与专业的二元划分，注重质量与效益的双重兼顾，我们国家的博士制度才能够呈现出百舸争流、千帆竞发的劲头，才能够产生百花齐放、争相夺艳的态势。

（原载于《教育研究》016 年第 4 期，第 125-133 页）

# 英国新制博士学位的特色与启示

## 一、英国新制博士学位的产生

### （一）英国博士学位类型的多元发展

20世纪90年代以降，迫于全球竞争、市场介入、知识转型等压力，英国一改往日传统的保守做法，开始对博士学位进行大刀阔斧式的制度变革。1992年，英国历史上第一个专业博士学位——教育博士在布里斯托大学诞生后，不仅专业博士学位的种类迅速拓展，而且博士学位的类型日趋多元：课程博士、论著哲学博士、实践博士等如雨后春笋般破土而出。2001年，在英国政府、英格兰高等教育基金管理委员会和英国文化协会的全力支持下，英国10所著名研究型大学发起了一种名为新制博士的新型研究生教育。

### （二）英国新制博士学位的产生动因

20世纪90年代早期，英国博士学位致力于研究而非国民经济建设需求，招致国家利益相关者的强烈不满，他们开始对哲学博士的性质及目的提出质疑。英国博士教育变革的动力主要源自三个方面。

#### 1. 英国博士学位的国际竞争力明显降低

20世纪90年代初期海外学生约占英国研究生教育总数的1/3份额，学费收入成为英国高等教育经费补充的一个重要来源。1992—1993年度，英国大约有25100名国际研究生，其中8%来自欧洲，92%来自其他国家。在1997—1998年度，英国国际学生增至81000名，但是却有33%来自欧洲，其他国家学生的比例降至67%。海外学生所占比例的紧缩直接导致英国博士学位授予人数增长缓慢。英国博士学位授予的年增长率不断锐减，从1997年的9.8%

直线降至 2002 年的 0.6%。[①] 因此，尽快改革国内博士学位授予类型，提高英国博士学位的国际竞争力，避免大量国际生源流向北美大学，已经在英国形成广泛共识。

### 2. 令人失望的博士学习时限及毕业率

一般而言，英国哲学博士应在三年或至多四年提交博士论文进行答辩，但实际情况远非如此，其中人文社会科学领域尤为突出。1983 年，由六所大学提交的报告表明，社会科学哲学博士能够在四年内提交博士论文的仅在 6.6% 至 30.5% 之间。博士学位的时间跨度往往延长至五年甚至更长。由于英国政府资助博士研究生的期限为三年，很少有特例可以延续到四年，且平均三位博士生中仅有一位能够获得资助。因此不能正常提交论文就意味着一方面要承受更多经济上的负担，另一方面还要更长地推迟正常就业时间。博士攻读超过四年后，学生也随之失去正常接受指导的权利，这使得原本在一对一指导模式下产生的学术孤独显得更加无助。对于一些已经找到工作的人来说，其主要精力开始转移，学位获得与否对于他们来说已经显得无关紧要。于是，中途退学、不能完成学业等现象在英国并不鲜见。[②] 对于学生来说，过长的博士修业年限就意味着付出更多的学习费用；过低的博士毕业率就意味着要承担更大的学习风险。因此，从学生角度来看，明确限定毕业时间，尽快提高博士毕业率，适当融入团队式指导，减少博士的学术孤独等，都是英国博士教育改革所面临的重要课题。

### 3. 博士学位获得者的专业技能匮乏

长期以来在英国形成的以单一学术性为指向的哲学博士培养，已经越来越不适应学生以及雇主的需求。传统哲学博士旨在培养未来的学术研究人员，他们的就业趋向集中在各高等教育机构，主要从事研究和教学。但是，大学教职员的需求不可能无限增长，许多博士获得者不得不在大学之外寻找其他类型的工作。以 2003 年英国本土博士毕业的去向为例，在教育部门者仅占 47.8%，

---

① Howard Green, Stuart Powell. *DoctoralStudyin Contemporary Higher Education*[M]. Buckingham:Socety for Research into HigherEducation &Open University Press，2005：25.

② BURTON R. CLARK. *The Research Foundations of Graduate Education: Germany, Britain, France,United State,Japan*[M].Berkeley: University of California Press，1993：104-141.

在财政、商业和 IT 业的占 9.1%，从事卫生和社会工作者的占 15.5%，从事制造业的占 16.3%，在公共管理部门工作的占 5.7%，在其他部门工作的占 5.7%。其中在教育部门又有 47% 的人员是作为以教学为主的博士后人员。这也就是说，博士毕业真正在大学从事研究工作的，尚不足总数的 1/4。1997 年，迪尔英委员会下设的贝特委员会调查指出，同等职位在学术部门工作人员的薪水远低于工业部门，其差距一般介于 10%—30% 之间。这也是博士毕业人员考虑不在学术部门工作、另谋高就的一个重要原因。[①]总之，哲学博士学位培养的学术单一性、博士毕业生去向的多样性和不确定性、大学教职的相对低薪以及供应的有限性等，促使英国政府不得不考虑改革现行哲学博士，设置能够融合教学、研究、技能于一体的新型博士学位制度。

## （三）英国新制博士学位的产生过程

专业博士在英国产生后，政府在 1993 年公布了名为《发掘我们的潜力》（*Realizing our Potential*）的白皮书，宣布传统哲学博士并不能总是适应工业研究试验的需求，公共资金对博士训练的注入，也就意味着不仅要符合申请者个人需要，而且也要符合纳税人的利益。而后，科技办公室（OST）、英国工业协会（CBI）等相继作出响应，声称博士教育应当具备未来雇主所需的各类技能，这既包括学术技能，也包括基本的交流技能和管理技能。2001 年，英国经济与社会研究委员会（ESRC）推出了一项"1+3"博士培养模式：在任何被认可的 3 年博士培养之前增加 1 年的全日制硕士课程学习，其中硕士学习必须具有实质性的通用以及专题研究训练诸要素。[②]ESRC 的"1+3"模式，不仅明确了博士四年学制的规定，而且还为英国哲学博士培养注入了教学成分，强调博士研究生不仅是一名研究者( researcher )，而且还是一名学习者( learner )。新制博士学位正是结合传统哲学博士、专业博士以及"1+3"博士培养模式的基础上形成和发展起来的。英国斯特莱德大学的埃金斯将新制博士的形成路线绘制如下图：

① Jeroen Huisman，etc. Academic Careers from a European Perspective：The Declining Desirability of the Faculty Position [J]. *The Journal of Higher Education*，2002，（1）.

② HOWARD GREEN, STUART POWELL. *DoctoralStudy in Contemporary Higher Education*[M]. Buckingham:Society for Research into Higher Education & Open University Press，2005：8.

新制博士学位形成路线图

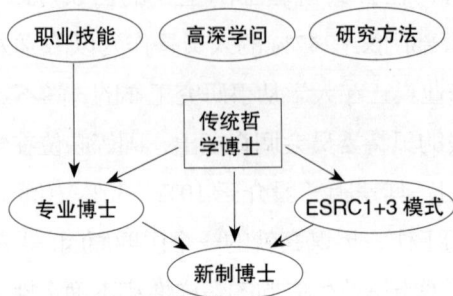

如上图所示，由强调高深学问的传统哲学博士与强调职业技能相结合，产生出专业博士学位；由强调高深学问的传统哲学博士与强调研究方法的教学成分相结合，产生出"1+3"博士培养模式；由传统哲学博士、专业博士以及"1+3"博士培养相结合，产生出新制博士学位。因此，新制博士学位在英国许多大学又称为"综合博士学位"。由于新制博士学位融合了职业技能、高深学问、研究方法等诸多元素，因此自产生后发展迅猛。2003年9月，培养单位已经由最初的10所大学扩展到34所大学，学科专业领域也超过了120多个。就发展态势而言，新制博士学位越来越成为英国一项重要的博士学位类型。

## 二、英国新制博士学位的特征

新制博士学位究竟"新"在何处，换句话说，它与哲学博士、专业博士、"1+3"博士、课程博士、实践博士等究竟存在哪些相似和差异之处，不但是英国政府、大学机构以及海内外学生所密切关注的问题，而且还直接关乎新制博士学位的健康发展。鉴于新制博士成立时间较短，加之培养机构、学位类型和学科专业的多样性，很难对该问题作出全面回答。这里仅从专业设置、培养模式、监督评估等几个方面，就英国新制博士、哲学博士和专业博士的不同特征进行比较。

（一）新制博士的专业设置不但强调学生知识拓宽和加课，而且为学生提供多样性技能培养

**1. 设置目的**

受 19 世纪德国洪堡大学理念影响，英国传统哲学博士旨在发展学术，以培养学术性研究人员，特别是为培养大学师资而设立的。换言之，哲学博士并不包含工、商、管等实践性职业高级人才所需求的专业技能知识传授与培训。20 世纪 90 年代以后，受美国博士学位设置影响，为应对知识经济、市场竞争等各方压力，弥补传统哲学博士职业技能培训的缺失，英国相继设置了教育博士、工程博士、建筑博士、工商管理博士等专业博士学位类型，其目的不再是培养学术研究人员，而是造就研究型的实践工作者。仅就设置名称而言，不难看出各专业博士学位职业技能培养的明确指向性，譬如教育博士一般旨在培养教育专家，工程博士旨在培养高级工程师，建筑博士旨在培养高级建筑师等。这些专业博士学位的技能培训高度专门化，缺乏通约性，同时也丢失了传统哲学博士中强调学术研究的哲学成分，仅仅保留了博士称谓。新制博士学位正是兼取哲学博士和专业博士之长、避其所短而设立的。第一，它保留了哲学博士中强调学术研究的哲学成分；第二，它保留了专业博士学位中强调技能培训的成分，且这些技能往往是可供学生选择的通用技能；第三，它避免了哲学博士和专业博士就业的单一指向性，博士毕业后可以胜任大学教学、工商管理以及政府和公共服务等工作。

**2. 培养目标**

传统哲学博士学位教育致力于使学生立足学科前沿，进行重大原创性研究能力的培养。专业博士学位因其类型划分的多样性，其培养目标也相应非常宽泛。较之于哲学博士，专业博士更侧重于在本专业领域内进行高水平的职业技能培养而非立足学术前沿，更侧重于解决实践问题的能力而非进行理论研究。新制博士学位的培养目标主要为：通过学科专业组合加深知识，通过跨学科研究拓宽知识；培养授课技能和演讲交流技能；形成团队工作技能和问题解决技能；提高传媒技能，培养资深 IT 专家；培养成功的"筹款"技能、工商管理技能，促进知识产权保护和技术转让技能；熟识分公司、高技术公司的构成，体验一

般以及精密仪器的先进技术。不难看出，新制博士不仅强调学生知识的拓宽和加深，而且还为学生提供多样性技能培养。当然，这些技能并不必然要求全部选修，学生可以根据自己学习的学科领域如生物科学、计算机科学、工程技术等进行有针对性的选择学习。

### 3. 入学标准

新制博士的入学条件与英国传统的哲学博士入学条件相同，主要是学术和英语语言方面的要求。新制博士开设的所有学科专业领域对英国本土以及国际学生开放。相对而言，专业博士学位与新制博士和哲学博士的入学条件存在较大不同。因为专业博士主要是为培养实践人才而设置的，因此具有一定时限（一般为 3 年）的相关工作经验，是专业博士学位候选人所必需的。

### （二）新制博士学位的培养模式方面注重学术研究和课程教学两条主线的相互交织、共同促进

#### 1. 学习时间

正如前面论述博士毕业时间所指出的，英国哲学博士的学习时间弹性较大，一般来说全日制哲学博士学习持续的时间至少 24 个月，最多要 60 个月；对于非全日制的哲学博士来说，学习持续时间至少 36 个月，最多要 72 个月。专业博士学习时间倾向标准化，但是由于大多数专业博士的学习是非全日制的，攻读专业博士学位的学生希望一边学习，一边参与工业或其他组织的专业工作。即使个别专业博士是以全日制方式注册入学的，他们实际上也将大部分时间花在大学之外的专业工作方面，因此其学习时间仍然是不确定的。一般说来，全日制专业博士学习持续的时间为 2—5 年；非全日制的专业博士学习持续时间为 3—8 年，学习时间长短需要视学科领域、学生承诺和研究计划而定。

相对于哲学博士和专业博士完成时间的不确定性，攻读新制博士学位的学生可以确定在 4 年之内完成，因此新制博士又称为"四年制哲学博士"。对于那些要自己支付学费和住宿费的海外学生来说，完成学位的时间越长，就意味着付出的成本越高；完成学位的时间越不确定，也就意味着需要承担的风险越大。因此，新制博士学位能够确定在 4 年完成，这对于吸引更多的海外学生，提高英国博士教育的国际竞争力，无疑是一项重要举措。

## 2. 研究教学

尽管说各类博士学位均冠以博士称谓，但在实际培养过程中对研究和教学的侧重却存在很大不同。传统的哲学博士致力于学术研究，通常不包含教学因素，即使有少量的讲授课程存在，也是将其视为研究训练的一部分。霍戴尔认为，在过去 15 年的英国博士教育变革中，一个突出的特征就是在培养中正式引入了教学因素。[①]专业博士率先将教学因素融入培养过程，而后"1+3"博士、新制博士也相继借鉴。即便是三者都引入了教学因素，但从教学内容、时间安排来看，也存在很大不同。"1+3"博士将所有教学成分集中安排在第一年，其内容是以研究方法教学为主；专业博士将教学分布在整个培养过程中，其内容是以专业技能教学为主；新制博士学位将教学主要安排在第一年，但是其余三年也含有教学成分，只是教学所占的比重逐年递减，其教学内容既包括研究方法的教学，也包括各类技能的培养与训练。

以布鲁内尔大学新制博士培养方案为例：在第一学年，经过通用和相关学科研究方法教学模块，学生可以轻松进入本学科领域，并着手初期论文撰写，设计写作教学模块可以帮助学生为论文大纲做准备。从第二年开始，学生需要提交学术会议论文和期刊论文，交流技能教学模块（演讲、写作、计算机、信息检索等）可以对此提供帮助。研究生院通常会资助学生参加至少一个国内和一个国际性学术会议。为确保学生熟识外界知识背景，学校还为他们设计了全球语境教学模块（政治、经济、社会等）。第三年，同行评审教学模块可以帮助学生在更为广阔的背景下，对自己的论文进行批判性反思；研究传播和财经世界教学模块可以激励学生出版发表，帮助他们进行职业规划、培训、发展，熟识知识产权保护等相关事宜。在第四年，学生提交博士论文并答辩。由此可见，布鲁内尔大学新制博士中的学术研究和课程教学（研究方法和技能培养）这两条主线是相互交织、共同促进、密不可分的。

## 3. 指导关系

英国传统哲学博士是采用"师徒式"的个别指导，学生与导师是一对一的

---

① Hoddell S，Howard D，Street D，et al. Doctorates – converging or diverging patterns of provision[J]. Quality Assurance in Education，2002，10(2):61-70.

关系，每位博士生都配有一名导师。在专业博士培养中，导师对学生的指导不再建立在一对一的"师徒式"关系上，而是建立在以团队为基础的合作研究之上。专业博士教师不再被称为导师，而是被称作咨询者。与哲学博士和专业博士不同，每位新制博士通常拥有两位导师，其中一位被指定为责任导师，负责监督学生的教学计划、个人研究、协调指导，为学生提供学术和生活帮助，对博士候选人的学术研究负有首要责任；另一位被指定为第二导师，负责对学生的学术研究提供必要的专门知识补充和帮助。新制博士学位在借鉴了专业博士以团队为基础进行合作指导的基础上，保留了哲学博士"导师制"所含有的亲密的师生指导关系。两位导师必须定期单独或一起与学生会面，学生每周或每两周就研究进展、学术发现等向导师汇报，聆听他们的意见和建议。由此来看，新制博士不但没有降低哲学博士的指导力度，反而具有某种程度上的加强。因此，新制博士又被称为"提高哲学博士"不无道理。

（三）新制博士学位在监督评估方面形成了相对规范的模式，逐步加强了监督力度，其学术要求也有一定程度的提升

### 1. 监督模式

传统哲学博士在完成第一学年的博士学习前，需要提交一篇书面作业和今后研究计划大纲。在大部分情况下，学校把这些材料提交给导师之外的专业教师评定，也有的直接交由导师进行修正。此后，博士候选人的培养监督工作主要交给导师负责。与哲学博士重点强调终点评估所不同，强调过程评估是专业博士学位授予的一个重要特征，而中期评估是专业博士学位不可或缺的一环。尽管说通过中期评估并不必然保证博士候选人能够获得学位，但是如果不能通过评估，那么就不能提交论文进入答辩环节。与哲学博士主要由导师负责监督工作不同，专业博士需要接受校内导师和校外联合导师的共同指导和监督。相对于哲学博士和专业博士，新制博士培养的监督更加明晰化。以森德兰大学为例，新生入学 4 个月内，需要在指导小组的监督下，完成一份详细的研究计划。这份研究计划经"大学研究委员会"审定后，还要接受年度检查。在审查中，学生需要提交一份包含专业发展在内的年度进展报告，并进行 20 分钟的口头陈述和 20 分钟的答辩质疑。不难看出，新制专业博士的监督模式相对规范，

监督力度逐步加大，这也是促使学生 4 年内能够顺利拿到博士学位的重要保障。

## 2. 评估标准

2001 年英国政府委托高等教育质量保证署发布了高等教育资格框架（FHEQ），对博士学位应该达到的标准进行了统一界定。就哲学博士而言，资格框架规定将其评估标准描述为应对知识有着重大的原创性贡献。但这一指标相当模糊，各高等教育机构对该标准的阐释也不尽相同，有的着重参照"知识贡献"，有的着重强调"学术出版"。无论是从定性还是从定量的角度，对知识贡献和学术出版的评定都很难明确区分出高低上下。评估指标的模糊性，不但造成各高等教育机构评价标准的不一致性，而且还带来评定成绩话语表述的不精确性，譬如在评价博士候选人的概念界定、论文设计、研究计划进展等一般能力方面，往往只能运用"多数""主要"和"多半"等词语来表述。因此，一定程度上哲学博士类似于常模参照评估，而非标准参照评估。由于专业博士引入了教学因素，强调课程学习和技能培养等可视性元素，因此能够设置参数进行评估。高等教育质量保证署资格框架关于高等教育 5 级，即博士教育应当获得 540 个学分（含论文 360 个学分）的标准公布后，旋即为各高等教育机构所引用。毫无疑问，以学分等级为评价标准的专业博士学位，要比没有学分规定的哲学博士评价标准更为清晰明确。新制博士借鉴了专业博士基于学分等级评定的做法，同时吸收了哲学博士对于学位论文不做学分评定的惯例，参照 2002 年英国研究生教育协会的建议：培养单位根据教学工作量多少，博士学分应介于 120—270 之间。譬如赫尔大学规定新制博士（工程）需要取得 200 个学分，利兹大学（Leeds）规定新制博士（商业经济管理）需要取得 180 个学分，利物浦约翰摩尔斯大学（Liverpool JMU）规定新制博士（保健科学）需要取得 220 个学分等。

## 3. 论文答辩

无论何种博士，提交学位论文并进行答辩都是授予博士学位不可或缺的先决条件，同时也是博士教育监督和评估的最后环节。传统的哲学博士需要提交一篇能够证明其学术水平和能力的、且有一定字数限制的毕业论文。一般情况下，理工科专业的博士论文字数不得超过 4 万字，其他专业的博士论文字数不得超过 8 万字。论文答辩主考人通常为两人（有些例外为三人），其中校外一人，校内一人。为避免学术派别纷争给博士候选人带来的敌对处罚，答辩主考人通常由导师和候选人充分酝酿后提出名单。论文模式通常仍然在专业博士学位最终评估时存在，但是以组合模式对专业博士学位进行最终评估的方法日渐增加。换言之，专业博士学位候选人可以提交一篇不超过 6 万字的学位论文，也可提交两篇甚至多篇能够证明自己与学术水平、工作量大致相当的组合式研究成果。专业博士论文答辩主考人沿袭哲学博士的做法，通常由校内、校外两位专家组成。主考人通常由研究生院指定，而不再是由导师和候选人商定，他们不再仅对学位论文进行评定，而且还要对博士候选人的整个学习过程进行评定，其中既包括课程学习，也包括专业技能等方面。新制博士通常由一位校外专家对其课程学习阶段进行评定，经考试委员会审核通过后方可进入论文研究阶段。新制博士论文的工作量要求通常与本校的哲学博士学位论文一致，譬如利物浦约翰摩尔斯大学规定哲学博士论文最多不超过 8 万字，专业博士（工商管理）论文介于 4 万—7 万字，新制博士（保健科学）最多不超过 8 万字；诺丁汉大学教育学院规定哲学博士论文最多不超过 10 万字，专业博士论文介于 5 万—6 万字，新制博士最多不超过 10 万字等。新制博士论文答辩主考人仍由两人组成，其中一位为国际主考，一位为校外主考。由此不难看出，无论从论文工作量上来看，还是从博士答辩主考人组成来看，新制博士学位的学术要求不但没有降低，反而有了一定程度上的提升。

## 三、英国新制博士学位的启示

由于在教学、研究等方面的诸多优势，近年来新制博士不仅在授予单位、学科专业等方面迅速扩展，而且其生源也已经波及东盟国家、中国、东南亚、印度次大陆及各岛、欧盟、中东和北美各地。这些国家和地区连同英国本土的毕业生已经在教育学、语言学、管理科学、环境科学、生物科学以及一系列工程学科中开始了职业生涯。有关数据显示，受英国经济不景气影响，去英国就业的移民人数出现下滑。据"中国新闻网"2010 年 08 月 30 日报道，截至 2010 年 6 月，工作签证减少 14%，达 16.1 万个，但学生签证却继续保持明显增长势头，同比增长35%，总数超过36万。如果剔除不足六个月的短期学生签证，同期增长仍然保持在19%的势头。海外学生每年给英国政府带来大约80亿英镑的收入，这也是英国高等院校的一项重要财源。从英国发展新制博士的动机和目的，不难看出这种增长势头背后的深层原因。全球竞争、市场介入、知识转型等都是当今高等教育发展不可摆脱的历史趋势，置身于世界发展浪潮中的我国博士教育，也要直面这一客观现实，借鉴英国发展新制博士学位的经验，对当下中国博士教育进行深度变革。

### （一）增加博士学位授予类型

目前我国博士学位授予类型相对单一，仅有学术型学位和专业型学位两种。从2011年4月国务院学位委员会、教育部公布的《学位授予和人才培养学科目录》中不难看出，博士专业学位也仅仅设有教育、工程、兽医、临床医学和口腔医学这五种类型。从培养目标来看，学术型博士存在着强调理论、轻视实践，注重研究、忽视教学等问题；专业博士不但授予专业领域有限，而且也存在着高度专门化、缺乏通约性等问题。能够将理论与实践有机结合，将教学和研究融会贯通，类似于英国新制博士的学位类型至今尚未在我国本土产生。这势必影响到我国博士学位教育在国际上的竞争力：当本土学生在国内找不到适合自己发展志向的攻读博士学位类型时，他们定会将求学的目光投向国外大学；当外域学生欲来我国留学，但又找不到多样性、可供选择的博士学位类型时，他们也将会改变主意选择留在本土或者到其他国家的大学深造。因此，政府应积极鼓励和扶持有条件的大学，适当拓宽博士的培养类型。

### （二）适度扩大博士招生规模

1999年之后，我国高等教育规模进入了快速发展阶段，在普通本专科生招生数量迅速增加的同时，硕士研究生的招生数量也获得较快增长，相对而言博士生的招生规模发展缓慢。根据《全国教育事业发展统计公告》数据显示，2002年博士招生3.83万人，硕士招生16.43万人；2011年博士招生6.56万人，硕士招生49.46万人。经过十年的发展，我国的硕士研究生年度招生增加了33万多人，而博士研究生的年度招生仅仅增加了不到3万人。毋庸置疑，如果这一态势长期持续下去，不但不能够满足更多硕士毕业研究生继续攻读高层次学历学位教育的现实需求，而且也与国家建设高等教育强国和文化强国的战略发展目标相背离。基于此，政府和高校应当有计划地适度扩大博士研究生的招生规模，尤其是应当扩大学术型博士之外的其他类型博士的招生规模。

### （三）严格博士学位培养质量

质量是研究生教育的生命线，这始终是博士教育应当坚守的一个基本底线。为此，政府要协同利益相关者，对不同博士学位类型的设置目的、培养目标、入学标准等进行严格的审查和论证，一方面要确保新型博士学位的培养层次和质量，另一方面要避免新型博士学位与传统博士学位"名异实同"的现象。政府和博士培养单位需要通过制度安排，对各类博士学位的教学要求、研究水准、修业时限、指导关系等进行较为明确清晰的厘定，要从监督模式、评估标准、学位论文及答辩等各环节入手，进一步加强各类博士培养的监督和评估力度，确保最高层级学位的培养质量。

（原载于《教育研究》2013 年第 8 期，第 125-132 页）

# 20 世纪 90 年代以来中日研究生教育
# 改革与发展的若干比较

20 世纪 90 年代，中日两国几乎同时进行了新一轮的高等教育改革。研究生教育作为学历教育中的最高层次，成为两国高等教育改革中共同关注的焦点之一。比较 20 世纪 90 年代以来中日两国所进行的研究生教育改革，分析改革中的异同点，无疑对于全面、深刻认识我国研究生教育改革具有积极意义。由于研究生教育的复杂性，笔者在比较中着重从两国研究生教育的改革背景，规模发展，培养方式、类型，以及教育评估等四个方面来论述。

## 一、改革背景之比较

20 世纪 90 年代初期，我国进行了继 50 年代"院系调整"后最大规模的一次高等教育改革。此次高等教育改革的宏观背景是国家正在由计划经济体制逐步向社会主义市场经济体制过渡。1992 年邓小平同志在南方谈话中指出，经济发展必须依靠科技和教育；1995 年国家提出实施"科教兴国"的战略，这些都为研究生教育的改革和发展提供了巨大的动力和良好的外部环境。[①] 20世纪 80 年代我国研究生教育表现出明显的计划性：从研究生招生到毕业分配，从博士生导师遴选到学位授权点及授权单位的审核等，都是由国家统一支配进行的。此外还表现为：研究生培养类型相对单一，研究生学习方式不够灵活等。为适应经济建设快速发展的需求，尽快建立一个适应社会主义建设需要的、面向 21 世纪的、具有中国特色的研究生教育体系和学位制度，实现高层次人才

---

① 吴镇柔，陆叔云，汪太辅.中华人民共和国研究生教育和学位制度史 [M].北京：北京理工大学出版社，2001：347.

培养"立足国内",进入 90 年代,国家先后颁布了《关于授予具有研究生毕业同等学力的在职人员硕士、博士学位暂行规定》(1991 年 3 月)、《研究生教育和学位工作"八五"计划和十年规划要点》(1992 年 3 月)、《关于学位与研究生教育改革与发展的若干意见》(1993 年 2 月)等文件,开始了我国 20 世纪 90 年代后研究生教育深化改革的阶段。

同样,20 世纪 80 年代后期,在日本也开始了新一轮的高等教育改革。与以往的改革背景不同,90 年代初期,日本的高等教育已经进入了大众化的深入阶段,正向普及化阶段过渡,但是日本的在校研究生数占高等教育在校生数的比例一直不高。与此同时,日本的高等教育也步入"少子化"时代。高等教育总体规模的庞大、研究生教育的薄弱以及"少子化"现象之间的矛盾,构成了日本改革并加强研究生教育的直接动因。1988 年 12 月,作为原文部省主要咨询机构的大学审议会发表了成立以后的第一份咨询报告——《关于研究生教育制度的弹力化》。此后,大学审议会又相继推出了《关于修订学位制度及研究生教育的评价问题》(1991 年 2 月)、《关于研究生教育的调整充实》(1991年 5 月)、《关于研究生教育的数量调整》(1991 年 11 月)等咨询报告,全面讨论了研究生教育问题。原文部省根据大学审议会提出的咨询报告,修订了《研究生院设置基准》《学位规则》等有关研究生教育的法规,并制定了相应的政策措施,从而开启了日本研究生教育发展史上力度最大、触动最深的一次改革。

比较中日两国在 20 世纪 90 年代后开始实施的新一轮研究生教育改革背景,我们可以看出,虽然两国具体的改革动因不同,但是改革的直接动力都来自于政府。不同的是,我国是以制定意见、规定、计划等行政文件的方式来指导改革,日本则是在大学审议会提供的咨询报告基础上,通过修订研究生教育法规来指导研究生教育改革。

## 二、规模发展之比较

20 世纪 80 年代,我国的研究生教育培养规模曾经历了一次较大的起伏阶段。研究生招生规模分别从 1982 年的 11080 人,增加到 1985 年的 46871 人,其中 1985 年招生人数比 1984 年增加了 95%。针对研究生教育发展过快、过急现象，原国家教委提出了"提高质量，稳步发展"的研究生教育发展战略指导思想。自 1985 年以后研究生招生规模逐年下降。其中，硕士研究生招生规模从 1985 年的 44238 人下降到 1991 年的 25430 人，下降比例达 42.5%。90 年代以后，发展成为了主旋律。这一点从国家关于研究生教育规模的指导思想即可看出：1992 年"稳定规模"，1995 年"适度发展"，1999 年"积极发展"，2002 年"加快发展"。事实上，1992 年以后我国的研究生招生规模逐年扩大（下表）。2000 年，我国研究生在校规模达到 30.13 万人，超额完成了 1995 年所规定的"到 2000 年时在校研究生达到 20 万人左右"的目标。[①]

1991—2001 年我国研究生在校规模基本情况统计表

| 年份 | 1991 | 1992 | 1993 | 1994 | 1995 | 1996 | 1997 | 1998 | 1999 | 2000 | 2001 |
|---|---|---|---|---|---|---|---|---|---|---|---|
| 在校生数（万人） | 8.81 | 9.42 | 10.68 | 12.79 | 14.54 | 16.23 | 17.64 | 19.89 | 23.36 | 30.12 | 39.33 |
| 年增长率（%） | −5.4 | 6.9 | 13.4 | 19.8 | 13.7 | 11.6 | 8.7 | 12.8 | 17.4 | 28.9 | 30.6 |

（数据来源：1990—2001 年全国教育事业发展统计公报）

长期以来，研究生教育一直在日本的高等教育中所占比例不高。20 世纪 80 年代末，日本"进入二年制和四年制高等教育入学率大约为 35%，而进入研究生院学习的尚不到其中的 2%"[②]。但是，伴随着日本高等教育的整体扩张，研究生教育自 60 年代后一直持续增长。从增长速度上来看，1981 年至 1991 年的 10 年要略高于 1971 年至 1981 年的 10 年。1981 年的硕士研究生与博士研究生人数分别是 1971 年的 1.31 倍和 1.40 倍；而 1991 年则为 1981 年的 1.85 倍与 1.63 倍。尽管如此，与欧美等部分发达国家相比，日本研究生教育在规模与数量上的差距是很大的。基于此，大学审议会于 1991 年 11 月专门提出了《关于研究生教育的数量调整问题》的咨询报告，提出了在 10 年内研究生数量增长 1 倍的设想（20 万人，引者注）和实现这一设想所应采取的必要措施。[③]

① 廖湘阳，王战军.改革开放以来我国研究生教育政策的文本分析 [J].高等教育研究，2004(6)：37-39.
② Morikazu Ushiogi. Japanese graduate education and its problems [J]. *Higher Education*，1997 (34)：237.
③ 胡建华.战后日本大学史 [M].南京：南京大学出版社，2001：247-248.

如下表中的统计数字所示，2000 年日本研究生在校规模达到了 205311 人，完成了大学审议会所提出的目标。

1991—2001 年日本研究生在校规模基本情况统计表

| 年份 | 在校生数（人） | 年增长率（%） |
|:---:|:---:|:---:|
| 1991 | 98650 | 9.3 |
| 1992 | 109108 | 10.6 |
| 1993 | 122360 | 12.1 |
| 1994 | 138752 | 13.4 |
| 1995 | 153423 | 10.6 |
| 1996 | 164350 | 7.1 |
| 1997 | 171547 | 4.4 |
| 1998 | 178901 | 4.3 |
| 1999 | 191125 | 6.8 |
| 2000 | 205311 | 7.4 |
| 2001 | 216322 | 5.4 |

（数据来源：http://www.mext.go.jp/b — menu/toukei/main — b8.htm）

比较中日两国在 20 世纪 90 年代后研究生教育规模发展，虽然都实现了既定目标，但是发展历程明显不同。在我国，1992—1994 年保持平稳增长后，1995—1997 年增长则明显缓慢；2000 年在校规模基数超过 30 万时，其"年增长率"则明显升高。2000—2003 年研究生在校规模"年增长率"分别为28.9%、30.6%、27.4%、29.9%。[①]2005 年，我国研究生招生 37 万人，这一数字已经远远超过我国 2000 年研究生"在校总规模"。在日本，1991—2001 年在校研究生规模"年增长率"则可划分为两个阶段：1995 年在校研究生规模达到 15 万之前，其"年增长率"基本保持在 10% 左右；1995 年之后，随着

---

① 1998—2003 年全国教育事业发展统计公报．

在校规模基数的扩大，其"年增长率"基本保持在 5% 左右。另外，培养经费是影响研究生培养质量的重要因素之一，研究生规模发展应当与相应的经费投入相适应。在日本"研究生数量大幅增加的同时，政府下拨的教育与研究经费也增加了 20%"[1]。但是，在中国，20 世纪 90 年代以来，高等教育教育事业费和科研经费的增长速度均低于研究生教育规模的增长速度，有的年份还出现了"负增长"现象。[2]

从前面的分析中也可看出，这种无序增长与有序增长的对比现象，在 20 世纪 90 年代以前就已经存在。究其原因，我们认为，这与国家政策引导的途径有着密切联系。例如，在我国，之所以会出现 1995—1997 年研究生在校规模"年增长率"增长缓慢的趋势，主要是因为 1993 年 1 月国务院批准了《国家教委关于加快改革和积极发展普通高等教育的意见》。《意见》中提出"高等教育的发展，要坚持走内涵发展为主的道路"。原国家教委研究生工作办公室根据《意见》精神，印发了《关于研究生教育近期工作要点》（1994 年 9 月），提出"今后一个时期研究生教育应坚持以内涵发展为主的道路"这一指导思想，从而造成 1995 年研究生招生"年增长率"仅为 0.4%。[3] 而在日本，研究生规模的发展是建立在大学审议会充分调查、形成咨询报告、提出具体实施方案基础上的，原文部省根据咨询报告中所提建议，进而通过修改相关教育法规而实施的。

## 三、培养方式、类型之比较

一般说来，从培养方式来看，研究生教育可分为全日制（full time）研究生教育和非全日制（part time)研究生教育；从培养类型来看，研究生教育则可划分为学术性 (academic) 研究生教育和专业性或职业性（professional）研究生教育。

我国除在 20 世纪 90 年代以后大力发展全日制研究生教育外，还注重发展

① 马越彻.日本高等教育改革：回顾与展望 [J]. 高等教育研究，2002(1)：98.
② 杨颉.对研究生教育的扩招以及发展的若干思考 [J]. 中国高教研究，2004(5)：42.
③ 吴镇柔，陆叔云，汪太辅.中华人民共和国研究生教育和学位制度史 [M]. 北京：北京理工大学出版社，2001：347-365.

非全日制研究生教育和专业学位研究生教育。（1）开展在职人员以同等学力申请学位工作。1991年3月，国家颁布了《关于授予具有研究生毕业同等学力的在职人员硕士、博士学位暂行规定》，对1985年以来开始试点的在职人员以同等学力申请硕士学位工作进行全面规范。1998年6月国务院学位委员会第十六次会议审议并通过了重新修订的《关于授予具有研究生毕业同等学力人员硕士、博士学位的规定》，文件对在职人员以同等学力申请学位工作涉及的各个环节作了明确的规定。截至目前，已有411个单位有权开展授予同等学力在职人员硕士学位工作，有69个单位有权开展授予同等学力在职人员博士学位工作。（2）开展专业学位工作。为加快培养社会急需的复合型、应用型高层次人才，1991—2004年国务院学位委员会批准设置了工商管理硕士（MBA），法律硕士，教育硕士，公共管理（MPA）硕士，工程硕士，建筑学士、硕士，兽医硕士、博士，农业推广硕士，临床医学硕士、博士，口腔医学硕士、博士，公共卫生硕士，军事学硕士，高级管理人员工商管理硕士（EMBA），会计硕士等十几种专业学位。此外国家还开设了高等学校教师在职攻读硕士学位、中等职业学校教师在职攻读硕士学位等非全日制的研究生培养方式。

同样，日本也在20世纪90年代以后开始注重研究生培养方式、类型的多样化。主要表现为：（1）教育组织形式多样化。20世纪90年代以后，日本除了传统的研究生教育组织形式之外，还设立了多种类型的研究生教育机构，如研究生院大学、独立研究科等。这些新设研究生教育机构的一个共同特点是注重研究生教育的综合化与学科领域的前沿性，即适应科学技术迅速发展变化，综合学科、新兴学科、交叉学科不断出现的趋势。许多新兴的研究生科（如地球环境科学研究科、国际文化研究科、美国研究科等）相继成立。（2）注重非全日制研究生教育和专业学位研究生教育。20世纪90年代，日本大学审议会专门就研究生教育的形式问题提出了两份咨询报告，即《关于实施夜间博士课程教育等问题》和《关于函授研究生教育制度》。在大学审议会建议的基础上，经原文部省批准，1993年，"夜间制"研究生教育开始启动，1998年，硕士生层次的函授研究生教育开始启动。截至目前，日本已经有200多所大学开设夜间研究生院或开设夜间研究生课程。2002 年 8 月，直属文部科学省的中央教育审议会提出《关于在研究生院培养高级专门职业人员》的咨询报告，建议创设新的"专门职业研究生院"制度。新设"专门职业研究生院"制度规定：根据职业领域特点，有弹性地建立设定适当标准的修业年限和毕业要求之体系；提供案例教学、讨论、实地调查等多样而实践性的教育；授予专门职业学位等。2003 年，早稻田大学在日本开设第一家金融专业研究生院，授予毕业生 MBA 证书。[①]

比较 20 世纪 90 年代以后中日两国研究生培养方式、类型，虽然具体的发展措施略有不同，但是多样化却是两国研究生教育发展的共同趋势。为适应终身教育的需求以及培养符合时代发展的应用型人才，两国都注重了非全日制研究生的培养，都在研究生教育中开设了培养应用型人才的教育模式。

## 四、教育评估之比较

早在 20 世纪 80 年代中期，我国即开始重视研究生教育质量的评估工作。国务院学位委员会办公室专门成立了主管评估工作的业务处，即质量监督与信息工作处。1985 至 1993 年前后，由原国家教委与国务院学位委员会直接组织实施，开展了几次规模较大的研究生教育评估活动，如对政治经济学、物理、化学等 5 个专业 136 个硕士点进行学位授予质量的检查和评估等。这一阶段的评估活动，每一个环节都离不开政府的直接参与，带有行政强制性。1994 年 7 月，"高等学校与科研院所学位与研究生教育评估所"（简称评估所）在北京理工大学成立。该所是受国务院学位委员会和原国家教委的委托，承担开展学位与研究生教育评价及有关咨询服务的事业性非营利性机构。评估所成立后，先后承担了 33 所试办研究生院评估、数学等 5 个一级学科选优评估、在职人员学位授予质量和管理情况评估，以及前四批博士和硕士学位授权点合格评估的部分工作等评估项目。1999 年 1 月，国务院学位委员会和教育部批准成立"全国学位与研究生教育发展中心"（简称学位中心）这一社会中介组织。评估所

---

① 陈永明. 日本"科学技术创造立国"关注研究生教育 [J]. 外国教育研究，2004(5): 2-3.

归并到学位中心工作，不再作为北京理工大学的行政事业单位。由此，政府主导的，由社会中介参与研究生教育评价的评估机构体系进一步得到发展。2003年7月，学位中心正式改制为"教育部学位与研究生教育发展中心"，研究生教育评估组织的"中介性"被逐步淡化。

相对于我国，日本没有研究生教育质量评估的专门活动和机构。研究生教育质量评估融入到日本的大学评价之中。1991年2月，大学审议会在《关于改善大学教育》的咨询报告中，建议要建立大学自我检查与评价制度。原文部省根据建议修改了《大学设置基准》。规定为了提高教育与研究水平，实现大学的办学目的和社会使命，规定大学必须就学校的教育、研究状况实行自我检查与自我评价。1994年实施自我评价的大学已经超过日本大学的半数，1997年则达到83.7%。而且，1997年实施自我评价2次以上的大学开始超过50%，有接近40%的大学实施了3次以上。在学生出路的评价方面，有大约1/3的大学重视"研究生的学位与出路分析"的评价。[①]在自我评价的基础上，1995年少数大学开始实施校外评价，即聘请校外专家、学者等评价学校的办学状况。随着自我评价的广泛展开，自我评价制度本身的局限性逐渐显露出来，如评价的公开性、公正性难以保证，大学之间没有一个统一的评价标准等。1998年10月，大学审议会在《关于21世纪理想的大学与今后的改革方针政策》咨询报告中建议建立多元的评价体系。在大学审议会建议的基础上，日本修改了《国立学校设置法》。2000年4月，第三者评价机构"大学评价·学位授予机构"成立。第三者评价起初仅限于国立大学，2002年8月，在中央教育审议会的咨询报告中，提出了所有大学都应有参与第三者评价的义务的建议。同年11月，学校教育法修改之后，从2004年开始，第三者评价开始纳入法制化轨道。[②]

在20世纪90年代以后，中日两国的研究生教育改革都对评估进行了关注。在我国，设有单独的研究生教育评估机构；注重以政府为主导的外部评估是我国研究生教育评估的总体趋势。在日本，90年代开始侧重以学校自我评价为

---

① 胡建华.战后日本大学史[M].南京：南京大学出版社，2001.294.
② 施雨丹.第二次世界大战后日本大学评价的发展历程及基本特点[J].外国教育研究，2004(10)：51.

主的内部评估,进入 21 世纪,发展成为内部评估与外部评估相结合的评估方式。单独设立研究生教育评估机构,对研究生教育进行专项评估,无疑是保障和提高研究生教育质量的一条重要途径,但是也应当看到,在一所大学内,研究生教育和普通高等教育之间有着千丝万缕的联系。在教育师资、实验设备、图书资料等方面,有时很难分清哪些是属于研究生教育的,哪些是属于普通本专科教育的。以政府为主导的外部评估可以统一标准,相对保证评价的公开性、公正性,但是也应当看到,这种一元化的评估也产生不少弊端,如不利于激发大学内部的积极性和主动性,不利于大学建立自我约束机制,容易造成大学之间无谓的攀比等。因此,将整体评估与专项评估相结合、外部评估与内部评估相结合、政府评估与中介评估相结合,走多元化评估的道路,才是未来研究生教育评估的必由之路。

教育部统计数字表明,2004 年我国各类高等教育在学人数超过 2000 万人,毛入学率达到 19%,高等教育大众化不断向前推进。研究生教育作为大众化时代的精英教育,多样化是其发展的总体趋势,但是,确保质量亦是其发展的生命线。以牺牲质量为代价换来的规模发展只能降低我国高等教育的核心竞争力。我们认为,当前应该尽快根据我国实际情况,结合研究生教育内部发展规律,加强研究生教育立法工作,加大研究生教育投资力度,建立多元化的研究生评估体制,使我国的研究生教育改革与发展尽快走上有序的、法制的、科学的轨道。

(原载于《中国高教研究》2005 年第 6 期,第 32-35 页)

# 对师范院校非全日制研究生教育发展的认识与思考

## 一、关于非全日制研究生教育的阐释

全日制与非全日制一直是我国高等教育中存在的两种办学形式，但是非全日制研究生教育的概念就目前来看还比较模糊。在我国的《高等教育法》第十五条中仅规定"高等教育采用全日制和非全日制教育形式"，没有对非全日制下一个明确的定义。而现实中"非全日制"一直在理论层面和实践层面上是比较模糊的。大致来说对"非全日制研究生教育"存在以下两点误解：

（一）将非全日制研究生教育等同于成人教育

诚然，成人教育与非全日制研究生教育拥有一定的共性，例如都主要是面对在职人员进行培训，相对于正规的全日制教育，两者均有着相对灵活性的一面等。但是，非全日制研究生教育与成人教育有着本质的不同。首先，两者的教育内容和学习时间有着很大的差别。成人教育是为中等文化水平或具有专科学历在职人员提供的一种职后教育，一般情况下有学制需 5 年（高中起点本科）或 3 年（高中起点专科和专科起点本科）等几种较为固定的方式。非全日制研究生教育则主要是面对拥有大学学历的在职人员的职后教育，其学习时间根据不同的培养方式可划分为多种多样的区域。可以说非全日制研究生教育已经脱离了时间的羁绊，拥有更多的灵活性。其次，非全日制研究生教育与成人教育的教育目的各有侧重。应该说成人教育侧重于职后人员的一种学历补偿教育；而非全日制研究生教育则侧重于职后人员的一种能力补偿教育。

（二）将非全日制研究生教育与在职研究生相混淆

我国现有的研究生招生中，如果按在学期间提供培养经费的渠道不同，可将其划分为：国家计划内非定向培养研究生、国家计划内定向培养研究生、委托培养研究生和自筹经费培养研究生四种形式，这种分类在招生工作中称为报考类别。如果按学习方式不同，可分为脱产研究生和在职研究生。在职研究生亦称"半脱产研究生"，是指在职人员考取研究生后，经过工作单位的人事部门批准，在学习期间仍在原工作岗位承担一定工作任务的研究生。在职研究生的报名、考试、录取、学位授予及毕业等方面与脱产研究生相同，其录取类别一般是委托培养研究生、定向培养研究生，学习年限相对于同专业脱产研究生一般可适当延长一年左右（在实际的研究生培养过程中，大部分培养单位并不延长其培养年限）。在学习期间，在职研究生不享受国家发放的研究生奖学金，其工资待遇及其他福利均由原单位确定，毕业后原则上必须回原单位工作。由于学校对在职研究生在教育方式、管理模式、教育内容和考核标准等各方面都是套用了全日制研究生培养的一套制度，因此，从本质上来说，在职研究生应该属于全日制的研究生教育。

综上所述，我们认为非全日制研究生教育的内涵应该定位为：拥有一定研究生管理经验的高等院校与具有大学学习经验的在职人员之间为了适应终身教育的发展方向而实行的，在教育内容、学习时间、培养方式等方面进行双向选择的教育。它是以在职不离岗学习为主要形式，以提高学习者专业能力、更新专业知识为主要学习目的的大学后教育，在学生学习自由度上有着全日制研究生教育所不可比拟的优越性，适应了社会对人才继续教育和终身教育的要求。

关于非全日制研究生教育的外延，《中国学位与研究生教育发展战略报告》（《Development Strategy of the Chinese Postgraduate Education》）将其界定为：非全日制研究生教育不仅是对现有全日制研究生教育与发展的补充，同时也是对现有在职人员攻读学位覆盖面的重要补充。它不仅包含同等学力人员申请硕士学位，而且包含现有的专业学位，同时也加强了对各类研究生课程进修班的规范管理。从界定中可以看出非全日制研究生教育包含在职人员申请学位和各种专业学位已是毫无疑问的定论。在界定中肯定了研究生课程进修班与非全日制研究生教育的密切联系，但是将其排除出非全日制研究生教育的外延，我们认为这种观点欠妥。首先，研究生课程进修班符合非全日制研究生教育的内涵界定，将其列为另类将不利于非全日制研究生教育体系的完善；其次，将研究生课程进修班归入非全日制研究生教育，将更加有利于研究生课程进修班的规范管理；第三，将研究生课程进修班纳入非全日制研究生教育体系，符合国际教育发展趋势。在国外，无论是"课程型学位"[①]还是"论文、课程分别型学位"[②]，都与我们所举办的研究生课程进修班极其相似。

## 二、师范院校大力发展非全日制研究生教育的必要性

### （一）师范院校大力发展非全日制研究生教育，符合我国对高层次人才的需求

研究生教育作为一种高层次人才培养模式，在当今世界，无论是在西方发达国家，还是在一些发展中国家，都受到普遍重视。21世纪，世界将进入一个高科技时代，未来世界中经济的竞争，实质上是高新技术的竞争，而高新技术竞争的根本在于人才。当前我国经济正处于一个高速发展的时期，这种经济发展态势能否得以延续，关键在于我国能否具备雄厚的科技实力，而这种实力本身，却体现为一种人才优势，即能否具有一大批掌握世界高新技术的高水平人才。现行研究生招生，由于受到多种因素的制约，在校攻读研究生的数量是有一定限度的。而就目前我国人才需求的现状而言，应该说研究生在数量上还不能满足现实社会的需求，这一点在师范院校中尤为突出。由于师范院校的学位授权专业大部分是基础性较强的专业，应用性的学科、专业较少，鉴于此，全日制培养的研究生一定程度上名额控制更为严格。许多在职教师（包括基础教育师资和部分高校师资）被拒之于继续深造的大门之外。非全日制研究生教育采取"工读结合"的方式，较之于全日制研究生在培养方式上有着不可比拟的优越性。

《面向21世纪教育振兴行动计划》中明确提出，要实施"跨世纪园丁工程"，大力提高基础教育教师队伍素质，对现有中小学校长和专任教师进行全员培训和继续教育；要求实力较强的高校要在师资培训中作出贡献，争取到2010年

---

[①] 谢仁业，张敏.借鉴国际经验发展非全日制研究生教育[J].中国高等教育，2001（19）.
[②] 谢仁业，张敏.借鉴国际经验发展非全日制研究生教育[J].中国高等教育，2001（19）.

前后，经济发达地区高中专任教师和校长中获得硕士学位者应达到一定比例。要实现《行动计划》所提出的目标，任务是相当艰巨的，仅靠全日制研究生教育很难完成。唯有大力发展非全日制研究生教育，才能高效、快速地提高基础教育教师的素质。

（二）师范院校大力发展非全日制研究生教育，符合人的终身教育需求

法国著名成人教育学家保罗·朗格朗首先提出了终身教育的思想。终身教育思想主张教育应贯穿人的整个一生，反对把人的一生截然分成在学校里学习和在社会上工作这样两个不可逾越的阶段。同样在师范教育中，对师资的培养也不应是一次完成的教育，而应是持续性的终身教育。

当今世界范围内的知识竞争愈演愈烈，世界变化越来越快，知识更替日益迅速，这要求我们的一线教师要不断地补充自己的知识。由于工作、家庭、社会等诸方面的因素，能够脱产深造的毕竟是少数。因此，进行非全日制学习，是他们尽快提高自身素质的理想途径。

（三）师范院校大力开展非全日制研究生教育，有利于完善师范院校的研究生培养结构，确保教师职后培训的水平

中华人民共和国成立50多年来，中国师范教育的发展取得了巨大的成就，已经建立起了多层次、制度化、网络化、系统化、学科门类齐全的师范教育体系。但是师范院校的全日制研究生教育起步较晚，发展的速度相对滞后。因此大力发展非全日制研究生教育无疑会为师范院校的研究生教育注入新的活力，这也符合国家对研究生教育发展的总体规划。

研究生教育培养方式的多样化是研究生教育发展的必然趋势。研究生教育的多元化加强了学校与社会的密切联系，缩小了人才教育与社会需求之间的距离，适应了社会对多种规格人才的需要，调动了社会参与人才培养的主动性，增强了学校的办学活力。非全日制研究生教育无论从培养目标、培养规格、培养模式、经费来源等方面与全日制研究生教育有着诸多的不同，因此努力探索非全日制研究生教育的规律，是我们进行学位与研究生教育工作的一个重要层面。

另外，应当看到当前"教师职前培养与在职培训在教育水平上的倒挂"[①]这一现象，也就是说负责教师在职培训的主力军——教育学院，其学术水平、师资力量、教学设备等各方面普遍不如同级的师范院校。教师职后培养不能真正提高教师的整体素质。而由师范院校举办的非全日制研究生教育则可以避免这点不足，使在职培训人员的水平得以真正提高。

**（四）大力发展非全日制研究生教育，符合国际研究生教育发展的趋势**

中国的学位与研究生教育起步较晚，我们的研究生教育制度在许多方面还很不成熟。世界研究生教育发展已达数百年之久，形成和积累了大量的惯例和经验。所有这些经验都值得我们认真思考，从而更好地把握我国学位与研究生教育的发展方向。

到了 20 世纪 60 年代，国际研究生教育进入了一个崭新的发展阶段。不仅各国研究生教育的规模急速膨胀，而且出现了研究生教育专业性、多样性和社会性等多种显著特征。据统计，1971—1981 年间，仅美国就新增加了 1560 种专业学位。[②] 在同一学科、专业中，也有多种不同的学位类型，比如教育硕士专业学位就包含教育学硕士（M. E）、教育理科硕士（M. S. E）、教育文科硕士（M. A. E）、教学文科硕士（M. A. T）等多种规格。近年来，英国高等教育中非全日制学习的规模不断壮大，尤其是非全日制高等教育硕士或硕士以上学位课程的学生人数要比全日制硕士或硕士以上课程的学生人数增长速度快，"1988 /1989 学年至 1993 /1994 学年，学习硕士或硕士以上学位非全日制课程的学生人数增加了 98%，而学习硕士或硕士以上学位全日制课程的学生人数只增加了 57%"[③]。因为英国高等教育中的非全日制学习为推动英国高等教育的发展起了重要的作用，所以英国将在今后的教育实践中加大对非全日制教育的投入力度，继续扩大非全日制学习的规模。

---

① 马钦荣，范国睿.上海师范教育改革的新趋势：职前培养与在职培训一体化 [J].高等师范教育研究，1997，(5).
② 刘晖.二十国研究生教育 [M].长春：东北师范大学出版社，1989：139.
③ 中华人民共和国教育部国际合作与交流司.国外高等教育调研报告 [R].首都师范大学出版社，2001.

### 三、师范院校非全日制研究生教育现行发展模式分析

师范院校的非全日制研究生教育在全国非全日制研究生教育的大力发展下，近年来也取得了长足的发展。在校非全日制研究生的规模逐年增大，管理措施逐步规范合理，通过非全日制培养为国家输送了一定数量的高层次、应用型人才，同时也为地方基础教育师资的素质提高作出了突出的贡献。但是回顾发展历程、审视现在的形势，师范院校非全日制研究生教育仍然存在着这样或那样的不足之处。为了使师范院校非全日制研究生教育得以迅速健康地发展，有必要对其不足之处加以分析。

#### （一）注重经济效益，忽视质量效益

培养质量是研究生教育的生命线，同样要想保证非全日制研究生教育健康、快速、稳步地发展，必须注重其培养质量。非全日制研究生教育由于受国家计划控制的力度较小，因此培养单位可根据自己的实际情况制定适当的发展规划。国家对于非全日制研究生教育基本上不提供任何资助，而是由受教育者本人来承担培养费用，有的则是采取由单位提供一部分，个人拿出一部分的方式来解决。由于各地区的社会、经济、教育等实际情况的不同，因此教育的实际费用是有一定差别的。一部分院校为多收取培养费，随意拔高非全日制研究生教育，进行不符合原则的招生宣传。培养中，为节约经费，不顾自身的社会信誉，随意降低培养标准。这种现象早在非全日制研究生教育开展之初，就已经存在并引起了国家有关部门的高度重视。

注重经济效益，忽视质量效益，这一现象尤其是在研究生课程进修班中表现较为突出。这也正是研究生课程进修班存在争议性的最重要的原因之一。虽然国家强调"申请办班的专业所在一级学科，一般应有 1 个博士点或 3 个硕士点，并已培养出五届以上毕业研究生。为保证教学质量，原则上一个单位的同一个二级学科、专业只能申办一个班"[①]。但是，个别培养单位为了小集体的经济利益，不顾自身条件随意扩展办班的学科，一个学科专业同时举办数个班的现

---

① 国务院学位办公室关于对举办研究生课程进修班加强管理的通知 [Z]. 国务院学位办 [ 1993 ]58 号（1993 年 12 月 4 日）.

象仍然存在。

## （二）注重招生数量，降低录取标准

国家对在职人员以研究生毕业同等学力申请学位加大了管理力度，明确规定申请者必须大学本科毕业具有学士学位，且在学位获得后工作三年以上，取得一定成绩方可在职申请学位。为严把学位授予关口，规定申请者应通过国家统一组织的外国语和学科综合水平考试，以上措施基本上保证了授予学位的质量。但是在教育硕士专业学位的招生中，却存在着不尽如人意的地方。虽然说国家将专业学位统一组织起来进行联考，一定程度上规范了专业学位的考试，但是在实际录取的过程中招生质量却不高。以1999年教育硕士全国联考为例，其录取标准为：外国语、教育学、心理学三科最低分数线为180分，且单科分数没有最低录取分数线，专业成绩仅作为参考分。这种划线标准，当然是考虑到实际情况而作出的。当时报考人数较少，教育硕士专业学位还不被大多数人所了解。但是笔者认为，这种划分标准不能保证招生质量。因为如此划线，会造成忽视外语及专业课考试的倾向。众所周知，在公共课中外语的学习难度应普遍高于教育学与心理学的学习难度。三门公共课同时划出总分线，必然造成外语录取成绩偏低的趋向。事实上在往年的招生中即已表现出这一趋势。在1998年的教育硕士专业学位联考中，实际参加考试并获得有效分数的考生为2749人，其中录取1447人（含保留学籍者）。在对实际参加考试人数和实际录取人数的分数状况做频度分析时看出："英语、教育学、心理学三科目中，英语基本成正态分布，平均分为50分左右，而教育学和心理学则偏向高分段，平均分数为78分左右。"[1] 在1999年的教育硕士专业学位联考中，实际参加联考的人数为4299人，联考合格生源为1903人，实际录取人数为1939人（含1998年保留学籍考生36人）。在对实际参加考试人数和实际录取人数的分数状况做频度分析时看出："教育学的平均分数为60分左右，心理学的平均分数在56分左右。外语分数较1998年低，分数高峰值在40至50之间。"[2] 虽然在1999年的考试中，外语分数与教育学、心理学的分数悬殊较1998年小了，

---

① 全国教育硕士专业学位教育指导委员会秘书处.教育硕士专业学位教育报告集 [Z]（2001年5月）.
② 全国教育硕士专业学位教育指导委员会秘书处.教育硕士专业学位教育报告集 [Z]（2001年5月）.

但是在 1999 年的考试中外语在 30、40 分两个分数段的比例却为 44.3%，几乎占到一半的比例。另外，教育硕士专业学位本质上是提高应用能力的高层次教育，但是由于分数线的设置，使大部分考生忽视了专业课的学习。招生单位也因担心生源受影响，而在专业课上一路绿灯。研究生课程进修班也同样存在着注重数量，轻视录取标准的问题，有的学员仅有大学专科学历，甚至是专科函授文凭，也招入班中学习。由于学力程度上的差异较大，许多课程根本无法选修。

### （三）注重公共课程，忽视专业课程

重视公共课程，忽视专业课程不但是非全日制研究生教育中的不足，同时也是全日制研究生教育中亟待解决的问题。这与我国培养高层次专门人才的发展要求是不相符的。重视公共课程，忽视专业课程不但在招生中表现突出，在研究生的实际培养中也存在着类似的问题。在职人员以同等学力申请学位者，在课程学习阶段要将大部分精力用于全国组织的统一考试 ( 所幸的是在全国组织的统一考试中已有 27 个一级学科开始考专业综合课 )，而将小部分时间用来学习专业理论课。有的学位申请者一个学期竟然同时选修八门甚至更多的专业课 ( 只要考试时间不冲突，一个专业三个年级所开设的全部课程都选修 )。试想一下，全日制研究生需要一年半完成的课程，而一边工作、一边学习者却可在不到一年的时间修完全部课程，这怎能保证质量？又如教育硕士入学考试中，专业成绩仅作为参考分，而在实际培养中同样也存在着轻视专业课的现象。究其原因，笔者认为主要是因为公共课卡得过死，而专业课则过于宽松。因此，如何探寻出一条既注重公共课，又同时突出专业课的合理的招生和培养路子，是当前非全日制研究生教育发展中的一项重要工作。

### （四）师资配备不力，教学质量堪忧

由于多方面因素的影响，许多硕士研究生指导教师不愿意对非全日制研究生进行论文指导，尤其是不愿意指导在职攻读教育硕士专业学位者。即便是指导，与指导全日制研究生相比，无论在时间上还是在精力上都远远不如。在培养过程中，由于在职攻读教育硕士者水平相对差距较大，所以给授课带来较大的困难。外语教学中，许多培养单位不得不将其分为快、中、慢等几个不同程

度的班。一些优秀的公共课教师也首先保证全日制研究生的教学。研究生课程
进修班的授课教师及其质量更是不尽如人意。个别院校竟然委派本校的在校研
究生为学员上课。另外，由于大学中的任课教师对基础教育基本情况缺乏了解，
致使在给教育硕士研究生及研究生课程进修班学员上课时，不能很好地结合实
际，结果师生费力不小，却不能达到理想的效果。

### （五）缺乏质量保证措施，评估体系尚不健全

为了保证研究生的教育质量，我国从 1985 年开始陆续开展了对学位授予
点的检查评估。十几年来无论在评估的理论研究方面，还是在实践探索方面，
都取得了一定成就。特别是高等学校与科研院所的学位与研究生教育评估所以
及中国学位与研究生教育学会评估工作委员会的成立，标志着我国的学位与研
究生教育评估工作正在迈向新的阶段。但是就目前的评估来说，非全日制研究
生教育的评估工作远远不如全日制研究生教育的评估健全。主要表现在：缺少
评估的法律法规依据，评估活动随意性较大；评估的指标体系尚不健全；国家
对违反规定的单位处罚的措施不力等方面。为确保非全日制研究生的培养质量，
笔者认为应尽快建立一套合理的评估指标体系。由于缺少有效合理的评估，各
培养单位无形之中降低了非全日制研究生教育的规范管理要求，更疏于自我评
估。加之在统计报表等方面，非全日制研究生均作为"另类"而不予以统计，
使得非全日制研究生教育的发展良莠不齐。

### （六）目标定位不明确，政策措施有待落实

长期以来，由于受重"学历"、轻"学力"思想的影响，非全日制研究生
教育一直在人们的头脑中界限不甚明确。有的将其等同于全日制的研究生教育，
认为其招生、培养、学位授予、毕业等方面均应采取相同的模式。这种思想不
顾非全日制研究生教育的自身特点，盲目与全日制研究生教育进行攀比。事实
上，"全日制和非全日制之间的区别已经不仅仅在于培养的形式上，它们各自
有一套完整的管理体系，在整个国民教育体系中各占一块，互不侵犯、互不逾
越，成为界线分明、相互独立的两个教育系统"[①]。有的则盲目降低非全日制
研究生教育，认为非全日制研究生教育是"对那些以前没有机会或是没有能力

---

① 杨颉.我国非全日制研究生教育发展浅析 [J].上海教育，2001，(15).

接受高等教育的在职人员进行的文化补习教育或是职业培训"①。这些思想严重阻碍了非全日制研究生教育的快速、健康发展。

阻碍非全日制研究生教育大力发展的另一个重要因素，是相关的政策配套措施有待于落实并加以规范。全日制研究生教育可以使攻读者不但可以重新寻找到新的更理想的工作，而且还会为学习者带来诸多的荣誉以及物质利益。这是全日制研究生教育一直经久不衰的一个重要因素。由于诸多因素的影响，我们对于非全日制研究生教育的攻读者无论在政策措施规范上还是在落实上都不尽如人意。尤其是研究生课程进修班学员的政策落实完全依靠的是地方"土政策"，毫无制度保证。在人们对其认识不甚明了的情况下，有可能召集到一部分学员学习，但随着时间的延续，这种现象必不会长久。这是非全日制研究生教育发展不温不火的一个重要原因。

## 四、提高师范院校非全日制研究生教育质量的具体措施

### （一）应进一步规范非全日制研究生教育的入学程序

对于任何一种教育类型来说，严把招生关口，提高生源质量，是提高自身培养质量的关键一环，非全日制研究生教育也不例外。在入学资格审查中，我们认为除严格执行现行的标准外，还应该特别强调学习者在所攻读学科、专业方向上的科研成果。应逐步将在职人员申请学位全国统考科目由出口考试转变为入口考试。应尽快完善学科综合水平测试的其他科目的题库建设。在教育硕士全国联考中，应按照现行开设的 13 个方向设置专业课题库，强调专业课的测试。对于有权举办研究生课程进修班的师范院校要由省教育主管部门统一管理入学考试的科目、时间等相关事项。师范院校研究生课程进修班的入学考试科目应突出师范特色，强调应用科目的测试。我们认为可以参照教育硕士专业学位的联考科目，即：教育学、心理学、外语及一门专业课。

### （二）非全日制研究生教育的课程设置应突出特色

课程设置在非全日制研究生教育中至关重要。完全照搬全日制研究生教育

---

① 杨颉. 我国非全日制研究生教育发展浅析 [J]. 上海教育，2001，（15）.

培养方案的做法和完全脱离全日制研究生教育培养方案的做法都是不可取的。应该在全日制研究生教育培养方案的基础上，结合非全日制研究生教育的特点制定相应的培养方案。由于在职人员申请学位、教育硕士、研究生课程进修班的培养方式和培养目的是有一定差别的，所以三者培养方案中的课程设置应各有侧重。所有课程设置在强调宽口径、复合型，突出应用能力培养的基础上，在职人员申请学位应更注重学术性，专业学位应更注重应用性，研究生课程进修班应更注重知识的更新和能力的提高。

### （三）教学方式、方法应灵活多样

非全日制研究生教育的教学方式、方法应灵活多样并具有适合攻读的特点。一般说来可采取利用节假日集中授课与自学相结合，校内授课与校外授课相结合，书面讲解与网络教学相结合等方式进行。开展非全日制研究生教育的院校可以根据实际情况，聘请一定数量的校外兼职导师对学习者进行分别指导。在传授知识的过程中，要特别注意在有限的时间里授之以"渔"，而不是仅仅授之以"鱼"。

### （四）加强论文指导和评审工作

对于在职人员申请学位以及教育硕士专业学位来说，撰写的是学位论文，对于研究生课程进修班来讲，撰写的则是结业论文。有人把研究生课程进修班狭义地理解为仅仅是课程的学习，我们认为这样是不妥的。因为论文是培养创新能力的重要环节，也是检验非全日制研究生教育质量的一个重要砝码。为保证非全日制研究生教育论文的创新性，要加强论文的指导；要结合非全日制研究生的从业特点和专业特长进行有目的、有意识地选题；选题除具有一定的理论意义外，要特别注意选题的应用价值。在论文的评审过程中，一般来说要实行"双盲"送审。研究生课程进修班的结业论文可不进行"盲评"，但是必须严格论文答辩，答辩通过后方可获得结业证书。

### （五）建立、健全相应的评估制度

质量评估是以非全日制研究生的培养全过程为对象，系统地收集信息资料，利用可能的评估技术与手段，按照党的教育方针、政策和国家有关要求，对教育者、被教育者和培养条件进行实事求是的评估。从评估工作权限范围看可分为三个层次：国家行政部门组织的评估，社会中介机构承担的评估，院校自行组织的评估。从评估的内容上来看，可分为单项评估和综合评估。无论哪种评估，无疑都将促进非全日制研究生教育质量的提高。国家在出台学位与研究生教育评估法规的同时，应同时出台对于非全日制研究生教育评估的条例，明确评估双方的权利和义务，规范评估工作的组织实施办法，使评估工作更加公正、公平、客观。要鼓励社会各界参与对非全日制研究生教育质量的监督，高等学校培养的人才要服务于社会，受社会的检验，因此社会对人才培养质量的评估最具权威。社会的评价不仅直接影响着培养单位的声望，而且在一定程度上关系着其生存与发展。要建立非全日制研究生教育的社会评估指标体系，在制定社会评估指标体系过程中，应考虑到评估的公正性、有效性、社会可接受性、简易性以及可行性等方面，要采取领导、群众、学校、社会多方参与的原则。

**（六）要落实学习者的相应待遇，保护学习者的积极性，为非全日制研究生教育的发展营造出良好的社会环境**

在非全日制研究生教育中，在职人员申请学位最终可获得学术性学位，教育硕士则可以获得专业性学位，二者的政策落实都有着制度上的保障。研究生课程进修班获得的是结业证书，只能是在一定地区范围内得到承认，并给予相应的待遇。为加大研究生课程进修班的吸引力度，有的学者建议与学位进行挂钩。[①] 我们认为这样不妥，理由如下：(1) 研究生课程进修班学习时间灵活，没有统一的入学考试，无须长期脱产学习，不同于在校普通研究生及专业学位研究生；课程进修班注重能力的培养，对学位论文及外语水平要求相对较低，不同于在职人员申请学位；另外课程进修班招生数量很多，如果与学位挂钩，则势必引起我国学位制度的混乱。(2) 对一个国家来说，颁发学位并不难，困难的是如何真正提高学习人员的素质。知识经济呼唤不同规格的创新人才，研究生教育也应打破单一化的教育模式，尝试个性化、多样化的培养模式。基础教育师资的培养目标主要应是能力型、应用型的人才。培训的重点是使他们适应快节奏的信息社会，及时更新自身的专业知识和教育教学方法。因此没有必要削足适履地与"学位"挂钩。(3) 课程进修班不与学位挂钩并不影响它的吸引力，

---

① 韩习祥，金莉. 对研究生课程进修班的认识与思考 [J]. 学位与研究生教育，2000，(5).

关键是国家要制定相应的政策。譬如，对于基础教育教师均要求每隔五年或十年必须参加一次进修班学习，否则不予落实相应的政策。或者，对于拿到进修班结业证书的教师，在分房、升职、提资等方面给予政策上的倾斜。相信这样的实际效果要远远好于一次性获得"课程硕士学位"。

或许将有一天，学生的学位和专业证书将像通行证一样，仅具有一定的有效期限；每届期满，人们还须参加系统的进修班，然后换领新证书。我们坚信在知识经济时代，阿什比的预言一定会成为教育发展的必然。非全日制研究生教育将以不可比拟的优越性，承担起这份重任。

（原载于《高等师范教育研究》2003 年第 1 期，第 1-8 页）

# 浅谈研究生教育收费制度

随着科教兴国战略的确立和我国普通高等教育改革的逐步深入，一方面社会对高层次人才需求量日益加大，研究生供需矛盾突出；另一方面由于市场经济体制的建立，单靠国家对研究生教育的投入，远远不能适应研究生教育的发展。本科生教育由过去的免费教育改为现行的收费教育，从效果来看，改革是成功的。笔者根据近年来得到的有关信息拟对研究生教育收费制度提出自己的看法。

## 一、研究生教育收费势在必行

### （一）研究生教育不是义务教育

随着研究生教育规模的不断扩大，国家没有必要也不可能将其培养经费全部承担下来。众所周知，研究生教育投资很大，这对于本来教育经费就十分紧张的高校来说，无疑是一个沉重的负担。

### （二）按照谁受益谁投入的原则，研究生教育需实行收费制度

较之于本科生，研究生毕业后一般都能找到效益较好的或待遇颇丰的单位。与前者相比，这种培养、分配机制显然是不合理的，它违背了市场经济的规律。[①]

### （三）实行收费制度有利于扩大研究生招生规模，提高研究生培养质量

随着国家对高层次人才需求量的增加，研究生招生规模也在不断扩大。如果不实行研究生教育收费，想扩大招生规模就会困难重重。另外，目前一些在校研究生以为自己将来工作无忧，学习积极性不高，如果实行研究生教育收费

---

① 刘亚君 . 硕士生教育实行收费的思索 [J]. 学位与研究生教育，1998(5)：60.

制度，会起到一定的激励作用。

## 二、全面收费所涉及的几个问题

### （一）收费标准确定

在确定收费标准时，既要考虑到培养研究生所需要的生均事业费，也要综合考虑研究生教育发展规模、学科专业的冷热、地区间贫富的差异、国家可能的财力以及居民的平均承受能力等多种因素，决不可简单地将收费标准看成成本加利润。据有关材料统计，我国 1998 年人均 GDP 只有 6200 元，城镇居民人均可支配收入为 5424 元，农村居民可支配收入为 2160 元。曾有人提出硕士生人均年收费 8000 元，这相当 4 个农村居民年均收入的总和；也有人说老百姓银行存款有的是，能够承担得起。笔者认为这一提法值得商榷。众所周知，我国居民存款大多集中在少数人手中，决不可人为地将其平均化。如果按照平均化实行收费制度，则势必造成一少部分人拿钱读书，一大部分人因无力缴费而被拒之门外。这样一来，贫富差距会愈来愈大。因此，确定研究生教育收费标准是涉及我国学位与研究生教育发展全局的一个问题，应慎之又慎。

### （二）奖学金、贷学金和勤工俭学制度的完善

不少文章在论述研究生教育收费制度时，引用了外国实行研究生教育收费作为依据，笔者认为不妥。当然，外国的一些教育制度我们是可以借鉴的，但是一项制度的运行，要考虑到我们自己的具体情况。"高额学费"是当代美国高等教育的一个鲜明特征，但是为了能使大多数研究生能顺利地进入研究生院深造，美国的高等学校设置了形形色色的研究生资助形式，如研究生资助金（Fellowship），它包括研究资助金（Research Fellowship）、岗位津贴资助金（Residential Fellowship）、一般资助金（General Fellowships）等，资助金的资助额度不等，最高的甚至超过 20000 美元，资助时限也不等，可以是 1 年，也可以是 2 年或 2 年以上。[①] 相比之下，我国的研究生资助制度还没有建立，并且近期内也不可能达到这种完善的程度。部分院校给贫困研究生发放的勤工俭学

---

① 方展画. 美国高校研究生的学费及资助 [J]. 学位与研究生教育，1999(1)：P68.

金较之于数额庞大的学费来说，真可谓杯水车薪。另外我们设置的奖学金种类少、额度小，研究生获得奖学金的比例也不高。由于我国本科生已全面实行了收费制度，所以贷学金制度已在许多院校实行，但是从效果来看并不是太理想。

（三）研究生毕业后工资基数不高，全面收费可能会影响部分专业的生源

不排除部分研究生毕业后，到"三资"企业、外资企业去工作，工资待遇比较高，但是大部分研究生毕业后主要去向还是高等院校和研究机构。部分专业的研究生近年来就业形势并不乐观，他们工作后的工资待遇并不比本科毕业生高出多少，如果实行全面收费，不少家境贫困的优秀本科生本来可以成为研究生的生源，但是由于上述原因，他们就很可能放弃考研，而急于参加工作。部分参加工作后又想继续深造的在职人员，也因此而放弃了考研。由此造成的生源缺口，只能降分录取那些经济条件较好的考生，从而使招生质量下降。

（四）研究生生源复杂，收费使其心理压力加大

同本科生相比，研究生的来源要复杂得多。在学的研究生大部分正处于经济上刚刚脱离父母的支持，而自己尚未完全独立的时期，应该说这一时期比本科生阶段经济更为紧张。传统观念使多数父母能出资让孩子读完大学，找到一份稳定的工作，而继续拿钱让孩子攻读研究生，就不那么积极了。在职人员考取研究生的生源情况更是复杂，他们中有的已结婚，有的还有了孩子。有的是因工作不理想而考取研究生，也有的是下岗职工考取研究生。可以说大部分在职考取研究生的经济情况都不太宽裕，一旦实行研究生收费制度，势必加大他们的心理压力，影响学习。

## 三、收费的标准及实施办法

从长远的角度来说，研究生教育收费势在必行，而从现实来看，似乎还不具备全面收费的条件。笔者认为，可先行对研究生教育收费进行试点，待到时机成熟后，再推行全面收费的政策。具体说来：

（一）研究生收费应按专业划分收费范围

从近几年研究生报考情况来看，报考与录取的比例与专业的冷热有很大关系。一些与社会经济相关的应用性学科，如金融、经济、通讯、计算机、外语、

法律、管理等报考人数较多，一些基础性学科，如数学、物理、历史、哲学等报考人数偏少，有的甚至只能靠调剂方能招生。[①]由于受市场经济的影响，这种现象会持续相当长的一段时间。因此，我们认为，热门专业应先行收费，基础性专业应暂缓收费。这样会分流一部分热门专业的考生，缓解生源压力，另外可以补充一部分相对较冷专业的生源，可谓一举两得。

## （二）收费各专业的标准不可"一刀切"

由于专业的热冷是相对而言的，国家不可能为每个专业的收费制定一个详细的标准，更不可能对收费专业的收费标准施行"一刀切"。招生单位对于各专业的情况最为了解，所以我们建议国家可以将研究生教育收费标准划定在一定范围内（即"切一刀"），比如每生 3000 元 / 年到 8000 元 / 年。各招生单位可根据自己的实际情况确定收费标准。

## （三）对于不收费的专业允许招收委培、自筹经费生

招收委托培养、自筹经费研究生是国家对计划内研究生招生的有益补充。它推动了我国研究生招生制度的改革，加快了研究生教育的发展步伐，适应了国家经济建设和社会发展对高层次人才的需要。近年来，虽然仍有部分自筹经费研究生是利用导师的科研经费解决培养经费的，但自己拿钱读书的人数明显增加。这其中有单位委托培养的，也有不少是个人承担经费的。随着研究生报考人数的不断增加，部分基础性的专业生源状况也有所好转，分数超过录取分数线而不被录取的现象已为数不少。这部分考生为能得到深造的机会，在财力允许的情况下，愿意以委托培养或自筹经费的培养方式攻读研究生，所以我们应当保留这种培养方式，以加快基础专业研究生教育的步伐。

## （四）建立、健全相应的资助制度

保证研究生的正常学习，不让他们因交不起学费而辍学，是我们研究生教育收费制度实施的根本前提。作为研究生招生单位，应逐步完善研究生奖学金制度，在已有的普通奖学金、优秀奖学金的基础上，广泛发动社会力量的支持，增设定向奖学金、专项奖学金等品种，并相应地扩大获奖面、增加奖金额。为研究生增设"三助"（助教、助研、助管）的工作岗位，适当提高兼任"三助"

---

① 贺芳玲. 对上海高校研究生教育收费问题的思考与探讨 [J]. 学位与研究生教育，1998(4)：64.

人员的劳动报酬。要根据研究生的实际情况，制定合理的贷学金金额，并给研究生还清贷学金留出足够的时间。

### （五）博士研究生不实行收费制度

博士研究生是我国教育的最高层次，自 1978 年恢复研究生招生制度，1981 年实行学位条例以来，到 1998 年 8 月，我们仅培养并授予了近 4.3 万名博士，目前博士生在学 4.5 万人。[①]为保证我国尖端人才的培养质量，落实"科教兴国"战略，迎接知识经济的挑战，博士研究生教育不宜实行收费制度。

（原载于《江苏高教》2000 年第 2 期，第 91-92 页）

---

① 中华人民共和国教育部 . 共和国教育 50 年 [M]. 北京：北京师范大学出版社，1999：379.

# 对师范院校举办研究生课程进修班的认识与思考

## 一、师范院校举办研究生课程进修班的意义

### （一）能够高效、快速地培养出高素质的基础教育师资队伍

《面向21世纪教育振兴行动计划》中明确提出，要实施"跨世纪园丁工程"，大力提高基础教育教师队伍素质，对现有中小学校长和专任教师进行全员培训和继续教育；要求实力较强的高校要在师资培养及教师培训中作出贡献，争取到2010年前后，经济发达地区高中专任教师和校长中获硕士学位者应达到一定比例。《一九九八年全国教育事业发展统计公报》中的有关数据统计表明，我国现有普通中学专任教师373.67万人（其中初中专任教师309.43万人，高中专任教师64.24万人）。所以说，要实现《行动计划》所提出的目标，任务是相当艰巨的。全国29所开展教育硕士专业学位试点工作的师范院校，由于受招生计划的限制，每个方向每年仅能招收20人左右，这对于众多急需提高素质的基础教育工作者来说，可谓杯水车薪。况且教育硕士脱产学习一年的要求、高额的培养费用、激烈的入学竞争，都使大部分中学教师望而却步。有权开展在职人员以同等学力申请硕士学位工作的师范院校发挥自身的有利条件，利用节假日时间，收取适当的教育补偿费，在国家允许的学科、专业范围内举办研究生课程学习班，无疑是一条高效、快速地提高基础教育教师素质的途径。

### （二）符合师资培养和培训向终身教育发展的需要

法国著名成人教育专家保罗·朗格朗首先提出了终身教育的思想。终身教育思想主张教育应贯穿人的整个一生，反对把人的一生截然分成在学校里学习和在社会上工作这样两个不可逾越的阶段。同样在师范教育中，对师资的培养

也不应是一次完成的教育，而应是持续性的终身教育。[①]很多发达国家规定教师要参加经常性的进修。法国规定，每个教师在其任职期间，至少享有一年的在职培训，培训可一次性完成，也可分为若干次，目前已将这种培训延至两年。在日本，教师要想晋级，必须通过进修，学完规定的学科和学分，考试及格才可提升。在德国，所有的教师都需不断进修，通过不断了解知识的进步并获得新资格。以上国家根据情况不同，将培训分为长期（三个月至一年）、中期（三至六周）、短期（几天）。但不论哪种培训，都如实记录，作为教师晋级、提资的重要参考依据。我国教师的在职培训，将由学历补偿教育转向知识更新、教学研究和提高业务能力的教育。这个任务比学历教育更繁重，培训对象更广泛，研究课题更复杂，要求质量更高。而研究生课程进修班是担当此项任务的最有效的途径。因为信息社会将使知识新旧更替的频率加快，而一个人很难能够拿出足够的精力、物力、财力去攻读两次甚至多次硕士学位，但是却可以两次甚至多次学习研究生课程，因此及时参加课程进修班是迅速接触到学科前沿的有效途径。

## （三）符合高等师范院校服务社会的办学理念

现代大学的存在有两个哲学基础，一是认识论的，要求大学要"注重学术"；另一个是政治论的，要求大学要"服务社会"。因此，面向基础教育、服务社会是高等师范院校的一个重要的办学理念。高等教育工作的基本矛盾，是学校教育与社会需要之间的矛盾；高等教育工作的社会价值就在于学校教育适应并满足社会需要的程度。[②]高等师范院校能够利用自身的学术优势，走面向社会自主办学的路子，举办研究生课程进修班，服务于基础教育，可以说，这是师范院校对社会贡献大小的重要标志之一。

## （四）有利于促进师范院校内部教育教学管理的改革

应该说，举办研究生课程进修班是师范院校和社会"双向参与，优势互补，互利互惠，共同发展"的。[③]师范院校的优势是人才培养和学术研究，广大基础教育机构的优势是基础教育实践经验和学科需求信息。通过举办研究生课程

---

① 耿文侠，冯春明.跨世纪我国师范教育发展趋向[J].天津师大学报，1998(3)：26.
② 王冀生.试论现代大学的办学理念[J].教育发展研究，1999(11)：49-50.
③ 王冀生.试论现代大学的办学理念[J].教育发展研究，1999(11)：50.

进修班，师范院校为基础教育培养应用型人才，在改善自身办学条件的同时，大批骨干教师能够深入到基础教育教学第一线，了解我国基础教育教学的现状。他们通过与中学骨干教师的交流，会更加了解基础教育教师的真正所需。返回学校后，他们在对本专科生乃至研究生的授课中会更加有的放矢，这无形中就会促进高校内部教育教学管理的改革。

## 二、目前师范院校举办研究生课程进修班所遇到的问题

### （一）定位不明确

早在 1993 年国务院学位委员会就下发了《关于对举办研究生课程进修班加强管理的通知》，文件明确规定：研究生课程进修班旨在为在职人员申请学位课程考试做准备。但是在实际办班当中，许多办班单位和参加学习的个人却曲解了国家的文件精神，对课程进修班存在不同程度的错误认识，大致说来有两种类型：一种是过分地拔高研究生课程进修班的地位，一种是过低地贬低研究生课程进修班的地位。对于办班单位来说，有的将研究生课程进修班学习等同于在校普通研究生的学习，在课程考试、科研能力等方面均提出同等程度的要求；有的办班单位则将研究生课程进修班的举办视为创收的一种手段，从而忽视了对课程进修班的严格管理。对于参加课程进修班的学员来说，有的盲目听信了部分单位的招生宣传，认为上了研究生课程学习班就算是研究生了，因此趋之若鹜；有的则认为研究生课程进修班一无学历，二无学位，上了没有多大意义，因此冷眼视之。这种过高或过低地看待研究生课程进修班都是不正确的。我们认为，应将师范院校举办的研究生课程进修班定位为：旨在提高基础教育教师素质，面向社会发挥师范院校为基础教育服务的职能，推进我国基础教育、高等教育共同发展的一种在职培训形式。

### （二）课程不规范

举办研究生课程进修班成功与否，关键在于课程的开设。当前存在两种错误倾向：其一，将课程的开设等同于在校研究生的课程开设，不考虑参加培训人员的实际情况，这种课程开设过于呆板；其二，将课程的开设等同于开设专题讲座，课程设置过于随意。我们认为，师范院校举办研究生课程进修班，在

课程开设方面应考虑到基础教育教师的实际情况，尽量在提高教师的专业素质和教学能力上下功夫。

## （三）管理不完善

自研究生课程进修班开设以来，国家及各省学位委员会反复强调，要加强对研究生课程进修班的规范管理，但仍然存在不同程度的混乱现象。具体表现为：（1）国家规定"开展授予在职人员硕士学位工作的单位，可申请开展异地办班活动。"但是有部分院校虽没有开展授予在职人员硕士学位工作的权力，甚至有的还不是硕士学位授予单位，但为了营利，也在社会上招收研究生课程学习班学员。（2）国家规定"申请办班的专业所在的一级学科，一般应有1个博士点或3个硕士点，并已培养出五届以上毕业硕士生"①。但是有的院校为迎合社会上的需要，不顾自身条件，在达不到要求但属于"热门"的专业内举办课程进修班。（3）有的院校在同一个专业方向上同时异地开设两个甚至多个课程进修班，由于受师资、时间等各个方面的限制，质量很难保证。（4）目前不少办班单位将研究生课程学习班间接地与在职申请学位挂钩，承认研究生课程学习班的成绩。（5）办班单位对课程学习班结业人员私自颁发冠以"硕士""毕业"等名称的"毕业证书"。（6）目前尚缺乏必要的评估制度和对违规单位的制裁措施。

## （四）结业学员的待遇有待落实

由于长期重"学历"轻"学力"思想的影响，在我国，进修证书一直都没有受到足够的重视，无论是评职称、提工资，还是分住房等均无特殊的政策，这无形中也降低了研究生课程学习班的吸引力。许多高校在与地市教委联合办班时，一般均与地方签订协议书，地方承诺对研究生课程进修班学员给以待遇上的特殊政策。但是，对于大多数地市来说，研究生课程进修班结业证书在福利待遇上并无特殊优惠。

---

① 国务院学位办.关于对举办研究生课程进修班加强管理的通知 [Z]. 国务院学位办 [1993]58 号.

## 三、思考及对策研究

### （一）仍不宜与学位挂钩

国务院学位委员会在各类关于研究生课程进修班的文件中三令五申，不得使研究生课程进修班与学位挂钩。我们认为这种政策仍然应该坚持。理由如下：（1）研究生课程进修班学习时间灵活，没有统一的入学考试，无须长期脱产学习，不同于在校普通研究生及专业学位研究生；课程进修班注重能力的培养，对学位论文及外语水平，不同于在职人员申请学位，要求相对较低；另外课程进修班招生数量很多，如果与学位挂钩，则势必引起我国学位制度的混乱。（2）对一个国家来说，颁发学位并不难，难的是如何真正提高学习人员的素质。知识经济呼唤不同规格的创新人才，研究生教育也应打破单一化的教育模式，尝试个性化、多样化的培养模式。基础教育师资的培养目标主要是能力型、应用型的人才，培训的重点是使他们适应快节奏的信息社会，及时更新自身的专业知识和教育教学方法。因此没有必要削足适履地与"学位"挂钩。（3）课程进修班不与学位挂钩并不影响它的吸引力，关键是国家要制定相应的政策。譬如，对于基础教育教师，均要求每隔五年或十年必须参加一次进修班学习，否则不予落实相应的政策。或者，对于拿到进修班结业证书的教师，在分房、升职、提资等方面给予政策上的倾斜。

### （二）规范课程设置

研究生课程进修班的课程设置可以借鉴教育硕士专业学位的有关课程设置。应该说基础教育教师急需的是：要"掌握比较宽厚的现代教育管理理论，掌握现代基础教育管理和学校管理基本技术和方法"，要"有较强的实际工作能力，包括判断、决策、应变、指挥的能力，组织教学科研的能力和动员、团结群众的能力"[①]。而这正好与教育硕士的培养目标相一致，也是师范院校的优势之所在。鉴于此，研究生课程进修班的课程中要有一定比例的教育学门类课程。此外，各办班的学科、专业所开设的专业课程也要根据基础教育教师的

---

① 国务院学位办.关于转发《教育硕士专业学位第一次试点工作会议纪要》及有关决定的通知 [Z].学位办 [1996]53 号.

实际情况选定，一般来说应该在"广"和"新"上下工夫。对于有的深奥难懂的专业选修课程，要少开设甚至不开设。

### （三）完善相关的管理制度

完善的管理制度是保证培养质量的重要一环。各办班单位要根据各自的实际情况在课程进修班的招生、授课、成绩考核、检查评估等方面制定相应的规章制度。在招生专业及招生数量上，要根据国家政策量力而行；要选派责任心强，教学科研能力突出的骨干教师授课；要建立起各专业的题库，实行教考分离；管理部门要定期对办班的系科进行检查等。① 另外，建议国家加大对办班单位的评估力度，制定出详细的、操作性强的质量评估指标体系，对于违反国家政策的办班单位要及时纠正并予以制裁，以确保研究生课程进修班的健康发展。

### （四）落实进修班结业学员的待遇

我们认为，西方国家对在职中小学教师实施的定期培训制度是值得借鉴的。为尽快提高我国基础教育教师的能力素质，国家应出台相应的政策，要求基础教育教师定期参加相应程度的培训。对于培训结业的人员，要切实落实他们的待遇。应该说，这是研究生课程进修班能否顺利发展的重要环节。

（原载于《学位与研究生教育》2001年第7期，第69-71页）

---

① 韩习祥. 对研究生课程进修班的认识与思考 [J]. 学位与研究生教育，2000(5)：61.